# Englisch

## Wörterbuch für Kinder

Lingoli

Lingoli® erscheint im Lingen Verlag, 50679 Köln

Printed in Germany
www.lingen-koeln.de

*From an idea by* ANDREA DAMI

# Vorwort
## Preface

Es ist einfach bärenstark, das neue und lustige Englisch-Wörterbuch für alle, die mit viel Spaß die ersten englischen Begriffe erlernen möchten. Auf rund 500 Seiten finden sich über 2500 farbige Illustrationen, die mit großer Liebe zum Detail die Bedeutung der englischen Wörter untermalen und das Verständnis derselben erleichtern.

Teddy, der Bär, Wally, das Walross, Dr. Spotty, der Leopard, und viele andere sympathische Freunde führen durch das Buch und präsentieren neben der Übersetzung ins Deutsche eine Fülle an Zusatzinformationen wie Redewendungen, Zitate, Beispielsätze, Erläuterungen zur Grammatik und natürlich auch eine leicht verständliche Lautschrift für die korrekte Aussprache.

Viel Spaß wünschen
alle kleinen Helfer!

INHALT
Contents

# Englisch sprechende Länder
## ENGLISH-SPEAKING COUNTRIES

Auf dieser Weltkarte kannst du genau erkennen, in welchen Ländern der Erde Englisch gesprochen wird. Sie zeigt dir auch ganz genau, wo Englisch die Haupt- bzw. Amtssprache ist, nämlich in den rot eingefärbten Ländern: Dass Großbritannien, USA, Kanada, Australien, Neuseeland und Südafrika dazugehören, ist meistens bekannt, dass aber Guyana (Südamerika), Botswana (Südafrika) und Papua-Neuguinea dazugehören, weiß kaum jemand. In blau eingefärbten Ländern wie Indien, Saudi-Arabien, Äthiopien und Kenia wird Englisch auch von vielen Menschen gesprochen.

## Figuren
## Characters

There was once an old grandmother with many many grandchildren. She liked to make presents for them and had decided to make each of them a teddy bear. For days and days she sat at her sewing machine and sewed.

Es war einmal eine alte Großmutter mit vielen, vielen Enkelkindern. Sie machte gerne Geschenke für sie und hatte sich entschlossen, für jedes einen Teddybären zu nähen. Tag um Tag saß sie an ihrer Nähmaschine und nähte.

**Finally, late one night, all of the teddy bears were ready. The grandmother, tired from all her hard work, fell asleep at her sewing machine. Suddenly, as if by magic, the little bears began to whisper to each other. Listen carefully, they spoke in elegant English!**

**Schließlich, spät eines Nachts, waren alle Teddybären fertig. Die Großmutter, die müde von all ihrer schweren Arbeit war, schlief an ihrer Nähmaschine ein. Plötzlich, wie durch Zauberhand, begannen die kleinen Bären miteinander zu flüstern. Hört aufmerksam zu, sie sprachen perfektes Englisch!**

**One bear thought that it would be fun to have even more friends, so he set up an easel board and began to draw.**

**Ein Bär dachte, dass es Spaß machen würde, sogar noch mehr Freunde zu haben, und so stellte er ein Zeichenbrett auf und begann zu malen.**

**Bandit** (a raccoon)
(ein Waschbär)

**PC Stop** (a policeman)
(ein Polizist)

**Dunk** (a donkey) (ein Esel)

**Teddy** (a bear)
(ein Bär)

**Wally** (a walrus)
(ein Walross)

**Dr Spotty** (a leopard)
(ein Leopard)

**Jumbo** (an elephant)
(ein Elefant)

**Beaky** (a hornbill)
(ein Nashornvogel)

**Billy Goat** (a goat)
(ein Ziegenbock)

**Bongo** (a gorilla)
(ein Gorilla)

**Bucktooth** (a beaver)
(ein Biber)

**Timmy** (a doggie)
(ein Welpe)

**Jimmy** (a Scottie)
(ein Scotchterrier)

**Tommy** (a Dalmatian)
(ein Dalmatiner)

**Von Fox** (a fox)
(ein Fuchs)

**Ribbon** (a snake)
(eine Schlange)

**Joy** (a caterpillar)
(eine Raupe)

**Buzz** (a bee)
(eine Biene)

**Zip** (a mouse)
(eine Maus)

**Piglet** (a piglet)
(ein Ferkel)

**Mrs Piggles** (a sow)
(eine Sau)

**Mr Piggles** (a bear)
(ein Eber)

**Crock** (a crocodile)
(ein Krokodil)

**Jim** (a rat)
(eine Ratte)

**Guzzler** (a monster)
(ein Ungeheuer)

**Robinson** (a lemming)
(ein Lemming)

**Gerry** (a giraffe)
(eine Giraffe)

**the Ladybirds**
die Marienkäfer

**Drowsy** (a dormouse)
(eine Haselmaus)

**Mina,Tina, Nina** (the Mouse Sisters)
(die Mäuseschwestern)

**Wise Owl** (an owl)
(eine Eule)

**Violet** (a doll)
(eine Puppe)

**Winnie** (a whale) (ein Wal)

**Slow** (a snail)
(eine Schnecke)

**Ozzy** (an ostrich)
(ein Strauß)

**Ken** (a kangaroo)
(ein Känguru)

**Pinocchio** (a puppet)
(eine Holzpuppe)

**Spinner** (a spider)
(eine Spinne)

**Robbie** (a robot)
(ein Roboter)

**Dodger** (a crow)
(eine Krähe)

**Henry** (a hippo)
(ein Flusspferd)

**Painty** (a badger)
(ein Dachs)

**Bim, Bam, Boom** (three little clowns)
(drei kleine Clowns)

**Franz** (a brown bear)
(ein Braunbär)

**Mann** (a tortoise)
(eine Schildkröte)

**the Captain** (a dog)
(ein Hund)

**Dorby** (an octopus)
(ein Krake)

**Funny Wolf** (a wolf)
(ein Wolf)

**Prickle** (a hedgehog)
(ein Igel)

**Holmes Hound** (a dog)
(ein Hund)

**Sniffy Mouse** (a mouse)
(eine Maus)

**Tough Cat** (a cat)
(eine Katze)

**Lionstein** (a lion)
(ein Löwe)

**Meek** (a mouse)
(eine Maus)

**Oscar** (a penguin)
(ein Pinguin)

**Rambler** (a wild boar)
(ein Wildschwein)

**Chimp** (a chimpanzee)
(ein Schimpanse)

**Bushytail** (a squirrel)
(ein Eichhörnchen)

**Blackwing** (an eagle)
(ein Adler)

**Mr Wowo** (a cock)
(ein Hahn)

**Mrs Wowo** (a hen)
(ein Huhn)

**Flip, Fluffy, Flop** (three little rabbits)
(drei kleine Kaninchen)

**Mr Bunnikin and Mrs Bunnikin** (a rabbit couple)
(ein Kaninchen-Ehepaar)

**Mr Rhino and Mrs Rhino** (a rhino couple)
(ein Nashorn-Ehepaar)

**Jumpie** (a frog)
(ein Frosch)

**Humpback** (a camel)
(ein Kamel)

**Mole** (a mole)
(ein Maulwurf)

**Tiger** (a tiger)
(ein Tiger)

**Peter** (a fox)
(ein Fuchs)

**Fireman** (a bulldog)
(eine Bulldogge)

**Sam** (a sea lion)
(ein Seelöwe)

**Pardy** (a leopard) (ein Leopard)

**Another bear thought: "Perhaps I could write some exciting adventures for our new friends." So she sat down at the grandmother's old typewriter and set to work.**

**Mr Dollar** (an eagle)
(ein Adler)

**Pan Pan** (a panda)
(ein Panda)

**Merry** (a paper girl)
(ein Papiermädchen)

**Mery** (a paper boy)
(ein Papierjunge)

**Troopie** (a tin soldier)
(ein Zinnsoldat)

**Tip Tap**
(a cricket)
(eine Grille)

**Skunk** (a skunk)
(ein Stinktier)

**Jack** (a jack-in-the-box)
(ein Schachtelteufel)

**Joe** (a crow) (eine Krähe)

**Ein anderer Bär dachte: "Vielleicht könnte ich einige tolle Abenteuer für unsere neuen Freunde schreiben." Also setzte sie sich an Großmutters alte Schreibmaschine und begann mit der Arbeit.**

Meanwhile, some other bears had gone exploring. In an old warehouse they found an abandoned printing press. "Why don't we make our very own book using our pictures and stories?" suggested one bear. And that was just what they did.

Mittlerweile waren einige andere Bären auf die Suche gegangen. In einem alten Lagerhaus fanden sie eine Druckmaschine, die keiner mehr beachtete."Warum machen wir nicht unser eigenes Buch mit unseren Bildern und Geschichten?", schlug ein Bär vor. Und genau das taten sie.

By early next morning, they had finished their book.
When the grandmother awoke, she couldn't believe her eyes!

Früh am nächsten Morgen hatten sie ihr Buch fertig gestellt. Als die Großmutter aufwachte, konnte sie ihren Augen kaum trauen!

She did not only have a beautiful teddy bear for each of her grandchildren, but for each one there was also a special book.

Sie hatte nicht nur einen schönen Teddybären für jedes ihrer Enkelkinder, sondern auch ein besonderes Buch.

Hinter der Lautschrift steht die deutsche Übersetzung.

Die englische Vokabel wird fett hervorgehoben.

**gas**[gæs] Gas, AE Benzin

The waste **gas** from the cars makes Pan Pan cough badly.
Die **Abgase** der Autos lassen Pan Pan heftig husten.
ⓘ gas station: Tankstelle

In einem Beispielsatz wird die Vokabel noch einmal im Zusammenhang erklärt.

Mit einem ⓘ werden Zusatzinformationen gekennzeichnet.
Hier werden z. B. das Gegenteil der Vokabel oder zusammengesetzte Ausdrücke erklärt.

In der Kopfzeile findet sich ein Zitat einer berühmten Person.

A B C D E F G H I J K L M N O P Q R S T U W X Y Z

If you want to understand today, you have to search yesterday. (P.Buck)

vehicle

**vehicle**['vɪəkl]

Zip thinks his little car is the best **vehicle** for busy traffic.



various vehicles

four hundred and sixty-six 466

Der Kolumnentitel zeigt auf der linken Seite den ersten Eintrag oben und auf der rechten Seite den letzten Eintrag unten an.

Die Seitenzahl wird in ausgeschriebenen englischen Zahlen und in der entsprechenden Lautschrift angezeigt.

**botany** ['bɒtənɪ] Pflanzenkunde

Of all the plants that Fluffy studies in **botany** class, he is familiar with the following.
Von allen Pflanzen, die Fluffy im **Pflanzenkundeunterricht** durchnimmt, kennt er die folgenden:

**flower** Blume

**daisy** Gänseblümchen
**iris** Iris
**tulip** Tulpe
**rose** Rose
**buttercup** Butterblume
**violet** Veilchen
**forget-me-not** Vergissmeinnicht

**fruit** Frucht

**pineapple** Ananas
**plum** Pflaume
**fig** Feige
**papaya** Papaya
**cherry** Kirsche
**banana** Banane
**grapefruit** Pampelmuse
**melon** Melone
**peach** Pfirsich
**pear** Birne
**apricot** Aprikose
**apple** Apfel
**strawberry** Erdbeere
**lemon** Zitrone
**grape** Weintraube
**orange** Orange
**kiwi** Kiwi
**mango** Mango
**watermelon** Wassermelone
**chestnut** Kastanie
**hazelnut** Haselnuss
**walnut** Walnuss

Zu besonders interessanten Themen gibt es ganze Wortfelder mit zusätzlichen Vokabeln.

**cut**[kʌt] durchschneiden

Jumbo and Mr Rhino are fighting over a scarf. If they don't stop, Meek will **cut** it off.
Jumbo und Mr Rhino kämpfen um einen Schal. Wenn sie nicht damit aufhören, wird Meek ihn **durchschneiden**.

ⓘ cut off abschneiden ☞ Anhang

Nach der englischen Vokabel wird die Aussprache des Wortes in Lautschrift angezeigt.

Bei einem Verb mit unregelmäßigen Stammformen wird auf den Anhang verwiesen, der eine Liste der englischen unregelmäßigen Verben enthält.

# Internationale phonetische Zeichen
# International Phonetic Symbols

## Vokale
## Vowels

| Symbol | Word | Transcription |
|---|---|---|
| [iː] | bee | [biː] |
| [ɪ] | pig | [pɪg] |
| [e] | pen | [pen] |
| [æ] | cap | [kæp] |
| [ɑː] | far | [fɑː] |
| [ɒ] | box | [bɒks] |
| [ɔː] | all | [ɔːl] |
| [uː] | two | [tuː] |
| [ʊ] | put | [pʊt] |
| [ʌ] | cup | [kʌp] |
| [ə] | away | [ə'weɪ] |
| [ɜː] | girl | [gɜːl] |

## Umlaute
## Diphthongs

| Symbol | Word | Transcription |
|---|---|---|
| [əʊ] | blow | [bləʊ] |
| [ɪə] | hear | [hɪə(r)] |
| [eə] | hair | [heə(r)] |
| [ʊə] | tour | [tʊə(r)] |
| [eɪ] | cake | [keɪk] |
| [aɪ] | time | [taɪm] |
| [ɔɪ] | boy | [bɔɪ] |
| [aʊ] | out | [aʊt] |

## Konsonanten
## Consonants

| Symbol | Word | Transcription |
|---|---|---|
| [ʒ] | vision | ['vɪʒ(ə)n] |
| [b] | boss | [bɒs] |
| [t] | take | [teɪk] |
| [ʃ] | ship | [ʃɪp] |
| [d] | dot | [dɒt] |
| [k] | king | [kɪŋ] |
| [tʃ] | chair | [tʃeə(r] |
| [g] | good | [gʊd] |
| [m] | map | [mæp] |
| [s] | sun | [sʌn] |
| [dʒ] | joy | [dʒɔɪ] |
| [ŋ] | song | [sɒŋ] |
| [l] | lake | [leɪk] |
| [f] | fat | [fæt] |
| [r] | red | [red] |
| [h] | hot | [hɒt] |
| [v] | view | [vjuː] |
| [θ] | three | [θriː] |
| [ð] | this | [ðɪs] |
| [w] | way | [weɪ] |
| [j] | yes | [jes] |
| [s] | save | [seɪv] |
| [z] | zoo | [zuː] |
| [p] | pass | [pɑːs] |

**a**[eɪ; ə] ein, eine

Teddy has **a** banana in his left hand and **an** orange in his right hand.
Teddy hat **eine** Banane in seiner linken und **eine** Orange in seiner rechten Hand.

ⓘ Die Form <u>an</u> steht vor Wörtern, die mit einem Vokal beginnen.

**abacus**['æbəkəs]

Abakus, Rechenbrett

The Captain doesn't know how to use an **abacus**.
Der Kapitän weiß nicht, wie man ein **Rechenbrett** benutzt.

**abandon**[ə'bændən] verlassen

Everybody but the Captain has **abandoned** the ship.
Außer dem Kapitän haben alle das Schiff **verlassen**.

**ability**[ə'bɪlɪtɪ]
Fähigkeit

The Captain has great **ability** in controlling the ship, but he fails this time.
Der Kapitän kann das Schiff sehr gut steuern, aber dieses Mal versagt er.

**able**['eɪbl] fähig

Piglet is **able** to repair his bicycle by himself.
Piglet kann sein Fahrrad selbst reparieren.

ⓘ unable: unfähig, nicht in der Lage
be able to: fähig sein, können

**about**[1] [ə'baʊt] über, bei, mit

Buzz finds a painting **about** something she loves.
Buzz findet ein Bild **mit** einem Motiv, das sie liebt.

**about**[2] [ə'baʊt] ungefähr

Buzz gets up at **about** 5 o'clock every morning.
Buzz steht jeden Morgen **ungefähr** um 5 Uhr auf.

**above** [ə'bʌv] über

"Look at the birds **above** us," said Jumpie.
"Seht euch die Vögel **über** uns an", sagte Jumpie.
ⓘ below: unter
above all: vor allen Dingen, vor allem

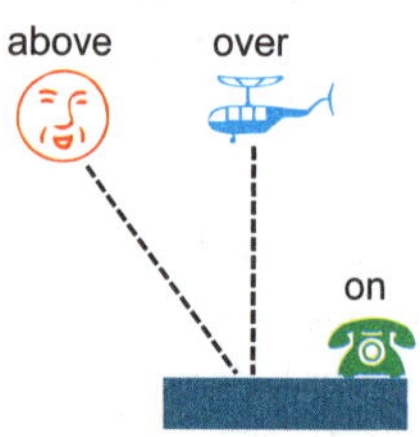

**absent** ['æbsənt] abwesend, fehlend

Who is **absent** today?
Wer **fehlt** heute?
ⓘ present: anwesend

**accept** [ək'sept] annehmen, hinnehmen

Teddy **accepted** a present from his friend. Teddy **nahm** ein Geschenk von seinem Freund **an**.

## accident
['æksɪdənt]
Unfall

An **accident** happened when Jumbo was skiing.
Als Jumbo Ski lief, passierte ein **Unfall**.

## accompany[ə'kʌmpənɪ] begleiten

Please **accompany** me on my walk. Bitte **begleite** mich bei meinem Spaziergang.

## ache[eɪk] Schmerz

He has an **ache** in his chest.
Er hat **Schmerzen** in der Brust.

## across[ə'krɒs] über, gegenüber

We should walk **across** the street by the pedestrian crossing. But Piglet seldom obeys this rule.
Wir sollten am Fußgängerüberweg **über** die Straße gehen. Aber Piglet befolgt diese Regel nur selten.

## act[ækt] handeln

Fireman **acted** promptly and put out the fire.
Fireman **handelte** schnell und löschte das Feuer.

## action['ækʃən] Tat, Handeln

It's Fireman's brave **action** that saved the girl from the fire.
Durch das unerschrockene **Handeln** von Fireman wurde das Mädchen vor dem Feuer gerettet.

## active['æktɪv] aktiv, eifrig

Franz takes an **active** part in mountaineering.
Franz ist ein **eifriger** Bergsteiger.

## activity[æk'tɪvɪtɪ] Aktivität, Beschäftigung

Franz's favourite **activity** is climbing mountains.
Franz` Lieblings**beschäftigung** ist das Bergsteigen.

## **actor**['æktə(r)] Schauspieler

The **actor** who acts Romeo is Teddy's friend.
Der **Schauspieler**, der den Romeo spielt, ist Teddys Freund.

## **add**[æd] zusammenzählen, addieren

If you **add** 3 to 6 you get 9.
Wenn du 3 und 6 **zusammenzählst**, erhältst du 9.

## **address**[ə'dres] Adresse

You must write the **address** clearly on the envelope.
Du musst die **Adresse** deutlich auf den Briefumschlag schreiben.

## **admire**[əd'maɪə(r)] bewundern

Wally **admires** Jumpie's tricycle.
Wally **bewundert** Jumpies Dreirad.

## **admit**[əd'mɪt] zugeben

I have to **admit** that I was wrong.
Ich muss **zugeben**, dass ich Unrecht hatte.

## **adult**['ædʌlt,ə'dʌlt] Erwachsener

The **adults** teach them these skills.
Die **Erwachsenen** bringen ihnen diese Fähigkeiten bei.
ⓘ child: Kind

## **advance**[əd'vɑ:ns] vorrücken, vorankommen

Jumpie **advances** towards the Arctic.
Jumpie **rückt** in Richtung Arktis **vor**.

## **advantage**[əd'vɑ:ntɪdʒ] Vorteil

Being tall has its **advantage**. Groß zu sein hat seine **Vorteile**.
ⓘ disadvantage: Nachteil

## **adventure**[əd'ventʃə(r)] Abenteuer

Robinson told his friends of his **adventures** in the forest.
Robinson erzählte seinen Freunden von seinen **Abenteuern** im Wald.

## **advertisement**[əd'vɜ:tɪsmənt] Anzeige, Werbung

We see lots of **advertisements** on TV. Wir sehen viel **Werbung** im Fernsehen.

## advice[əd'vaɪs] Rat(schlag)

Let me give you a piece of **advice**.
Lass mich dir einen **Rat** geben.

## aeroplane['eərəpleɪn] Flugzeug

When an **aeroplane** flies overhead suddenly, they are terrified by the great noise.
Als plötzlich ein **Flugzeug** über sie hinwegfliegt, verängstigt sie der riesige Krach.

ⓘ AE airplane

## affair[ə'feə(r)] Angelegenheit

That's not my **affair**. Das ist nicht meine **Angelegenheit**.

## affect[ə'fekt] beeinträchtigen, schädigen

No Smoking! Smoking **affects** one`s health.
Rauchen verboten! Rauchen **schadet** der Gesundheit.

## afford[ə'fɔːd] sich leisten

Zip can't **afford** a new car.
Zip kann **sich** kein neues Auto **leisten**.

## afraid[ə'freɪd] ängstlich

Even Dr Spotty is **afraid** of the dentist.
Selbst Dr. Spotty hat Angst vor dem Zahnarzt.

ⓘ be afraid of: Angst haben

## Africa['æfrɪkə] Afrika

**Africa** is the second largest continent in the world.
**Afrika** ist der zweitgrößte Kontinent der Welt.

## African['æfrɪkən] Afrikaner

Dr Spotty was born in Africa. He is an **African**. Dr. Spotty wurde in Afrika geboren. Er ist **Afrikaner**.

## after[1]['ɑːftə(r)] nach(dem)

Piglet looks much cleaner **after** taking a bath.
Piglet sieht viel sauberer aus, **nachdem** er ein Bad genommen hat.

## after[2]['ɑːftə(r)] danach

He came soon **after**. Er kam bald **danach**.

A B C D E F G H I J K L M N O P Q R S T U V W X Y Z

## **afternoon**[ˌɑːftə'nuːn] Nachmittag

I'll go to the library this **afternoon**. Heute **Nachmittag** werde ich in die Bibliothek gehen.

## **again**[ə'gen] wieder

The Mouse Sisters are such good cooks that guests come back **again** and **again**.
Die Mäuseschwestern sind derart gute Köchinnen, dass die Gäste immer **wieder**kommen.

## **against**[ə'genst] gegen

No one is **against** this proposal.
Niemand ist **gegen** diesen Vorschlag.

## **age**[eɪdʒ] Alter

Teddy began to play football at the **age** of eight.
Teddy begann im **Alter** von acht Jahren Fußball zu spielen.

ⓘ at the age of: im Alter von

## **agent**['eɪdʒənt] Manager

When Teddy became a football star, his father worked as his **agent**.
Als Teddy ein Fußballstar wurde, arbeitete sein Vater als sein **Manager**.

## **ago**[ə'gəʊ] vor

Teddy's father liked to play football ten years **ago**.
Teddys Vater spielte **vor** zehn Jahren gerne Fußball.

## **agree**[ə'griː] sich einig sein

The Bunnikins all **agree** that Mrs Bunnikin´s carrot stew is very delicious.
Die Bunnikins **sind sich** alle darüber **einig**, dass der Karotteneintopf von Mrs Bunnikin sehr köstlich schmeckt.

ⓘ disagree: anderer Meinung sein
agree with: übereinstimmen mit ...

## agriculture['ægrɪkʌltʃə(r)] Landwirtschaft

The modernization of **agriculture** makes it much easier for farmers to work in the field.
Die Modernisierung der **Landwirtschaft** macht es den Bauern viel leichter, das Land zu bearbeiten.

## ahead[ə'hed] vor

Piglet got **ahead** of the others in the motorcycle race, but ...
Piglet lag im Motorradrennen **vor** allen anderen, aber ...

ⓘ behind: hinter
go ahead: vorangehen

## aid[eɪd] Hilfe

Piglet deserves our **aid**.
Piglet verdient unsere **Hilfe**.

## aim[eɪm] zielen

Piglet **aimed** at Fluffy, but Fluffy ducked ...
Piglet **zielte** auf Fluffy, aber Fluffy duckte sich ...

## air[eə(r)] Luft

There is something very light floating in the **air**.
Etwas sehr Leichtes schwebt in der **Luft**.

## airmail['eəmeɪl] Luftpost

I sent the letter by **airmail**. Ich habe den Brief per **Luftpost** geschickt.

The proud hate pride in others. [B.Franklin]

## airport

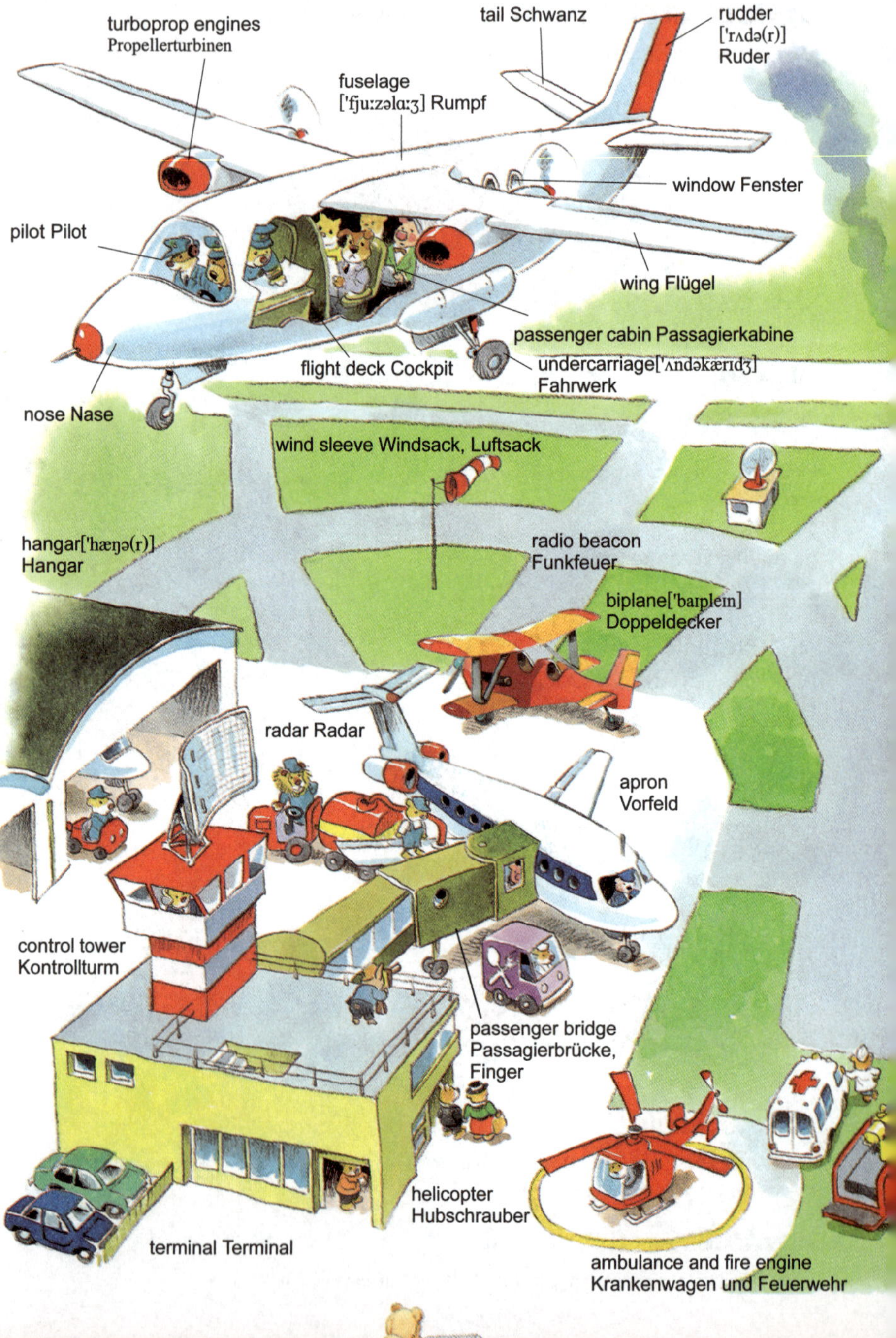

# **airport**['eəpɔːt]

## Flughafen

You can see many planes at the **airport**.

Man kann viele Flugzeuge auf dem **Flughafen** sehen.

A B C D E F G H I J K L M N O P Q R S T U V W X Y Z

## **alarm**[ə'lɑːm] Alarm

Every morning at seven o'clock the **alarm** clock wakes Fireman up.
Jeden Morgen um sieben Uhr weckt der Wecker Fireman auf.

## **album**['ælbəm] Album

My friend gave me an **album** on my birthday.
Mein Freund schenkte mir ein **Album** zum Geburtstag.

## **alien**['eɪlɪən] Außerirdischer

When Teddy and his friends flew near the Mars using a space shuttle, some **aliens** greeted them.
Als Teddy und seine Freunde mit ihrem Raumschiff nahe am Mars vorbeiflogen, winkten ihnen ein paar **Außerirdische** zu.

## **alike**[ə'laɪk] gleich

In Teddy's eyes, all the aliens looked **alike**.
In Teddys Augen sahen die Außerirdischen alle **gleich** aus.

## **alive**[ə'laɪv] lebendig

The fish we caught is still **alive**. Der Fisch, den wir gefangen haben, lebt noch.
ⓘ dead: tot

## **all¹**[ɔːl] ganz

We have friends **all** over the world.
Wir haben auf der **ganzen** Welt Freunde.
ⓘ All right!: In Ordnung!

## **all²**[ɔːl] jeder, alle

**All** of Violet's friends came to see her new gadget.
**Jeder** von Violets Freunden kam, um ihr neues Gerät zu sehen.

**all³**[ɔːl] sämtliche, alle

**All** the people in the town take part in the party.
**Sämtliche** Leute in der Stadt nehmen an der Feier teil.

**allow**[ə'laʊ] erlauben

Pets are not **allowed** inside. Haustiere sind drinnen nicht **erlaubt**.

ⓘ forbid: verbieten

**almost**['ɔːlməʊst] nahezu, fast

Henry **almost** ate all the food on the table.
Henry aß **nahezu** das gesamte Essen, das auf dem Tisch stand.

ⓘ nearly: beinahe

**alone**[ə'ləʊn] allein

Piglet doesn't feel lonely when he is **alone** at home.
Piglet fühlt sich nicht einsam, wenn er **allein** zu Hause ist.

**along¹**[ə'lɒŋ] zusammen

I go to school **along** with Teddy.
Ich gehe mit Teddy **zusammen** zur Schule.

**along²**[ə'lɒŋ] entlang

Trees are planted **along** the road.
**Entlang** der Straße sind Bäume gepflanzt.

**aloud**[ə'laʊd] laut

Mrs Piggles is reading the book **aloud**. Mrs Piggles liest **laut** aus dem Buch vor.

**alphabet**['ælfəbet] Alphabet

Teddy makes an **alphabet** for this dictionary. Teddy schreibt ein **Alphabet** für dieses Wörterbuch.

**alphabetical**[ˌælfə'betɪkəl] alphabetisch

These words are in **alphabetical** order. Diese Wörter sind in **alphabetischer** Reihenfolge.

## **already**[ɔːl'redɪ] bereits

Teddy, who had wanted to act as an excellent fireman, hurried to the spot but only found that the fire had **already** been put out.
Teddy, der sich wie ein hervorragender Feuerwehrmann verhalten wollte, rannte zu der Stelle und stellte fest, dass das Feuer **bereits** gelöscht worden war.

## **also**['ɔːlsəʊ] auch

Holmes Hound speaks English.He can **also** speak German.
Holmes Hound spricht englisch. Er kann **auch** deutsch sprechen.

## **although**[ɔːl'ðəʊ] obwohl

**Although** Holmes Hound is hot on the criminal trail, he doesn't have a clue whose footprints these are.
**Obwohl** Holmes Hound dem Verbrecher dicht auf den Fersen ist, hat er keine Ahnung, wessen Fußabdrücke dies sind.

## **altitude** ['æltɪtjuːd] Höhe

Billy Goat used to live at high **altitudes**.
Billy Goat lebte früher in großer **Höhe**.

## **altogether**[ˌɔːltə'geðə(r)] insgesamt

We spend a hundred Euro **altogether**.
Wir geben **insgesamt** einhundert Euro aus.

## **always**['ɔːlweɪz] immer

Billy Goat is **always** told not to play with matches. Now he knows why.
Billy Goat wird **immer** verboten, mit Streichhölzern zu spielen.
Jetzt weiß er, warum.
ⓘ never: niemals

## **am**[æm; əm] bin

Hi, I **am** a ball boy. My duty is to pick up tennis balls for the players in the match.
Hallo, ich **bin** Balljunge.
Meine Aufgabe ist es, die Tennisbälle für die Spieler aufzusammeln.
☞ Anhang

## **A.M., a.m.** [ˌeɪ'em] vormittags

Please call me at 10 **a.m.** tomorrow. Rufe mich bitte morgen Vormittag um 10 Uhr an.
ⓘ P.M., p.m.: nachmittags

## **amaze**[ə'meɪz] verblüffen

I **amazed** her with my knowledge.
Ich **verblüffte** sie mit meinem Wissen.

## **amazing**[ə'meɪzɪŋ] toll

Prickle thinks he looks **amazing** with his new haircut.
Prickle findet, dass er mit seiner neuen Frisur **toll** aussieht.

## **ambassador**[æm'bæsədə(r)] Botschafter

The **ambassador** lives in the embassy, and there are guards at the gate.
Der **Botschafter** lebt in der Botschaft, und dort stehen Wächter am Tor.

## **ambition**[æm'bɪʃən] Ehrgeiz, Streben, Ziel

His **ambition** is to be a strong soldier.
Er beabsichtigt, ein guter Soldat zu sein.

## **ambulance**['æmbjʊləns] Krankenwagen

The **ambulance** took the injured man to the hospital.
Der **Krankenwagen** fuhr den verletzten Mann ins Krankenhaus.
ⓘ vehicle

## America[ə'merɪkə] Amerika

The Statue of Liberty is a symbol of **America**.
Die Freiheitsstatue ist ein Symbol von **Amerika**.
ⓘ auch U.S.A.
the United States of America
die Vereinigten Staaten von Amerika

## American[ə'merɪkən] Amerikaner

Tom is an **American**. Tom ist **Amerikaner**.

## among[ə'mʌŋ] unter

**Among** these racers, Sniffy Mouse is the slowest one because his bicycle is the smallest.
**Unter** diesen Rennfahrern ist Sniffy Mouse der langsamste, weil sein Fahrrad das kleinste ist.
ⓘ between

## amount[ə'maʊnt] Menge

They store a large **amount** of food for the winter.
Sie lagern eine **Menge** Nahrung für den Winter.

## ample['æmpl] reichlich, üppig

With the **ample** food, they can spend an easy winter now.
Mit dem **üppigen** Nahrungsvorrat können sie nun gut durch den Winter kommen.

## amuse[ə'mjuːz] amüsieren

Teddy's funny action **amused** his friends.
Teddys lustiges Treiben **amüsierte** seine Freunde.

amusement

**amusement**[ə'mjuːzmənt] Vergnügen

There are many kinds of **amusements** for children in the park.
Im Park gibt es viele verschiedene Vergnügungsmöglichkeiten für Kinder.

ⓘ amusement park: Vergnügungspark

A B C D E F G H I J K L M N O P Q R S T U V W X Y Z

## **an**[æn;ən] ein, eine

**An** elephant has tusks of ivory and a large trunk.
**Ein** Elefant hat Stoßzähne aus Elfenbein und einen langen Rüssel.

## **ancestor**['ænsɪstə(r)] Vorfahr

One of Bandit's **ancestors** was a famous pirate.
Einer von Bandits **Vorfahren** war ein berühmter Pirat.

## **ancient**['eɪnʃənt] antik

The **ancient** city has a history of over 1,000 years.
Die **antike** Stadt hat eine Geschichte von mehr als 1000 Jahren.
ⓘ modern: modern

## **and**[ænd;ənd] und

Mr **and** Mrs Wowo are good partners.
Herr **und** Frau Wowo sind gute Partner.

## **angel**['eɪndʒəl] Engel

The little girl is as beautiful as an **angel**. Das kleine Mädchen ist so schön wie ein **Engel**.

## **anger**['æŋɡə(r)] Zorn

It seems that Bongo is filled with **anger** now.
Es sieht so aus, als ob Bongo nun voller **Zorn** ist.

## **angle**['æŋɡl] Ecke

A square has four **angles**. Ein Quadrat hat vier **Ecken**.

## **angrily**['æŋɡrɪlɪ] wütend

Why was Mrs Bunnikin scolding **angrily**?
Warum hat Mrs Bunnekin so **wütend** geschimpft?

## **angry**['æŋɡrɪ] verärgert, wütend

When Mrs Bunnikin is **angry**, Mr Bunnikin will use his earplugs.
Wenn Mrs Bunnekin **verärgert** ist, benutzt Mr Bunnekin seine Ohrstöpsel.
ⓘ happy: fröhlich
angry at: zornig auf

## **animal**['ænɪməl] Tier

The cameraman is taking photos of the **animals** living in Africa.
Der Kameramann macht Fotos von den **Tieren**, die in Afrika leben.

## **ankle**['æŋkl] Knöchel

Chimp hurt his **ankle** while playing football.
Chimp hat sich den **Knöchel** beim Fußballspielen verletzt.

## **announce**[ə'naʊns] ankündigen

Jumbo **announces** that he will leave as soon as Dunk begins to sing.
Jumbo **kündigt an**, dass er geht, sobald Dunk anfängt zu singen.

## **annoy**[ə'nɔɪ] ärgern

Dunk often sings loudly, but his bray **annoys** everyone.
Dunk singt häufig laut, aber sein Gejaule **ärgert** jeden.

## **annual**['ænjʊəl] jährlich

Christmas is an **annual** event in many countries.
Weihnachten findet jedes Jahr in vielen Ländern statt.

## **another**[ə'nʌðə(r)] eine weitere

"Officer, I was only trying to ...", but PC Stop doesn't want to hear **another** excuse.
"Herr Wachtmeister, ich habe nur versucht ...", aber PC Stop will keine **weitere** Ausrede hören.

## **answer**[1]['ɑːnsə(r)] Antwort

Both Flip and Flop knew the **answer** to the question.
Flip und Flop kannten beide die **Antwort** auf die Frage.
ⓘ question: Frage

## **answer**[2]['ɑːnsə(r)] beantworten

The teacher let Flop **answer** the question.
Der Lehrer ließ Flop die Frage **beantworten**.
ⓘ ask: fragen

## ant[ænt] Ameise

The **ants** are trying hard to carry the leftover of a corn away.
Die **Ameisen** versuchen mühevoll, den Rest eines Maiskolbens wegzutragen.

## Antarctic[ænt'ɑːktɪk] Antarktis

Mann is a responsible postman. He even delivers mail to the **Antarctic**.
Mann ist ein verantwortungsbewusster Postbote. Er stellt die Post sogar in der **Antarktis** zu.
ⓘ Arctic: die Arktis

## anxiety[æŋ'zaɪətɪ] Erwartung, Ungeduld

Skunk was waiting with **anxiety** for Mann to deliver his mail. Skunk wartete voller **Ungeduld** auf Mann, der seine Post zustellt.

## anxious['æŋkʃəs] besorgt

I feel very **anxious** about the result of my final exam which I took last week.
Ich bin sehr **besorgt** wegen des Ergebnisses meiner Abschlussprüfung, die ich in der vergangenen Woche abgelegt habe.

## any['enɪ] überhaupt

Mann didn't waste **any** time delivering Skunk's parcel in fear of his smell.
Mann verschwendete keine Zeit bei der Auslieferung von Skunks Paket, weil er Skunks Gestank fürchtete.

## anybody['enɪbɒdɪ] irgendjemand

Is **anybody** here? Ist **irgendjemand** hier?
ⓘ nobody: keiner, niemand

## anyhow['enɪhaʊ] trotzdem

It may rain, but **anyhow** I will go out. Es könnte regnen, aber ich werde **trotzdem** rausgehen.

**anyone**['enɪwʌn] irgendjemand

"Is there **anyone** nearby?" Humpback asked. "Ist **irgendjemand** in der Nähe?", fragte Humpback.

**anything**['enɪθɪŋ] irgendetwas

"There doesn't seem to be **anything** in the desert for miles," Little Humpback said.
"Meilenweit scheint es überhaupt nichts in der Wüste zu geben", sagte Little Humpback.
ⓘ nothing: nichts

**anyway**['enɪweɪ] jedenfalls

"**Anyway**, we must find an oasis before dark!" said Humpback.
"**Jedenfalls** müssen wir vor Einbruch der Dunkelheit eine Oase finden!", sagte Humpback.

**anywhere**['enɪweə(r)] überall

You can go **anywhere** you like today. Du darfst heute **überall** hingehen.
ⓘ nowhere: nirgends, nirgendwo(hin)

**apart**[ə'pɑːt] auseinander

The two cities are one hundred kilometres **apart**. Die beiden Städte sind einhundert Kilometer voneinander entfernt.
ⓘ apart from: abgesehen von

**apologize**[ə'pɒlədʒaɪz] entschuldigen

When water is dripping through Meek's floor and flowing out Mr Rhino's door, who lives in the flat under him, Meek is very brave to **apologize** to Mr Rhino.
Als Wasser durch Meeks Boden tropft und durch die Tür von Mr Rhino, der unter ihm wohnt, fließt, ist Meek sehr tapfer und **entschuldigt** sich bei Mr Rhino.

A B C D E F G H I J K L M N O P Q R S T U V W X Y Z

**apparently**[ə'pærəntlɪ]
anscheinend

**Apparently**, Henry and Mr Rhino are evenly matched.
**Anscheinend** sind Henry und Mr Rhino gleich stark.

**appeal**[ə'piːl]
Einspruch erheben

Mr Rhino **appealed** against the judge's decision. Mr Rhino **erhob Einspruch** gegen das Urteil.

**appear**[ə'pɪə(r)]
erscheinen

A wolf **appeared** suddenly when Teddy's little sister was in the forest.
Als Teddys kleine Schwester im Wald war, **erschien** plötzlich ein Wolf.
ⓘ disappear: verschwinden

**appearance**[ə'pɪərəns] Aussehen

Rambler's **appearance** is very untidy. Rambler sieht sehr ungepflegt aus.

**appetite**['æpɪtaɪt] Appetit

Henry always has a good **appetite**.
Henry hat immer einen guten **Appetit**.

**apple**['æpl] Apfel

Rambler stole an **apple** from Mr Piggles' stall.
Rambler stahl einen **Apfel** von Mr Piggles' Stand.

**apply**[ə'plaɪ]
auftragen,
sich bewerben

Dr Spotty is **applying** some medicine to Piglet's wound.
Dr. Spotty **trägt** etwas Medizin auf Piglets Wunde **auf**.
Guzzler doesn't want to **apply** for a job.
Guzzler möchte **sich** nicht um eine Stelle **bewerben**.

A B C D E F G H I J K L M N O P Q R S T U V W X Y Z

## appoint['pɔɪnt] berufen, ernennen

Lionstein will **appoint** Dr Spotty as doctor of the forest.
Lionstein wird Dr. Spotty zum Waldarzt **berufen**.

## appointment[ə'pɔɪntmənt] Verabredung

I must go now. I have an **appointment** with a friend at five o'clock.
Ich muss jetzt gehen. Ich habe um fünf Uhr eine **Verabredung** mit einem Freund.

## appreciate [ə'priːʃɪeɪt] schätzen

Lionstein **appreciates** music except when it is played by Bim, Bam, and Boom.
Lionstein **schätzt** Musik, außer wenn sie von Bim, Bam und Boom gespielt wird.

## approach[ə'prəʊtʃ] ansprechen, herantreten

Guzzler is rather difficult to **approach**. Guzzler ist nicht leicht ansprechbar.

## approve[ə'pruːv] billigen

Dr Spotty doesn't **approve** of Joe's smoking in his waiting room.
Dr. Spotty missbilligt, dass Joe im Wartezimmer raucht.
ⓘ disapprove: missbilligen

## April['eɪprəl] April

**April** is the fourth month of the year. **April** ist der vierte Monat im Jahr.
☞ calendar

## apron['eɪprən] Schürze

Henry always wears an **apron** when he is cooking.
Henry trägt immer eine **Schürze**, wenn er kocht.

## Arab['ærəb] arabisch

Teddy comes from an **Arab** country. Teddy stammt aus einem **arabischen** Land.

A B C D E F G H I J K L M N O P Q R S T U V W X Y Z

## **architect**['ɑːkɪtekt] Architekt

Prickle asked a famous **architect** to design his new house.
Prickle beauftragte einen berühmten **Architekten** damit, sein neues Haus zu entwerfen.

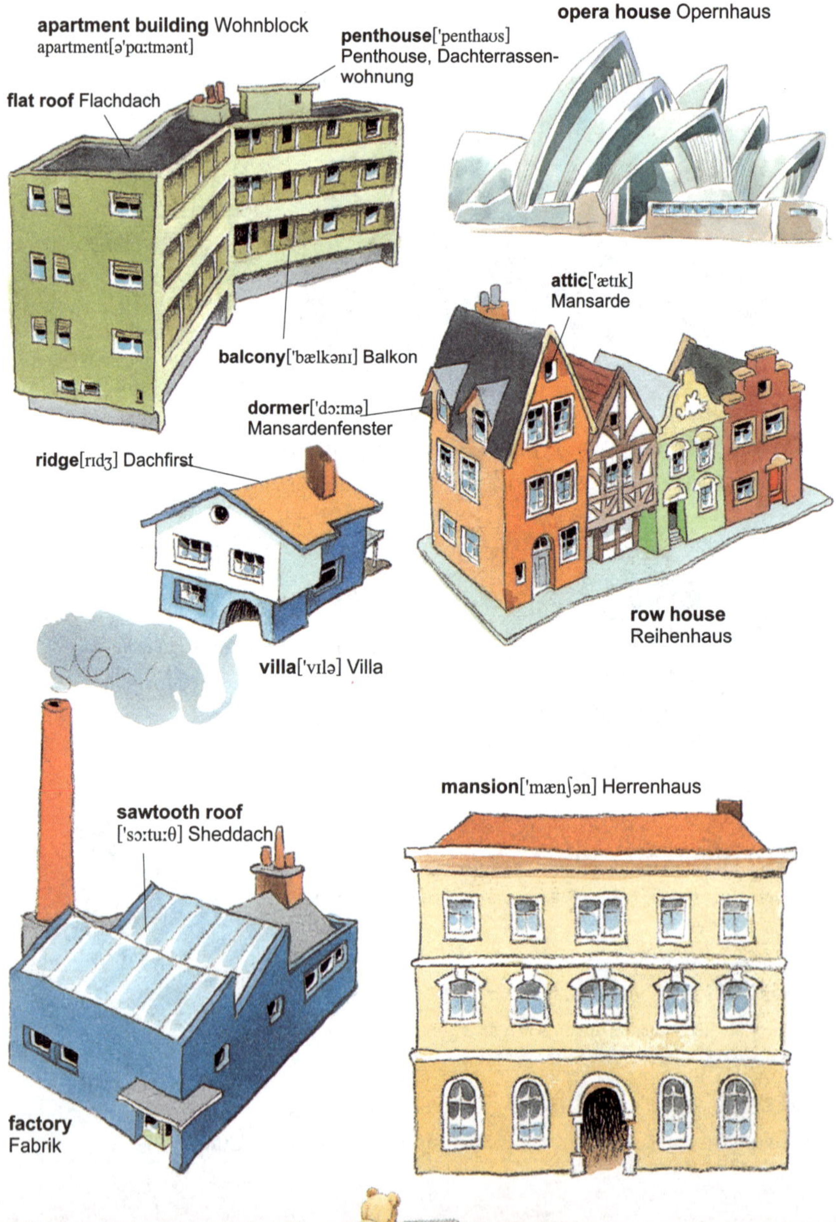

**cottage**['kɒtɪdʒ] Hütte

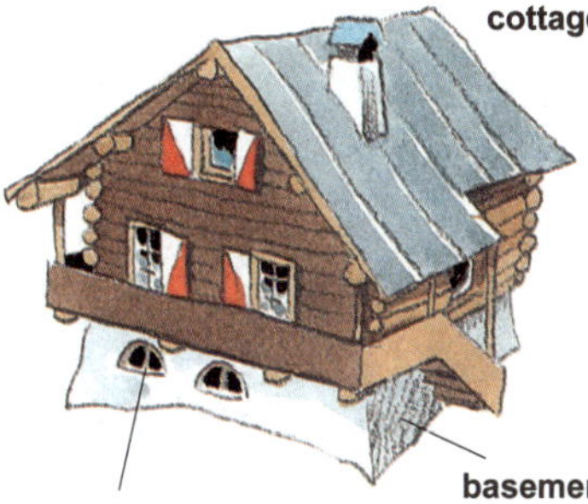

**basement**['beɪsmənt] Unter-, Kellergeschoss

**cellar window** Kellerfenster
**cellar**['selə(r)] Keller

**castle** Schloss

**skyscraper**['skaɪˌskreɪpə(r)] Wolkenkratzer

**bell tower** Glockenturm

**church** Kirche

# architecture

['ɑːkɪtektʃə(r)]

Architektur

Prickle is very interested in **architecture**.
Prickle ist sehr an **Architektur** interessiert.

ⓘ house: Haus

I destroy my enemy when I make him my friend. [A.Lincoln]



## arctic['ɑːktɪk] Arktis

Robinson goes to the **Arctic** Ocean by icebreaker.
Robinson fährt mit einem Eisbrecher zum Nordpolarmeer.
ⓘ the Arctic: die Arktis

## are[ɑː(r)] sind

They **are** all my good friends. Sie sind **alle** gute Freunde von mir.
☞ Anhang

## area['eərɪə] Gebiet

There are many desert **areas** in Africa. Es gibt viele Wüsten**gebiete** in Afrika.

## argue['ɑːgjuː] diskutieren

The coach **argued** with the referee during the match.
Der Trainer **diskutierte** während des Spiels mit dem Schiedsrichter.

## argument['ɑːgjʊmənt] Erörterung, Diskussion

The focus of their **argument** is whether this score is valid or not.
Der Kern ihrer **Diskussion** liegt darin, ob das Tor gültig ist oder nicht.

## arithmetic[ə'rɪθmətɪk] Rechnen

Chimp is not good at **arithmetic**. Chimp ist nicht gut im **Rechnen**.

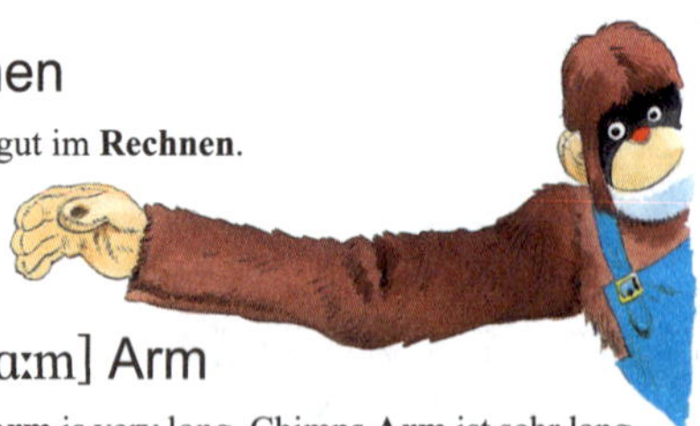

## arm[ɑːm] Arm

Chimp's **arm** is very long. Chimps **Arm** ist sehr lang.

## armchair['ɑːmtʃeə(r)] Sessel

Mr Piggles fell asleep in Gerry's **armchair**.
Mr Piggles schlief in Gerrys **Sessel** ein.

## army['ɑːmɪ] Armee

Troopie is in the **army**. Troopie ist in der **Armee**.

**around**[1]['raʊnd] um ... herum

We sat **around** the table. Wir saßen **um** den Tisch **herum**.

**around**[2][ə'raʊnd] umher

They looked **around** but Pardy was already gone.
Sie schauten **umher**, aber Pardy war bereits gegangen.

**arrange**[ə'reɪndʒ] festlegen, sich verabreden

I have **arranged** to meet her at ten o'clock.
Ich **habe** mich um zehn Uhr mit ihr **verabredet**.

**arrest**[ə'rest] verhaften

The criminal was **arrested** yesterday.
Der Kriminelle **wurde** gestern **verhaftet**.

**arrive**[ə'raɪv] ankommen

Pardy **arrived** at the finish first.
Pardy **kam** als Erster am Ziel **an**.
ⓘ arrive at: eintreffen, ankommen

**arrow**['ærəʊ] Pfeil

The hunter shot a hare with an **arrow**. Der Jäger erlegte einen Hasen mit einem **Pfeil**.

**art**[ɑːt] Kunst

The pupils make much noise in the **art** class.
Die Schüler machen viel Krach im **Kunst**unterricht.

**article**['ɑːtɪkl] Beitrag, Artikel

The content of the **article** is not clear.
Der Inhalt des **Artikels** ist unverständlich.

**artist**['ɑːtɪst] Künstler

How can they become **artists** if they don't listen carefully?
Wie sollen sie **Künstler** werden, wenn sie nicht richtig zuhören?

## **as**[æz; əz] so

Does Tough Cat run **as** fast **as** Sniffy Mouse?
Rennt Tough Cat **so** schnell wie Sniffy Mouse?
ⓘ as ... as: so ... wie
as if: als ob

## **ash**[æʃ] Asche

Be careful not to drop the cigarette **ash** on the carpet.
Pass auf, dass die Zigaretten**asche** nicht auf den Teppich fällt.

## **ashamed**[ə'ʃeɪmd] beschämt

Funny Wolf felt so **ashamed**, because his trousers fell down and everyone saw his polka-dot shorts.
Funny Wolf schämte sich, weil seine Hose runterrutschte und jeder seine gepunktete Unterhose sehen konnte.

## **Asia**['eɪʃə] Asien

This is a map of **Asia**. Many kinds of animals, such as yaks and tigers, only live in **Asia**.
Dies ist eine Landkarte von **Asien**. Viele verschiedene Tiere, wie Yaks und Tiger, leben ausschließlich in **Asien**.

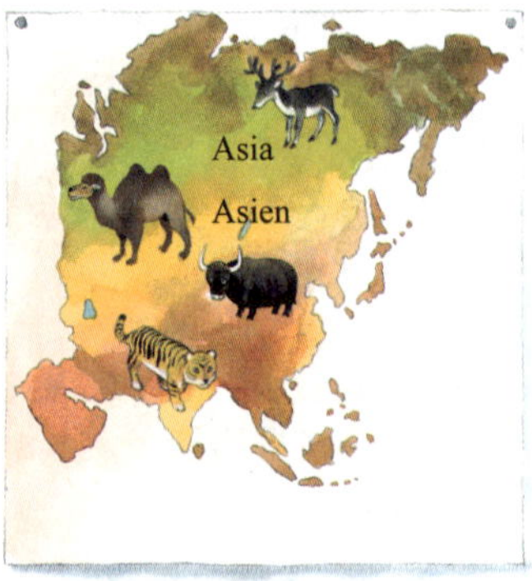


## **Asian**[1]['eɪʃn] Asiat

We are **Asians**. Wir sind **Asiaten**.

## **Asian**[2]['eɪʃn] asiatisch

China is an **Asian** country. China ist ein **asiatisches** Land.

## **ask**[ɑːsk] fragen

"Could you tell me the way to the railway station?" Meek **asked** the policeman.
"Können Sie mir den Weg zum Bahnhof sagen?", **fragte** Meek den Polizisten.
ⓘ answer: (be)antworten
ask for: bitten um

## **asleep**[ə'sliːp] schlafend

Drowsy is always **asleep** in the day time.
Drowsy schläft tagsüber immer.

## **assembly**[ə'semblɪ] Versammlung

The school has an **assembly** every week.
Jede Woche findet in der Schule eine **Versammlung** statt.

A B C D E F G H I J K L M N O P Q R S T U V W X Y Z

**assistant**[ə'sɪstənt] Assistent

The professor has an **assistant**. Der Professor hat einen **Assistenten**.

**association**[əˌsəʊsɪ'eɪʃən] Vereinigung

Teddy wishes that some day he could set up an **association** of animal protection.
Teddy wünscht sich, dass er eines Tages eine Tierschutz-**Vereinigung** gründen kann.

**assume**[ə'sjuːm] annehmen

I **assume** you always get up at the same time.
Ich **nehme an**, du stehst immer zur gleichen Zeit auf.

**assure**[ə'ʃʊə(r)] versichern

Bongo **assured** the coach that he was able to break the javelin record.
Bongo **versicherte** dem Trainer, dass er in der Lage ist, den Speerwurfrekord zu brechen.

**astonish**[ə'stɒnɪʃ] erstaunen

Bongo threw the javelin with so much force that it hit a helicopter. Everyone was **astonished**.
Bongo warf den Speer mit so viel Kraft, dass er einen Hubschrauber traf. Jeder war **erstaunt**.

**astronaut**['æstrənɔːt] Astronaut

Von Fox would love to be the first fox **astronaut** in outer space.
Von Fox wäre gern der erste Fuchs**astronaut** im Weltraum.

**astronomy**
[əs'trɒnəmɪ] Astronomie

**Astronomy** is the science of the stars and planets. Lionstein is an astronomer. He thought he had discovered a new planet until Sevendot flew away from his telescope.
**Astronomie** ist die Wissenschaft von den Sternen und Planeten. Lionstein ist Astronom. Er dachte, er hätte einen neuen Planeten entdeckt, bis Sevendot von seinem Teleskop wegflog.

A B C D E F G H I J K L M N O P Q R S T U V W X Y Z

**at**[æt; ət] um

The meeting will be held **at** 3 o'clock this afternoon. Das Treffen findet heute Nachmittag **um** drei Uhr statt.

ⓘ at last: endlich   at once: gleichzeitig, sofort

**athlete**['æθliːt] Athlet

Jumpie is a good **athlete**. Jumpie ist ein guter **Athlet**.

**atlas**['ætləs] Atlas

Jimmy found his house in the **atlas**.
Jimmy fand sein Zuhause im **Atlas**.

**attack**[ə'tæk] angreifen

The enemy will **attack** during the night. Der Feind wird während der Nacht **angreifen**.

**attempt**[ə'tempt] versuchen

The robbers were caught by the police when they **attempted** to escape after robbing a bank.
Die Räuber wurden von der Polizei geschnappt, als sie nach dem Bankraub zu flüchten **versuchten**.

**attend**[ə'tend] teilnehmen, besuchen

Franz will **attend** an evening school.
Franz wird eine Abendschule **besuchen**.

**attention**[ə'tenʃən] Aufmerksamkeit

The news in the paper of a bank robbery attracted his **attention**.
Die Nachricht in der Zeitung über einen Bankraub erregte seine **Aufmerksamkeit**.

ⓘ pay attention (to): Beachtung schenken

**attitude**['ætɪtjuːd] Standpunkt

What is your **attitude** towards this problem?
Wie ist dein **Standpunkt** zu diesem Problem?

**attractive**[ə'træktɪv] attraktiv

Violet is a very **attractive** girl. Violet ist ein sehr **attraktives** Mädchen.

**audience**['ɔːdɪəns] Publikum

The bicycle race is tense all the time. The **audience** are very excited.
Das Radrennen ist die ganze Zeit spannend. Das **Publikum** ist sehr aufgeregt.

**August**['ɔːgəst] August

The bicycle race is usually held in **August**.
Das Radrennen findet für gewöhnlich im **August** statt.

☞ calendar

**aunt**[ɑːnt] Tante

Flop's **aunt** is watching the bicycle race.
Flops **Tante** schaut sich das Radrennen an.

**Australia**[ɒs'treɪlɪə] Australien

Robinson's aunt is touring **Australia**.
Robinsons Tante reist durch **Australien**.

**author**['ɔːθə(r)] Autor

Do you know the **author** of this novel?
Kennst du den **Autor** dieses Romans?

**authority**[ɔː'θɒrɪtɪ] Autorität

Lionstein is an **authority** on mathematics.
Lionstein ist eine **Autorität** auf dem Gebiet der Mathematik.

**automatic**[ˌɔːtə'mætɪk] automatisch

The **automatic** machinery is used on Mr Piggles' farm. **Automatische** Maschinen werden auf Mr Piggles' Bauernhof benutzt.

**automobile**['ɔːtəməʊbiːl] Auto

Mr Piggles thinks it is wonderful to drive a large **automobile**.
Mr Piggles findet es toll, ein großes **Auto** zu fahren.

**autumn**['ɔːtəm] Herbst

We return to school in **autumn**.
Wir kehren im **Herbst** zur Schule zurück.

A B C D E F G H I J K L M N O P Q R S T U V W X Y Z

## **average**['ævərɪdʒ] Durchschnitt

Teddy's grade in maths is below the **average** of the class.
Teddys Note in Mathematik liegt unter dem Klassen**durchschnitt**.

## **avoid**[ə'vɔɪd] ausweichen, vermeiden

To **avoid** icebergs, Robinson had to keep awake all the time.
Um Eisbergen **auszuweichen**, musste Robinson stets wach bleiben.

## **awake**[ə'weɪk] wach

Robinson was **awake** all night. Robinson war die ganze Nacht **wach**.
ⓘ asleep: schlafend

## **away**[ə'weɪ] dahin, weg

Robinson thought an iceberg could be his boat across the sea, but as the sun warmed the day, his boat began to melt **away**.
Robinson dachte, ein Eisberg könne ihm als Boot auf dem Meer dienen, aber als die Sonne den Tag erwärmte, begann sein Boot **weg**zuschmelzen.

## **awe**[ɔː] (Ehr-)Furcht

Robinson was filled with **awe** when he found the iceberg was melting.
Robinson war voller **Furcht**, als er feststellte, dass der Eisberg schmolz.

## **awful**['ɔːfʊl] schrecklich

What caused the **awful** traffic accident?
Was hat den **schrecklichen** Verkehrsunfall verursacht?

## **awfully**['ɔːflɪ] furchtbar

Chimp thinks he is **awfully** funny, but Troopie doesn't think so.
Chimp findet sich **furchtbar** lustig, aber Troopie findet das nicht.

## **axe**[æks] Axt

The **axe** is often used to chop wood.
Die **Axt** wird häufig zum Holzhacken verwendet.

A B C D E F G H I J K L M N O P Q R S T U V W X Y Z

**baby**['beɪbɪ] Baby

The **baby** duck is learning to swim in the water.
Die **Baby**ente lernt, im Wasser zu schwimmen.

**back**[1][bæk] Rücken

Teddy puts the saddle on the horse's **back**.
Teddy legt den Sattel auf den **Rücken** des Pferdes.
ⓘ front: Vorderseite

**back**[2][bæk] zurück

Ozzy left a note saying "**back** soon" when he went for a ride on Tiger's new motorcycle.
Ozzy hinterließ einen Zettel, auf dem stand "bald **zurück**", als er mit Tigers neuem Motorrad einen Ausflug machte.
ⓘ back and forth: hin und her

**backwards**['bækwədz] nach hinten

Guzzler looked **backwards** to see who was following him.
Guzzler schaute **nach hinten**, um zu sehen, wer ihn verfolgte.
ⓘ forwards: nach vorne

**bad**[bæd] schlecht

Guzzler has a **bad** name. Guzzler hat einen **schlechten** Ruf.
ⓘ good: gut
worse[wɜːs] schlechter, worst[wɜːst] am schlechtesten

A B C D E F G H I J K L M N O P Q R S T U V W X Y Z

## **badge**[bædʒ] Abzeichen

Each student has a school **badge**.
Jeder Schüler besitzt ein Schul**abzeichen**.

## **badly**['bædlɪ] schwer

After the intense motorcycle race, everyone was **badly** hurt except the champion.
Nach dem großen Motorradrennen war jeder außer dem Sieger **schwer** verletzt.

## **badminton**['bædmɪntən] Federball

Dorby likes playing **badminton** very much. Dorby spielt sehr gerne **Federball**.

## **bag**[bæg] Tasche

Everybody in Teddy's family has a **bag**.
Jeder in Teddys Familie besitzt eine **Tasche**.

## **baggage**['bægɪdʒ] Gepäck

There is a lot of **baggage** on the top of Zip's car.
Auf Zips Autodach befindet sich viel **Gepäck**.
ⓘ BE luggage['lʌgɪdʒ]

## **bait**[beɪt] Köder

Peter uses worms as **bait** for fishing.
Peter benutzt Würmer als Angel**köder**.

## **bake**[beɪk] backen

Mrs Piggles **bakes** a loaf of bread in the oven every morning.
Mrs Piggles **backt** allmorgendlich einen Laib Brot im Ofen.

## **baker**['beɪkə(r)] Bäcker

Even a robot **baker** sometimes makes burnt bread.
Sogar ein Roboter**bäcker** stellt gelegentlich verbranntes Brot her.

## **balance**['bæləns] Gleichgewicht

He lost his **balance** and fell off the ladder.
Er verlor das **Gleichgewicht** und fiel von der Leiter.

ⓘ the balance of nature:
das Gleichgewicht der Natur

## **balcony**['bælkənɪ] Balkon

The **balconies** in the theater are full. Die Theatergalerien sind voll besetzt.

## **bald**[bɔːld] kahl

Joe grew **bald** recently. Joe ist vor kurzem **kahl** geworden.

## **ball**[bɔːl] Ball

Jim finds it is faster to go on a jumping **ball**.
Jim meint, er kommt schneller auf einem Sprung**ball** voran.

ⓘ ballpoint pen: Kugelschreiber

## **ballet**['bæleɪ] Ballett

Mina, Tina, and Nina are very good at **ballet**. Their performance tonight is being broadcasted live on TV!
Mina, Tina und Nina sind sehr gute **Ballett**tänzerinnen. Ihre Aufführung heute Abend wird live im Fernsehen übertragen!

## **balloon**[bə'luːn] Ballon

Ken tied two **balloons** to his tail in order to win the long jump.
Ken befestigte zwei **Ballons** an seinem Schwanz, um den Weitsprung zu gewinnen.

## **bamboo**[bæm'buː] Bambus

**Bamboo** was usually used to make furniture in ancient China.
Im antiken China benutzte man für gewöhnlich **Bambus**, um Möbel herzustellen.

## **banana**[bə'nɑːnə] **Banane**

Bongo hid a **banana** in his pocket. Bongo versteckte eine **Banane** in seiner Tasche.

## **band¹**[bænd] Band

Violet keeps her hair together with a rubber **band**.
Violet hält ihre Haare mit einem Gummi**band** zusammen.

## **band²**[bænd] Gruppe

The **band** is recording.
Die **Gruppe** zeichnet auf.

## **bandage**['bændɪdʒ] Verband

His arm was hurt. He had to wear a **bandage**. Sein Arm wurde verletzt. Er musste einen **Verband** tragen.

## **bandit**['bændɪt] Bandit

Mr Dollar's bank was robbed by **bandits**.
Die Bank von Mr Dollar wurde von **Banditen** ausgeraubt.

## **bang**[bæŋ] schlagen

Bim **banged** his drum a little too hard.
Bim **schlug** ein wenig zu heftig auf seine Trommel.

## **bank**[bæŋk] Bank

Henry saved a lot of money in the **bank**. Henry hatte viel Geld auf dem Sparbuch.

## bankrupt['bæŋkrʌpt] bankrott

Mr Dollar is hiding from his clients because his bank has gone **bankrupt**. Where did he spend all the money?
Mr Dollar versteckt sich vor seinen Kunden, weil seine Bank **bankrott** gegangen ist. Wo hat er das ganze Geld ausgegeben?

## bar[bɑː(r)] Bar, Riegel

He had a drink in the **bar** just now. Er hat gerade eben etwas in der **Bar** getrunken.
Guzzler had eaten a **bar** of soap before he went to the barbershop.
Guzzler hatte ein Stück Seife gegessen, bevor er zum Friseurgeschäft ging.

## barber['bɑːbə(r)] Friseur

Guzzler didn't like his haircut done by the **barber**, so he decided to eat the **barber**'s chair.
Guzzler mochte den Haarschnitt nicht, den ihm der **Friseur** verpasst hatte, so entschloss er sich, den **Friseur**stuhl zu essen.

## barbershop['bɑːbəʃɒp] Friseurgeschäft

Guzzler goes to the **barbershop** every month. Guzzler geht jeden Monat zum **Friseurgeschäft**.

## bare[beə(r)] nackt

Don't walk around with **bare** feet! Lauf nicht mit **nackten** Füßen herum!

## bargain¹['bɑːgɪn] feilschen

When Zip goes to the market, he always **bargains**.
Immer wenn Zip zum Markt geht, **feilscht** er.

## bargain²['bɑːgɪn] Gelegenheitskauf

It costs Zip only one euro to buy these watermelons. It's a real **bargain** for him!
Diese Wassermelonen kosten Zip nur einen Euro. Da hat er ein Schnäppchen gemacht.
ⓘ It's a real bargain!: Das ist ein Schnäppchen!

Men love to wonder and that is the seed of our science. [R.W.Emerson]



A B C D E F G H I J K L M N O P Q R S T U V W X Y Z

## **bark**[bɑːk] Rinde

The **bark** of this tree can be used as medicine. Die **Rinde** dieses Baums kann als Medizin verwendet werden.

## **base**[beɪs] Stützpunkt

The harbour is an important naval **base**. Der Hafen ist ein wichtiger Marine**stützpunkt**.

## **based on**[beɪst ɒn] basieren, gründen auf

What is your opinion **based on**?
Worauf **basiert** deine Meinung ?

## **basic**['beɪsɪk] Grund-

When you study arithmetic, you must begin with the **basic** processes - addition, subtraction, multiplication and division.
Wenn du Mathematik lernst, musst du mit den **Grund**rechenarten beginnen - Addition, Subtraktion, Multiplikation und Division.

## **basket**['bɑːskɪt] Korb

Zip is taking an air travel in a **basket**.
Zip macht eine Luftfahrt in einem **Korb**.

## **basketball**['bɑːskɪtbɔːl] Basketball

Jumbo carries the ball in his own way when playing **basketball**.
Wenn Jumbo **Basketball** spielt, trägt er den Ball auf seine eigene Weise.

## **bat¹**[bæt] schlagen

Jumbo doesn't **bat** well. Jumbo **schlägt** nicht gut.

## **bat²**[bæt] Fledermaus

**Bats** fly at night and feed on insects and fruit.
**Fledermäuse** fliegen nachts und ernähren sich von Insekten und Früchten.

## **bath**[bɑːθ] Bad

Sniffy Mouse found a good way to take a **bath**.
Sniffy Mouse fand eine gute Lösung, um ein **Bad** zu nehmen.
ⓘ take a bath: ein Bad nehmen

**bathe**[beɪð] baden

Sniffy Mouse **bathes** twice a week. Sniffy Mouse **badet** zweimal pro Woche.

**battery**['bætərɪ] Batterie

Bongo's radio needs a new **battery**. Bongos Radio benötigt eine frische **Batterie**.

**battle**['bætl] Kampf

A fierce **battle** is going on. Ein heftiger **Kampf** findet statt.

**bay**[beɪ] Bucht

Chimp is riding a jet-ski in the **bay**.
Chimp fährt mit dem Jetski in der **Bucht**.

**be**[biː; bɪ] sein

**Be** careful, Chimp! You will bump into me!
**Sei** vorsichtig, Chimp! Du wirst mich noch anfahren!

☞ Anhang

**beach**[biːtʃ] Strand

Henry usually spends his summer holidays on the **beach**. He likes swimming and taking sunbaths there.
Henry verbringt die Sommerferien für gewöhnlich am **Strand**. Er schwimmt und sonnenbadet dort gern.

**beak**[biːk] Schnabel

Beaky is famous for his huge **beak**.
Beaky ist berühmt für seinen riesigen **Schnabel**.

A B C D E F G H I J K L M N O P Q R S T U V W X Y Z

## **bean**[biːn] Bohne

They have a good **bean** harvest this year.
Sie fahren dieses Jahr eine gute **Bohnen**ernte ein.

## **bear**[1][beə(r)] ertragen

Nobody could **bear** Pinocchio's lying.
Niemand konnte Pinocchios Lügen **ertragen**.
☞ Anhang

## **bear**[2][beə(r)] Bär

The polar **bear** is playing snowball.
Der Polar**bär** spielt Schneeball.
ⓘ teddy bear: Teddybär

## **beard**[bɪəd] Bart

The Captain has a **beard**.
Der Kapitän hat einen **Bart**.

## **beast**[biːst] Bestie

Nobody would take the warm-hearted Tiger as a **beast**.
Niemand würde den warmherzigen Tiger für eine **Bestie** halten.

## **beat**[biːt] schlagen

Bim **beats** the drum in the band. Bim spielt die Trommel in der Band.
☞ Anhang

## **beautiful**['bjuːtɪfʊl] schön

Spring is coming and there are many **beautiful** flowers and mushrooms in the field.
Der Frühling kommt, und es wachsen viele **schöne** Blumen und Pilze auf dem Feld.

## **beauty**['bjuːtɪ] Schönheit

***Beauty** and the Beast* is a famous fairy tale. *Die Schöne und das Biest* ist ein berühmtes Märchen.

**because**[bɪ'kɒz] weil

The meeting ended suddenly **because** Skunk walked in.
Die Versammlung endete plötzlich, **weil** Skunk den Raum betrat.
ⓘ because of: wegen

**become**[bɪ'kʌm] werden

The room **became** smelly as soon as Skunk entered.
Der Raum begann zu stinken, als Skunk eintrat.
☞ Anhang

**bed**[bed] Bett

Piglet has a small **bed** in his bedroom. Piglet hat ein kleines **Bett** in seinem Schlafzimmer.
ⓘ go to bed: zu Bett gehen

**bee**[biː] Biene

Followed by a swarm of **bees**,Teddy had to run fast.
Teddy musste schnell rennen, als er von einem **Bienen**schwarm verfolgt wurde.

**beef**[biːf] Rindfleisch

**Beef** is a favourite food to most people.
**Rindfleisch** ist das Lieblingsessen der meisten Menschen.

**beer**[bɪə(r)] Bier

Would you like to drink some **beer**? Möchtest du gerne ein **Bier** trinken?

**beetle**['biːtl] Käfer

There are many **beetles** in the tree.
Viele **Käfer** sitzen im Baum.

**before**[1][bɪ'fɔː(r)] vor

Lionstein's father hadn't gone bald ten years **before**.
Zehn Jahre zuvor war Lionsteins Vater noch nicht kahl geworden.

A B C D E F G H I J K L M N O P Q R S T U V W X Y Z

## **before**[2] [bɪ'fɔː(r)] vor

Fluffy asks his mother to tell him a story every night **before** going to bed.
Fluffy bittet seine Mutter, ihm jeden Abend **vor** dem Zubettgehen eine Geschichte zu erzählen.

ⓘ after: danach
the day before yesterday: vorgestern

## **beg** [beg] betteln

Rambler never **begs** although he is poorly dressed.
Rambler **bettelt** nie, obwohl er ärmlich gekleidet ist.

## **beggar** ['begə(r)] Bettler

Rambler is very poor, but he hates to be treated like a **beggar**.
Rambler ist sehr arm, aber er hasst es, wie ein **Bettler** behandelt zu werden.

## **begin** [bɪ'gɪn] beginnen

The race **began** with the sound of the gun. Das Rennen **begann** mit dem Startschuss.

ⓘ finish: enden
to begin with: anfangen mit
☞ Anhang

## **behave** [bɪ'heɪv] sich benehmen

Teddy will **behave** well at school. Teddy wird **sich** in der Schule gut **benehmen**.

## **behind**[1] [bɪ'haɪnd] hinter

Funny Wolf was happy to walk **behind** Jumbo to enjoy a clear path through the snow.
Funny Wolf war glücklich, dass er **hinter** Jumbo gehen konnte und so einen schönen freien Weg durch den Schnee hatte.

ⓘ behind the times: hinter seiner Zeit zurück(geblieben) sein

## **behind**[2] [bɪ'haɪnd] nach hinten

Jumbo seldom looked **behind**.
Jumbo blickte selten **nach hinten**.

## **believe**[bɪ'liːv] glauben

No one can **believe** that Jimmy paid only one Euro for three bones.
Niemand kann **glauben**, dass Timmy nur einen Euro für drei Knochen bezahlt hat.

ⓘ Believe it or not!:
Ob du's glaubst oder nicht!

## **bell**[bel] Klingel

Mann rang the **bell** to deliver a letter.
Mann läutete, um einen Brief zuzustellen.

## **belong**[bɪ'lɒŋ] gehören

Does this helicopter **belong** to Pardy?
**Gehört** dieser Hubschrauber Pardy?

ⓘ belong to: gehören

## **below¹**[bɪ'ləʊ] unter

Mr Dollar is greeting Pardy **below** the helicopter.
Mr Dollar grüßt Pardy, der **unter** dem Hubschrauber steht.

ⓘ above: über

## **below²**[bɪ'ləʊ] unten

From **below** Pardy cannot hear the greeting clearly. Pardy kann den Gruß von **unten** aus nicht deutlich hören.

## **belt**[belt] Gürtel

This **belt** is made of real leather.
Dieser **Gürtel** ist aus echtem Leder.

## **bench**[bentʃ] Bank

Piglet wants to give his ice-lolly to the child who sits crying on the other end of the **bench**.
Piglet möchte sein Eis am Stiel dem weinenden Kind geben, das am anderen Ende der **Bank** sitzt.

A B C D E F G H I J K L M N O P Q R S T U V W X Y Z



## **bend**[bend] biegen

The branch began to **bend** as Bongo climbed along it. Der Zweig begann sich zu ver**biegen**, als sich Bongo an ihm entlanghangelte.
☞ Anhang

## **beside**[bɪ'saɪd] neben

There is a lake **beside** Jumpie's house. He often sits by the lake to relax.
**Neben** Jumpies Haus liegt ein See. Jumpie sitzt oft am See, um zu entspannen.

## **besides**[bɪ'saɪdz] außerdem

Jumpie is fond of reading **besides** swimming.
Jumpie schwimmt nicht nur, sondern liest auch gern.

## **best**[best] beste, -r, -s

Mathematics is not Teddy's **best** subject. Mathematik ist nicht Teddys **bestes** Fach.
ⓘ worst: schlechteste, -r, -s

## **bet**[bet] wetten

I **bet** her that our team would win.
Ich **wettete** mit ihr, dass unsere Mannschaft gewinnen würde.
☞ Anhang

## **better**['betə(r)] besser

Teddy is much **better** at drawing. Teddy ist viel **besser** im Zeichnen.
ⓘ worse: schlechter

## **between**[bɪ'twiːn] zwischen

Twodot said to Fivedot, "I will come to see you **between** five and six o'clock tomorrow afternoon."
Twodot sagte zu Fivedot: "Ich werde dich morgen Nachmittag **zwischen** fünf und sechs Uhr besuchen."
☞ among

## **beyond**[bɪ'jɒnd] jenseits

What lies **beyond** the mountains? Was liegt **jenseits** der Berge?

## **bicycle**['baɪsɪkl] Fahrrad

Teddy fell off his **bicycle**. Teddy fiel von seinem **Fahrrad**.
ⓘ auch bike[baɪk]
by bicycle: mit dem Fahrrad

## **bid**[bɪd] Angebot

His **bid** for that old bicycle was ten Euro.
Sein **Angebot** für das alte Fahrrad betrug 10 Euro.

## **big**[bɪg] groß

At Meek's wedding, the groomsman Jumbo looks so **big** among the people.
Auf Meeks Hochzeit sieht der Trauzeuge Jumbo zwischen den Leuten so **groß** aus.
ⓘ talk big: große Töne spucken

## **bill**[bɪl] Rechnung

Rambler cannot pay the **bill**, because he has no money.
Rambler kann die **Rechnung** nicht bezahlen, weil er kein Geld hat.

## **bird**[bɜːd] Vogel

"Where is my nest?" said the **bird** on this fallen tree.
"Wo ist mein Nest?", sagte der **Vogel** auf diesem umgestürzten Baum.

## **birth**[bɜːθ] Geburt

The **birth** of Teddy was six years ago.
Teddy wurde vor sechs Jahren geboren.
ⓘ give birth to: gebären

## **birthday**['bɜːθdeɪ] Geburtstag

Today is Teddy's six-year-old **birthday**.
Heute ist Teddys sechster **Geburtstag**.
ⓘ Happy birthday!:
Herzlichen Glückwunsch!

**biscuit**['bɪskɪt] Keks

The cook has just made some delicious **biscuits**.
Die Köchin hat gerade einige köstliche **Kekse** gebacken.

**bit**[bɪt] ein wenig

There's a little **bit** of time left. Es bleibt noch etwas Zeit.
ⓘ bit by bit: Stück für Stück
a bit (of): ein Stück (von)

**bite**[baɪt] beißen

The boy **bit** into the apple. Der Junge **biss** in den Apfel.
☞ Anhang

**bitter**['bɪtə(r)] bitter

Coffee without sugar has a **bitter** taste. Kaffee ohne Zucker schmeckt **bitter**.
ⓘ sweet: süß

**black**[blæk] schwarz

The policeman is dressed in a **black** uniform.
Der Polizist trägt eine **schwarze** Uniform.
ⓘ white: weiß

**blackboard**['blækbɔːd] Tafel

The teacher is writing on the **blackboard**. Der Lehrer schreibt an die **Tafel**.

**blame** [bleɪm] die Schuld geben, beschuldigen

Peter will be **blamed** for making fun of Wise Owl. Man wird Peter **beschuldigen**, sich über Wise Owl lustig zu machen.

**blank**[blæŋk] leer

Peter drew a funny portrait of Wise Owl on a **blank** wall.
Peter malte ein lustiges Porträt von Wise Owl auf eine **leere** Wand.

**blanket**['blæŋkɪt] Decke

The mother covered her baby with a **blanket**. Die Mutter umhüllte ihr Baby mit einer **Decke**.

**bless**[bles] segnen

**Bless** you, my dear children! Seid **gesegnet**, meine lieben Kinder!

## **blind**[blaɪnd] blind

The pirate is **blind** on one eye.
Der Pirat ist auf einem Auge **blind**.

## **block**[blɒk] blockieren

Van Fox landed with his plane to buy a paper. Now he is **blocking** the traffic.
Von Fox landete mit seinem Flugzeug, um eine Zeitung zu kaufen. Jetzt **blockiert** er den Verkehr.
ⓘ traffic jam: Verkehrsstau

## **blood**[blʌd] Blut

Dr Spotty is taking the patient's **blood** pressure.
Dr. Spotty prüft den **Blut**druck des Patienten.

## **blow**[bləʊ] blasen

The window **blew** open, Jumbo jumped up to stop Mery from being **blown** away.
Das Fenster flog auf und Jumbo sprang auf, um zu verhindern, dass Mery weg**geblasen** wurde.
ⓘ blow one's nose: sich die Nase putzen
☞ Anhang

## **blue**[bluː] blau

The birds are flying in the **blue** sky.
Die Vögel fliegen am **blauen** Himmel.

## **blunt**[blʌnt] stumpf

This knife is **blunt**. Dieses Messer ist **stumpf**.
ⓘ sharp: scharf

## **board**[bɔːd] Tafel

Piglet's racing car bumped into an advertising **board**.
Piglets Rennwagen krachte in eine Werbe**tafel**.

A B C D E F G H I J K L M N O P Q R S T U V W X Y Z

## **boat**[bəʊt] Boot

Tip Tap is sailing in a **boat**.
Tip Tap segelt in einem **Boot**.

## **body**['bɒdɪ] Körper

"A sound mind is in a sound **body**," said Tip Tap.
"Ein gesunder Geist ist in einem gesunden **Körper**", sagte Tip Tap.
ⓘ human body: menschlicher Körper

## **boil**[bɔɪl] kochen

The water is **boiling**. Das Wasser **kocht**.
ⓘ freeze: frieren

## **bold**[bəʊld] unverfroren

"No one would be so **bold** to take my cake except Tough Cat", said Sniffy Mouse.
"Niemand außer Tough Cat wäre so unverfroren, meinen Kuchen zu nehmen", sagte Sniffy Mouse.
ⓘ cowardly: feige

## **bomb**[bɒm] Bombe

"If anybody dares to take my cake, I will plant a **bomb** in his house", said Sniffy Mouse.
"Wenn irgendjemand es wagt, meinen Kuchen zu nehmen, werde ich eine **Bombe** in seinem Haus anbringen", sagte Sniffy Mouse.

## **bone**[bəʊn] Knochen

"One **bone** costs three Euro. That is too expensive!" says Timmy.
"Ein **Knochen** kostet drei Euro. Das ist zu teuer", sagt Timmy.

## **book¹**[bʊk] buchen

Robinson **booked** two air tickets to New York.
Robinson **buchte** zwei Flugtickets nach New York.

## **book²**[bʊk] Buch

Teddy would like to write a **book**.
But he was stuck at the first sentence.
Teddy würde gerne ein **Buch** schreiben, aber schon nach dem ersten Satz fiel ihm nichts mehr ein.

## **boot**[buːt] Stiefel

The cat in **boots** is the hero of a famous fairy tale.
Der Kater in **Stiefeln** ist der Held eines berühmten Märchens.

## **border**['bɔːdə(r)] Grenze

The army crossed the **border** between France and Germany.
Die Armee überquerte die **Grenze** zwischen Frankreich und Deutschland.

## **boring**['bɔːrɪŋ] bohrend

A **boring** noise woke up Prickle. It was Drowsy's snoring.
Ein **bohrender** Lärm weckte Prickle auf. Es war Drowsys Schnarchen.

## **born**[bɔːn] geboren

Beaky considers himself a **born** poet. Beaky hält sich für einen **geborenen** Dichter.

## **borrow**['bɒrəʊ] borgen

Piglet had broken the bicycle that he had **borrowed** from his friend, and there was hardly any chance to get it repaired.
Piglet hatte das Fahrrad, das er sich von seinem Freund **geborgt** hatte, kaputtgemacht, und es gab kaum eine Möglichkeit, es zu reparieren.

ⓘ return: zurückgeben
☞ lend

## **boss**[bɒs] Chef

Mr Dollar is the **boss** of a big bank. Mr Dollar ist der **Chef** einer großen Bank.

# botany ['bɒtənɪ] Pflanzenkunde

Of all the plants that Fluffy studies in **botany** class, he is familiar with the following:
Von allen Pflanzen, die Fluffy im **Pflanzenkunde**unterricht durchnimmt, kennt er die folgenden:

## flower Blume

**daisy**['deɪzɪ]
Gänseblümchen

**iris**['aɪərɪs] Iris

**tulip**
['tju:lɪp]
Tulpe

**rose**
Rose

**buttercup**
['bʌtəkʌp]
Butterblume

**violet** Veilchen

**forget-me-not**
Vergissmeinnicht

## fruit Frucht

**pineapple**['paɪn,æpl]
Ananas

**plum**[plʌm] Pflaume

**fig**[fɪg] Feige

**papaya**[pə'paɪə] Papaya

**cherry** Kirsche

**banana** Banane

**grapefruit**
['greɪpfru:t]
Pampelmuse

**melon** Melone

**peach**[pi:tʃ] Pfirsich

**pear**[peə(r)] Birne

**apricot**['eɪprɪkɒt]
Aprikose

**grape**
Weintraube

**apple** Apfel

**strawberry**
['strɔ:bərɪ]
Erdbeere

**lemon**['lemən]
Zitrone

**orange** Orange

**kiwi**['ki:wi:] Kiwi

**mango**
['mæŋgəʊ] Mango

**watermelon**['wɔ:tə,melən]
Wassermelone

**chestnut**['tʃesnʌt]
Kastanie

**hazelnut**['heɪzlnʌt]
Haselnuss

**walnut**['wɔ:lnʌt]
Walnuss

## **tree** Baum

**birch** [bɜːtʃ] Birke

**fir**[fɜː(r)] Tanne

**banana** Bananenstaude

**coconut palm** Kokospalme

**coconut**['kəʊkənʌt] Kokosnuss

**palm**[pɑːm] Palme

**oak**[əʊk] Eiche

**poplar**['pɒplə(r)] Pappel

**beech**[biːtʃ] Buche

## **vegetables** Gemüsesorten

**artichoke**['ɑːtɪtʃəʊk] Artischocke

**lettuce**['letɪs] Kopfsalat

**cucumber** ['kjuːkʌmbə(r)] Gurke

**cauliflower**['kɒlɪflaʊə(r)] Blumenkohl

**spinach**['spɪnɪdʒ] Spinat

**pumpkin**['pʌmpkɪn] Kürbis

**tomato**[tə'mɑːtəʊ] Tomate

**pea**[piː] Erbse

**cabbage** Kohl

**garlic** Knoblauch

**beetroot**['biːtruːt] Rote Beete

**zucchini**[zuː'kiːnɪ] Zucchini

**eggplant**['egplɑːnt] Aubergine

**onion**['ʌnjən] Zwiebel

**potato** Kartoffel

**pepper** ['pepə(r)] Paprika

**radish**['rædɪʃ] Rettich

**celery**['selərɪ] Sellerie

**carrot** Möhre Karotte

Self-trust is the first secret of success. [R. W. Emerson]

**both**[1][bəʊθ] sowohl ... als auch

**Both** Joe and Crock have big mouths.
**Sowohl** Joe **als auch** Crock haben ein großes Maul.

**both**[2][bəʊθ] beide

**Both** of us are students.
Wir sind **beide** Studenten.

**bottle**['bɒtl] Flasche

"Would you like a **bottle** of wine, sir?"
"Möchten Sie eine **Flasche** Wein, mein Herr?"

**bottom**['bɒtəm] Boden

"But there is only a little wine left at the **bottom** of your bottle."
"Aber da ist nur noch wenig Wein auf dem **Boden** deiner Flasche."
ⓘ top: oberer Teil, Spitze

**bounce**[baʊns] springen

Jack didn't know that he had been placed under the stairs when he **bounced** out of his box.
Jack wusste nicht, dass man ihn unter die Treppe gestellt hatte, als er aus seiner Schachtel **sprang**.

**bow**[1][bəʊ] Bogen

The **Bow** was an important weapon in ancient times.
Der **Bogen** war im Altertum eine wichtige Waffe.

**bow**[2][baʊ] sich verbeugen

Mr Dollar is Crock's best customer. Whenever he comes, Crock **bows** to him.
Mr Dollar ist Crocks bester Kunde. Immer wenn er kommt, **verbeugt** sich Crock vor ihm.

## **bowl**[bəʊl] Schüssel

This porcelain **bowl** is made in China. Diese Porzellan**schüssel** stammt aus China.

## **bowling**['bəʊlɪŋ] Bowling

**Bowling** is one of Crock's favourite sports. **Bowling** ist eine von Crocks Lieblingssportarten.

## **box**[bɒks] Schachtel

Nine **boxes**, but only one candy ... someone played a joke on Crock.
Neun **Schachteln**, aber nur ein Bonbon.
Irgendjemand hat Crock einen Streich gespielt.

## **boxing**['bɒksɪŋ] Boxen

In the **boxing** match, Henry knocked Mr Rhino out with a heavy blow. But he also received a stunning blow on the head.
Beim **Boxkampf** schlug Henry Mr Rhino mit einem wuchtigen Schlag ko. Aber auch er erhielt einen heftigen Schlag auf den Kopf.

## **boy**[bɔɪ] Junge

These **boys** play very bravely in the ice hockey match.
Diese **Jungs** spielen sehr unerschrocken in dem Eishockeyspiel.
ⓘ girl: Mädchen

A B C D E F G H I J K L M N O P Q R S T U V W X Y Z

## **bracelet**['breɪslɪt] Armband

Violet has a jade **bracelet**. Violet hat ein Jade**armband**.

## **bracket**['brækɪt] Klammer

Please write your answer in the **brackets**.
Schreibe deine Antwort bitte in die **Klammern**.

## **brain**[breɪn] Gehirn

Lionstein beats his **brains** on a maths problem.
Lionstein zerbricht sich den Kopf über eine Mathematikaufgabe.
ⓘ beat one's brains: sich den Kopf zerbrechen

## **brake**[breɪk] Bremse

When driving on steep hills, the Captain uses the **brakes** and the anchor at the same time.
Der Kapitän benutzt gleichzeitig den Anker und die **Bremsen**, wenn er steile Hügel hinunterfährt.

## **branch**[brɑːntʃ] Ast

Holmes Hound is sawing the wrong end of the **branch**!
Holmes Hound sägt am falschen Ende des **Astes**!

## **brand**[brænd] Marke

Can you tell me what **brand** this honey is?
Kannst du mir sagen, was für eine **Marke** dieser Honig ist?

**brave**[breɪv] tapfer

The **brave** firemen are trying their best to put out the fire and rescue the people.
Die **tapferen** Feuerwehrmänner versuchen ihr Bestes, um das Feuer zu löschen und die Leute zu retten.
ⓘ timid: schüchtern, ängstlich

**bread**[bred] Brot

Pan Pan doesn't like **bread**.
Pan Pan mag kein **Brot**.
ⓘ a piece of bread: ein Stück Brot

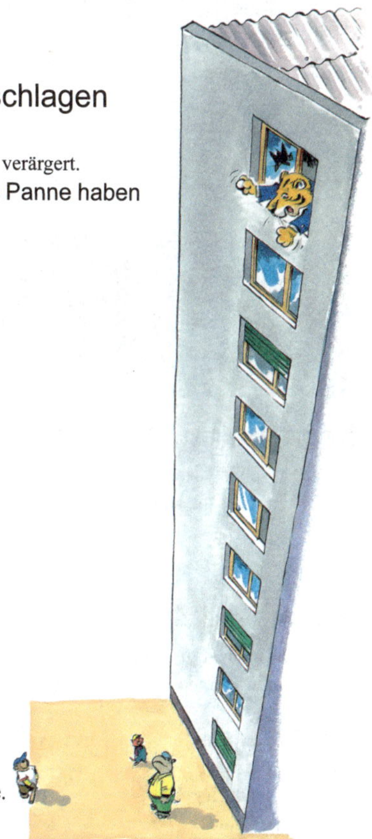

**break¹**[breɪk] (zer)brechen, einschlagen

"Who **broke** my window?" Tiger shouted angrily.
"Wer hat mein Fenster **eingeschlagen**?", brüllte Tiger verärgert.
ⓘ break down: zum Erliegen kommen, eine Panne haben
break in: einbrechen
break out: ausbrechen
break the law: das Gesetz übertreten
☞ Anhang

**break²**[breɪk] Pause

We'll have a **break** for coffee at ten.
Wir werden um zehn eine Kaffee**pause** machen.

**breakfast**['brekfəst] Frühstück

We often have **breakfast** at about seven.
Oft frühstücken wir gegen sieben.
☞ lunch

**breast**[brest] Brust

Franz made a clean **breast** of breaking the window.
Franz gestand, dass er das Fenster eingeschlagen hatte.
ⓘ make a clean breast of: gestehen

## **breaststroke**['breststrəʊk] Brustschwimmen

Jumpie decided to teach Jumbo the **breaststroke**. Jumpie entschloss sich, Jumbo das **Brustschwimmen** beizubringen.

## **breath**[breθ] Atem

Jumbo doesn't need to hold his **breath** under water because he has a long nose.
Jumbo muss seinen **Atem** unter Wasser nicht anhalten, da er eine lange Nase hat.

ⓘ hold one's breath:
den Atem anhalten
out of breath: außer Atem

## **breathe**[bri:ð] atmen

Although Jumbo is very heavy, he can **breathe** freely in the water.
Obwohl Jumbo sehr schwer ist, kann er im Wasser frei **atmen**.

## **brick**[brɪk] Ziegelstein

Piglet will soon enjoy living in a house built with red **bricks**.
Piglet wird es bald genießen, in einem Haus aus roten **Ziegelsteinen** zu wohnen.

## **bride**[braɪd] Braut

The **bride** is happy to go on a honeymoon. Die **Braut** ist glücklich, die Hochzeitsreise anzutreten.

## **bridegroom**['braɪdgruːm] Bräutigam

Let's give a toast to the bride and **bridegroom**! Einen Toast auf Braut und **Bräutigam**!

## **bridge**[brɪdʒ] Brücke

Looking down from the **bridge**, Tiger found a paper boat floating on the water.

Als Tiger von der **Brücke** sah, erblickte er ein Papierschiff, das auf dem Wasser schwamm.

## **brief**[briːf] kurz angebunden

Be **brief** and the meeting will end soon. Mach's **kurz**, und das Treffen wird bald beendet sein.

## **bright**[braɪt] gescheit, hell

Teddy is a **bright** and lively boy.

Teddy ist ein **gescheiter** und lebhafter Junge.

ⓘ stupid: dumm

dark: finster

## **bring**[brɪŋ] mitbringen

Teddy **brought** me a bunch of fresh flowers.

Teddy **brachte** mir einen Strauß frischer Blumen **mit**.

ⓘ bring up: aufziehen, erziehen

☞ Anhang

## **Britain**['brɪtən] Großbritannien

I am Teddy, and I come from **Britain**. This is our national flag.

Ich bin Teddy, und ich komme aus **Großbritannien**.

Dies ist unsere Nationalflagge.

## **British**['brɪtɪʃ] britisch

He is writing to a **British** friend.

Er schreibt einem britischen Freund.

## broad[brɔːd] breit

They're having a sailing boat race on the **broad** lake.
Sie veranstalten ein Segelbootrennen auf dem **breiten** See.

## broadcast[1] ['brɔːdkɑːst] übertragen

The match is being **broadcasted** live on the radio.
Der Wettkampf wird live im Radio **übertragen**.

## broadcast[2]['brɔːdkɑːst] Übertragung

Bongo and his friends are anxiously waiting for the good news during the radio **broadcast**.
Bongo und seine Freunde warten begierig auf die guten Nachrichten während der Radio**übertragung**.

## broken['brəʊkən] zerbrochen

**Broken** glass is very dangerous.
**Zerbrochenes** Glas ist sehr gefährlich.

## brook[brʊk] Bach

Piglet was the only one who successfully crossed the **brook**.
Piglet war der Einzige, dem es gelang, den Bach unbeschadet zu durchqueren.

## **broom**[bruːm] Besen

In fairy tales, a witch usually wears a black cloak and a pointed hat, and flies on the handle of a **broom**.
In Märchen trägt eine Hexe für gewöhnlich einen schwarzen Umhang und einen spitzen Hut und fliegt auf einem **Besen**stiel.

## **brother**['brʌðə(r)] Bruder

Mr Piggles and his **brother** are going a-broad by plane. They are very excited!
Mr Piggles und sein **Bruder** fliegen ins Ausland. Sie sind sehr aufgeregt!

## **brown**[braʊn] braun

The air hostess has a **brown** handbag.
Die Stewardess trägt eine **braune** Handtasche.

## **brush**¹[brʌʃ] Bürste

Zip is designing a machine that can wash cars automatically. It is mainly made up of motors and **brushes**.
Zip entwirft eine Maschine, die Autos automatisch waschen kann. Sie besteht hauptsächlich aus Motoren und **Bürsten**.

## **brush**²[brʌʃ] putzen

After **brushing** his teeth, Teddy put on his clothes.
Nach dem Zähne**putzen** kleidete Teddy sich an.

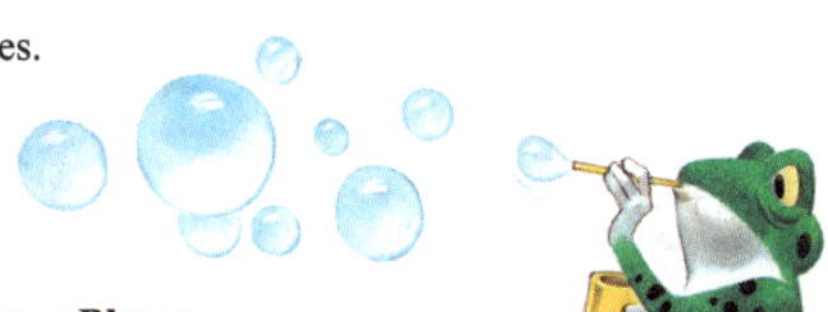

## **bubble**['bʌbl] Blase

Jumpie loves blowing **bubbles**. Jumpie macht gerne **Blasen**.

A B C D E F G H I J K L M N O P Q R S T U V W X Y Z

## **bucket**['bʌkɪt] Eimer

In the bicycle race, people carry many **buckets** of water to cool the athletes. But sometimes mistakes happen ...
Beim Radrennen bringen Leute viele **Eimer** Wasser mit, um die Athleten abzukühlen. Manchmal jedoch passieren Missgeschicke ...

## **bud**[bʌd] Knospe

A **bud** on a tree is a sign of spring. Eine **Knospe** am Baum kündigt den Frühling an.

## **bug**[bʌg] Käfer, Insekt

Ants, beetles, and flies are part of the **bugs** family.
Ameisen, Käfer und Fliegen gehören zur Familie der **Insekten**.

## **build**[bɪld] bauen

Wise Owl is going to **build** a house for himself.
Wise Owl wird sich ein eigenes Haus **bauen**.
ⓘ build up: entstehen

## **building**['bɪldɪŋ] Gebäude

Wise Owl has made a model of a **building**.
Wise Owl hat ein Modell eines **Gebäudes** angefertigt.

## **bulb**[bʌlb] Glühbirne

Piglet changed the **bulb** of the lamp.
Piglet wechselte die **Glühbirne** der Lampe.

## **bull**[bʊl] Stier

Many **bulls** are raised on Mr Piggles' farm.
Viele **Stiere** werden auf Mr Piggles' Farm aufgezogen.
ⓘ cow: Kuh

## **bullet**['bʊlɪt] Kugel

There is no **bullet** in Teddy's gun. In Teddys Gewehr ist keine **Kugel**.

**bunch**[bʌntʃ] Büschel

Chimp is trying to figure out how many **bunches** of bananas he has eaten.
Chimp versucht auszurechnen, wie viele **Büschel** Bananen er gegessen hat.

**burglar**['bɜːglə(r)] Einbrecher

The **burglar** got into the house and stole the computer.
Der **Einbrecher** kam ins Haus und stahl den Computer.

**burn**[bɜːn] brennen

Meek's chemist's shop is **burning** suddenly.
Plötzlich **brennt** Meeks Drogerie.
ⓘ burn down: abbrennen
☞ Anhang

**burst**[bɜːst] bersten, platzen

The firecracker **burst** with such a boom that he was frightened.
Der Feuerwerkskörper **barst** mit einem solchen Knall, dass ihm angst und bange wurde.
ⓘ burst into laughter(sobs):
in Gelächter (Tränen) ausbrechen

**bury**['berɪ] vergraben

Joe secretly **buried** the cigarette end that caused the fire.
Joe **vergrub** heimlich den Zigarettenstummel, der das Feuer auslöste.

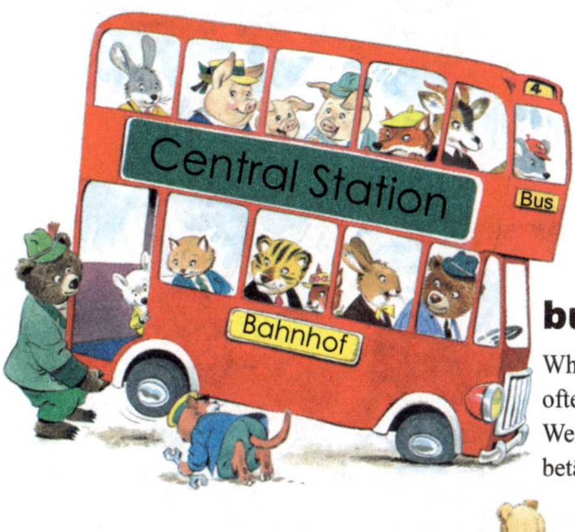


**bus**[bʌs] Bus

When the **bus** breaks down on the road, it is often Franz who works as a jack.
Wenn der **Bus** auf der Straße eine Panne hat, betätigt Franz sich häufig als Wagenheber.

A B C D E F G H I J K L M N O P Q R S T U V W X Y Z

## **bush**[bʊʃ] Busch, Gebüsch

Ribbon likes creeping in the **bush**.
Ribbon kriecht gern im **Gebüsch** herum.

## **business**['bɪznɪs] Geschäft

Mr Dollar does **business** with foreign companies.
Mr Dollar macht **Geschäfte** mit ausländischen Unternehmen.

ⓘ It's none of your business!: Das geht dich gar nichts an!
Business is business.: Geschäft ist Geschäft.

## **busy**['bɪzɪ] beschäftigt

They are very **busy** with their own work. Sie sind sehr mit ihrer eigenen Arbeit **beschäftigt**.

ⓘ free: frei
idle: unbeschäftigt

## **but**[bʌt] aber

The doctor wants to examine Piglet carefully, **but** Piglet can't help laughing when he is touched.
Der Doktor will Piglet sorgfältig untersuchen, **aber** Piglet muss einfach lachen, wenn er berührt wird.

## **butter**['bʌtə(r)] Butter

I spread **butter** on the bread for my breakfast.
Ich streiche **Butter** auf mein Frühstücksbrot.

## **butterfly**['bʌtəflaɪ] Schmetterling

A **butterfly** is attracted to the flowers on Mrs Bunnikin's hat.
Ein **Schmetterling** wird von den Blumen auf Mrs Bunnikins Hut angezogen.

## **button**['bʌtn] Knopf

The **button** on Teddy's coat came off. Der **Knopf** an Teddys Mantel fiel ab.

## **buy**[baɪ] kaufen

Mrs Bunnikin **bought** some fruits at the market.
Mrs Bunnikin **kaufte** etwas Obst auf dem Markt.
ⓘ sell: verkaufen
☞ Anhang

## **by**[baɪ] von, an etwas vorbei

This magic book was written **by** a great magician.
Dieses Zauberbuch wurde **von** einem bedeutenden Magier geschrieben.
The buses go **by** the school.
Die Busse fahren an der Schule **vorbei**.
ⓘ by bike: mit dem Fahrrad
by bus: mit dem Bus

## **bye-bye**['baɪ'baɪ] tschüss

Teddy said "**bye-bye**" to Franz, the stationmaster. Teddy sagte "**Tschüss**" zu Franz, dem Bahnhofsvorsteher.
☞ good-bye

## cabbage['kæbɪdʒ] Kohl

Mann and his friend are carrying a huge **cabbage** on a cart.
Mann und sein Freund transportieren einen riesigen **Kohlkopf** auf einem Karren.

## cabin['kæbɪn] Hütte

There is a wooden **cabin** in the forest.
Im Wald steht eine Holz**hütte**.

## cable['keɪbl] Kabel

A suspension bridge hangs from strong steel **cables**.
Eine Hängebrücke hängt an starken **Stahlkabeln**.
ⓘ cable television: Kabelfernsehen
cable car: (gezogene) Straßenbahn, Drahtseilbahn

## cactus['kæktəs] Kaktus

The **cactus** is Sniffy Mouse's favourite plant, but Tough Cat doesn't like it at all.
Der **Kaktus** ist die Lieblingspflanze von Sniffy Mouse, aber Tough Cat mag Kakteen überhaupt nicht.

## **café**['kæfeɪ] Café

"You mustn't shut me up, Troopie! Tonight I will have dinner with Rambler at the **café**," shouts Guzzler.
"Du darfst mich nicht einsperren, Troopie! Heute Abend werde ich mit Rambler im **Café** zu Abend essen", ruft Guzzler.

## **cage**[keɪdʒ] Käfig

Guzzler is a monster, so he is often kept in a special steel **cage**.
Guzzler ist ein Monster, daher wird er häufig in einem besonderen **Stahlkäfig** gehalten.

## **cake**[keɪk] Kuchen

This **cake** will last the little mouse for a few days.
Dieser **Kuchen** reicht der kleinen Maus für einige Tage.

## **calculate** ['kælkjʊleɪt] rechnen

"What a way to **calculate**!" Tip Tap thought.
"Was für eine Art zu **rechnen**!", dachte Tip Tap.

## **calculation**[ˌkælkjʊ'leɪʃən] Berechnung, Beratung

After much **calculation**, they decided not to give Tip Tap the position of the accountant.
Nach langer **Beratung** entschlossen sie sich, Tip Tap die Stelle als Buchhalter nicht zu geben.

## **calculator**['kælkjʊleɪtə(r)] Taschenrechner

Tip Tap wishes he could take the arithmetic exam using a **calculator**.
Tip Tap wünschte sich, er könnte bei der Mathematikprüfung den **Taschenrechner** benutzen.

## calendar['kælɪndə(r)] Kalender

From this **calendar**, we can see what Robinson has done this year.
Dieser **Kalender** sagt uns, was Robinson dieses Jahr gemacht hat.

1

### January['dʒænjʊərɪ] Januar

31

On **January** 1st, it is very cold. Robinson decides to visit his friends who live in warmer places.
Am 1. **Januar** ist es sehr kalt. Robinson entschließt sich, seine Freunde zu besuchen, die in wärmeren Gefilden leben.

1

### February['febrʊərɪ] Februar

During the cold month of **February**, Robinson drives south on Wally's sleigh.
Im kalten Monat **Februar** fährt Robinson auf Wallys Schlitten in Richtung Süden.

28

1

### March[mɑːtʃ] März

In **March**, strong winds make it easier for Robinson to travel by a cart in full sail.
Im **März** machen es starke Winde einfacher für Robinson, mit vollen Segeln mit einem Karren zu reisen.

31

1

### April['eɪprəl] April

In **April**, Robinson visits Painty. But it is always raining, so he moves on.
Im **April** besucht Robinson Painty. Aber weil es ständig regnet, zieht er weiter.

30

1

### May[meɪ] Mai

In **May**, summer is just around the corner. Robinson hops a ride with Ken.
Im **Mai** steht der Sommer unmittelbar vor der Tür. Robinson steigt auf Kens Rücken und hüpft mit ihm durch die Gegend.

31

1

### June[dʒuːn] Juni

In **June**, it is warm and sunny. Robinson spends the month playing with Fluffy.
Im **Juni** ist es warm und sonnig. Robinson spielt den Monat über mit Fluffy.

30

1

## July[dʒuː'laɪ] Juli

**July** is a hot month. Robinson decides to visit Jumpie and learn how to swim.
Der **Juli** ist ein heißer Monat. Robinson beschließt, Jumpie zu besuchen und schwimmen zu lernen.

31

1

## August['ɔːgəst] August

In **August**, it is also very hot. Robinson always stops for an ice-cream on his way to visit one of his friends.

31

Auch im **August** ist es sehr heiß. Auf dem Weg zu einem seiner Freunde hält Robinson immer an, um sich ein Eis zu kaufen.

1

## September[sep'tembə(r)] September

In **September**, farmers start to sell their crops on the market, and Robinson can ride along.
Im **September** beginnen die Bauern damit, ihre Ernte auf dem Markt zu verkaufen, und Robinson kann mit ihnen fahren.

30

1

## October[ɒk'təʊbə(r)] Oktober

In **October**, Robinson gets lost. The Ladybirds help him to find his way home before it gets too cold.

Im **Oktober** verläuft sich Robinson. Die Marienkäfer helfen ihm, den Weg nach Hause zu finden, bevor es zu kalt wird.

31

1

## November[nəʊ'vembə(r)] November

On his way home in **November**, Robinson strolls through the falling leaves, thinking about all of the friends he visited.
Auf seinem Heimweg im **November** spaziert Robinson durch herabfallende Blätter und denkt an all seine Freunde, die er besucht hat.

30

1

## December[dɪ'sembə(r)] Dezember

Finally, in **December**, Robinson is very glad to be back again in his warm house.

31

Im **Dezember** schließlich freut sich Robinson, dass er wieder in seinem warmen Haus ist.

## **call**[1] [kɔ:l] rufen

I will **call** you loudly from downstairs.
Ich werde dich laut von unten **rufen**.
ⓘ call for: verlangen (nach)
let's call it a day:
machen wir Schluss/Feierabend für heute.

## **call**[2] [kɔ:l] Anruf

Teddy's mother is giving her friend a **call**.
Teddys Mutter ruft ihre Freundin an.
ⓘ give (sb.) a call: (jemanden) anrufen

## **calm** [kɑ:m] ruhig

It is important to keep **calm** in an emergency. Bei einem Notfall ist es wichtig, **ruhig** zu bleiben.

## **camel** ['kæməl] Kamel

The **camel** is called "ship of the desert". Man bezeichnet das **Kamel** als "Wüstenschiff".

## **camera** ['kæmərə] Kamera

Tip Tap is taking photos of the Ladybirds with his old-fashioned **camera**.
Tip Tap macht mit seiner altmodischen **Kamera** Fotos von den Marienkäfern.

## **camp**[1] [kæmp] Lager

The members of the summer **camp** were looking for a good place to pitch their tents.
Die Mitglieder des Sommer**lagers** suchten eine gute Stelle, wo sie ihre Zelte aufschlagen konnten.
ⓘ summer camp: Sommerlager
winter camp: Winterlager

## **camp**[2] [kæmp] kampieren

Finally, the group decided to **camp** at the foot of the mountain.
Zu guter Letzt entschloss sich die Gruppe, am Fuß des Berges zu **kampieren**.

## **campaign**[kæm'peɪn] Feldzug

The soldiers fight bravely in the **campaign**. Die Soldaten kämpfen tapfer während des **Feldzugs**.

## **can**[1][kæn] Kanne, Dose

There are all kinds of **cans** in the supermarket. Im Supermarkt findet man alle Arten von **Dosen**.

## **can**[2][kæn] können

Chimp **can** not keep clear-headed after overdrinking.
Nachdem er zu viel getrunken hat, **kann** Chimp nicht mehr klar denken.

## **Canada**['kænədə] Kanada

**Canada** lies in the north of America.
**Kanada** liegt im Norden von Amerika.

## **Canadian**[kə'neɪdɪən] Kanadier

Some **Canadians** speak French instead of English. Einige **Kanadier** sprechen französisch anstelle von englisch.

## **canal**[kə'næl] Kanal

The Suez **Canal** is a very famous **canal** in the world. Der Suez**kanal** ist ein weltbekannter **Kanal**.

## **cancer**['kænsə(r)] Krebs

**Cancer** is a terrible disease. **Krebs** ist eine schreckliche Krankheit.

## **candle**['kændl] Kerze

Before there was gas or electric light, the **candle** was used for lighting.
Bevor es Gas oder elektrisches Licht gab, benutzte man **Kerzen** zur Beleuchtung.

## **candy**['kændɪ] Bonbon, Süßigkeit

Children love **candies** very much. Kinder lieben **Süßigkeiten** sehr.

## **cap**[kæp] Mütze, Kappe

Piglet is waving his **cap** to greet his friends.
Piglet winkt mit seiner **Kappe**, um seine Freunde zu grüßen.
ⓘ hat: Hut

## **capital**['kæpɪtl] Hauptstadt, Großbuchstabe

Washington is the **capital** of the United States.
Washington ist die **Hauptstadt** der Vereinigten Staaten.
Names of people start with **capitals**.
Personennamen fangen mit **Großbuchstaben** an.

## **captain**['kæptɪn] Kapitän

"Work hard if you want to be a **captain** in the future!" said the **Captain**.
"Arbeite schwer, wenn du später **Kapitän** werden möchtest!", sagte der **Kapitän**.

## **captive**['kæptɪv] gefangen

The **captive** bird is put into a cage. Der **gefangene** Vogel wird in einen Käfig gesperrt.

## **capture**['kæptʃə(r)] gefangen nehmen

The escaped criminal was **captured** by the policeman.
Der entflohene Kriminelle wurde von dem Polizisten **gefangen genommen**.

## **car**[kɑː(r)] Auto

It seems something is wrong with Zip's **car**. Es sieht so aus, als ob etwas mit Zips **Auto** nicht in Ordnung ist.
☞ vehicle

## **card**[kɑːd] Karte

Henry's sneeze made the **cards** fly away.
Als Henry nieste, flogen die **Karten** weg.

## **care**[keə(r)] sich kümmern

Teddy takes **care** of the garden for his mother. Teddy **kümmert sich** für seine Mutter um den Garten.
Mother **cares** about Teddy very much. Mutter **kümmert sich** sehr um Teddy.
ⓘ care for: sich kümmern um, sorgen für
take care!: Pass auf! Gib Acht!
take care of: sich kümmern um

**careful**['keəfʊl] vorsichtig

Be **careful**, or you will not pass the exam. Sei **vorsichtig**, oder du wirst die Prüfung nicht bestehen.

ⓘ careless: unvorsichtig, sorglos

**carpenter**['kɑːpɪntə(r)] Zimmermann

What is the **carpenter** going to make with the wood?
Was will der **Zimmermann** mit dem Holz machen?

**carpet**['kɑːpɪt] Teppich

Crock thought the **carpet** was very good.
Crock fand den **Teppich** sehr gut.

**carriage**['kærɪdʒ] Kutsche

The cowboys are having a special wedding on the **carriage**.
Die Cowboys feiern eine besondere Hochzeit auf der **Kutsche**.

**carrot**['kærət] Karotte, Möhre

The Bunnikins grow **carrots** in their yard.
Die Bunnikins bauen **Karotten** in ihrem Garten an.

**carry**['kærɪ] tragen

When you have to **carry** your house on your back, can you walk fast?
Wenn man sein Haus auf dem Rücken **tragen** muss, kann man dann noch schnell laufen?

ⓘ carry on: weitermachen
carry out: aus-, durchführen

**cart**[kɑːt] Karren

Teddy carries vegetables with a **cart**.
Teddy transportiert Gemüse mit einem **Karren**.

**cartoon**[kɑː'tuːn] Zeichentrickfilm

The **cartoon** is often broadcasted on TV.
Der **Zeichentrickfilm** wird häufig im Fernsehen gezeigt.

**carve**[kɑːv] schnitzen, meißeln

To commemorate Gerry's breaking the world discus record, Franz is **carving** a stone into the figure of Gerry casting a discus.
Um Gerrys Diskusweltrekord zu gedenken, **meißelt** Franz aus Stein die Figur des Diskus werfenden Gerry.

**case**[keɪs] Fall

We decided to take the **case** to court.
Wir entschlossen uns, den **Fall** vor Gericht zu bringen.
ⓘ in case: falls

**cash**[kæʃ] Bargeld

Mr Dollar loves **cash**. Mr Dollar liebt **Bargeld**.

**cashier**[kæ'ʃɪə(r)] Kassierer(in)

My sister is a **cashier**.
Meine Schwester ist **Kassiererin**.

**cast**[kɑːst] (aus)werfen

The fisherman **casts** the line. Der Angler **wirft** die Leine **aus**.
☞ Anhang

**castle**['kɑːsl] Burg, Schloss

From this cutaway view, we can see the structure of this **castle**.
Dieser Querschnitt gibt einen Einblick in den Aufbau der **Burg**.

## **casual**['kæʒjʊəl] lässig, locker, leger

Peter is often dressed in **casual** clothes.Peter trägt häufig **legere** Kleidung.

## **cat**[kæt] Katze

Sniffy Mouse has many friends, but none of them is a **cat**.
Sniffy Mouse hat viele Freunde, aber keiner von ihnen ist eine **Katze**.

## **catch**[kætʃ] fangen

The athletes tried their best to **catch** up with the one ahead of them in the bicycle race.
Die Athleten taten ihr Bestes, den einzuholen, der im Radrennen vorne lag.

ⓘ catch fire:
Feuer fangen
catch up with:
einholen
☞ Anhang

## **caterpillar**['kætəpɪlə(r)] Raupe

Joy is a **caterpillar** who has lots of legs. Joy ist eine **Raupe**, die jede Menge Beine hat.

## **cattle**['kætl] Rind(vieh)

The **cattle** here are for sale. Diese **Rinder** hier sind zu verkaufen.

## **cause¹**[kɔːz] Grund

Winnie's sudden emergence out of water was the **cause** for stopping the race.
Winnies plötzliches Auftauchen aus dem Wasser war der **Grund** dafür, dass das Rennen unterbrochen wurde.

## **cause²**[kɔːz] verursachen

The sudden braking of Lionstein **caused** a traffic accident.
Weil Lionstein plötzlich bremste, kam es zu einem Verkehrsunfall.

## **caution**['kɔːʃən] Vorsicht, Umsicht

You should drive with **caution** on an icy road.
Bei Glatteis sollte man vorsichtig fahren.

## **cave**[keɪv] Höhle

The army will use the **cave** as its camp. The soldiers can eat and sleep inside.
Die Armee wird die **Höhle** als Lager nutzen. Die Soldaten können darin essen und schlafen.

## **cease**[siːs] einstellen

The officer ordered his men to **cease** fire.
Der Offizier befahl seinen Männern, das Feuer **einzustellen**.

## **ceiling**['siːlɪŋ] Decke

Every night, Teddy counts the flowers painted on the **ceiling** and falls asleep.
Teddy zählt jeden Abend die an die Decke gemalten Blumen und schläft ein.
ⓘ floor: Boden

## **celebrate**['selɪbreɪt] feiern

They are **celebrating** the virgin voyage of the ship.
Sie **feiern** die Jungfernfahrt des Schiffs.

## **celebration**[ˌselɪ'breɪʃən] Feier

This is a grand **celebration**. Dies ist eine großartige **Feier**.

## **cent**[sent] Cent

One euro is equal to one hundred **cents**. Ein Euro ist gleich einhundert **Cent**.

## **central**['sentrəl] zentral

He works in the **central** part of the town. Er arbeitet in der Innenstadt.

## **centre**['sentə(r)] Zentrum

The teacher spoke at the community **centre**.
Der Lehrer sprach im Gemeinde**zentrum**.

## **century**['sentʃʊrɪ] Jahrhundert

The famous Greek temple was built in the fifth **century** BC.
Der berühmte griechische Tempel wurde im 5. **Jahrhundert** vor Christus erbaut.

## **certain**['sɜːtən] sicher

I am **certain** these are the facts.
Ich bin **sicher**, dass dies die Tatsachen sind.

## **certainly**['sɜːtənlɪ] gewiss

"**Certainly** I shall win the game," says Jumbo.
"**Gewiss** werde ich das Spiel gewinnen", sagt Jumbo.

## **certificate**[sə'tɪfɪkɪt] Bescheinigung

Mrs Rhino stores her marriage **certificate** well. Mrs Rhino hebt ihren Trauschein gut auf.

## **chain**[tʃeɪn] Kette

The dinosaur is fastened to a post by a **chain**.
Der Dinosaurier ist mit einer **Kette** an einen Pfahl angebunden.

## **chair**[tʃeə(r)] Stuhl

My mother bought this new **chair** yesterday.
Meine Mutter hat gestern diesen neuen **Stuhl** gekauft.

## **chairman**['tʃeəmən] Vorsitzender

He was elected **chairman** of the education committee. Er wurde zum **Vorsitzenden** des Ausbildungsausschusses gewählt.

## **chalk**[tʃɔːk] Kreide

Teddy is writing on the blackboard with a piece of **chalk**. Teddy schreibt mit einem Stück **Kreide** an die Tafel.

A B C D E F G H I J K L M N O P Q R S T U V W X Y Z

## champion
['tʃæmpjən] Meister

It's time for the prize-giving ceremony.
Piglet brings the **champion** cup in time.
Es ist Zeit für die Preisverleihung.
Piglet bringt den **Meister**pokal rechtzeitig.

## chance['tʃɑːns] Zufall

Quite by **chance**, Mrs Bunnikin and Mrs Piggles have bought the same hat.
Ganz zufällig haben Mrs Bunnikin und Mrs Piggles den gleichen Hut gekauft.
ⓘ by chance: zufällig

## change[1][tʃeɪndʒ] ändern

Teddy is trying to warn the Captain to **change** the course.
Teddy versucht, den Kapitän zu warnen, damit er den Kurs **ändert**.
ⓘ change into: sich verwandeln in
change places: den Platz tauschen

## change[2][tʃeɪndʒ] Wechselgeld

Teddy gave the cashier one euro and got five cents **change**.
Teddy gab dem Kassierer einen Euro und bekam fünf Cent **Wechselgeld** zurück.

## channel['tʃænl] Kanal

The English **Channel** separates England and France. Der Ärmel**kanal** trennt England und Frankreich.

## chapter['tʃæptə(r)] Kapitel

Teddy has read the first **chapter** of the book. Teddy hat das erste **Kapitel** des Buches gelesen.

## character['kærɪktə(r)] Wesen, Charakter

Piglet has an honest and dependable **character**. Piglet hat ein ehrliches und zuverlässiges **Wesen**.

## **charge**[1][tʃɑːdʒ] berechnen

The shopkeeper **charged** Bongo one euro for a banana.
Der Ladenbesitzer **berechnete** Bongo einen Euro für eine Banane.

## **charge**[2][tʃɑːdʒ] Gebühr

These people are going to pay the **charge** for the use of telephones.
Diese Leute werden die **Gebühr** für die Telefonbenutzung entrichten.
ⓘ take charge of: die Verantwortung übernehmen
be in charge of: die Verantwortung tragen

## **charm**[tʃɑːm] Charme

Mr Wowo's **charm** won the heart of Mrs Wowo.
Mr Wowo gewann mit seinem **Charme** das Herz von Mrs Wowo.

## **chat**[tʃæt] sich unterhalten

Mrs Wowo loves to **chat** with her friends.
Mrs Wowo **unterhält sich** gern mit ihren Freunden.

## **cheap**[tʃiːp] billig

Vegetables are **cheap** in the summer.
Gemüse ist im Sommer **billig**.
ⓘ expensive: teuer

## **cheat**[tʃiːt] mogeln

Pinocchio doesn't know the answer, so he has to **cheat** in the exam.
Pinocchio weiß die Antwort nicht, also muss er in der Prüfung **mogeln**.

check

## **check**[tʃek] überprüfen

Please **check** your answers carefully before you hand in the papers.
Bitte **überprüfe** deine Antworten sorgfältig, bevor du die Arbeitsunterlagen abgibst.

## **check-up**['tʃekʌp] Vorsorgeuntersuchung

Mr Rhino's mother went to Dr Spotty for a **check-up**.
Mr Rhinos Mutter ging zur **Vorsorgeuntersuchung** zu Dr. Spotty.

## **cheek**[tʃiːk] Wange

Her **cheeks** turned red after she had run upstairs.
Ihre **Wangen** erröteten, nachdem sie die Treppe hinaufgelaufen war.

## **cheer**[tʃɪə(r)] jubeln

Tiger scored and the audience **cheered** loudly.
Tiger schoss ein Tor, und die Zuschauer **jubelten** laut.
ⓘ Cheer up!: Lass den Kopf nicht hängen!
Cheers!: Prost! Tschüss!

## **cheerful**['tʃɪəfʊl] fröhlich

Tiger is very **cheerful** today.
Tiger ist heute sehr **fröhlich**.

## **cheese**[tʃiːz] Käse

This piece of **cheese** looks very delicious to Sniffy Mouse.
Sniffy Mouse findet, dass dieses Stück **Käse** köstlich aussieht.

## **chemical**['kemɪkəl] chemisch

A **chemical** reaction takes place when paper burns. Wenn Papier brennt, kommt es zu einer **chemischen** Reaktion.
ⓘ chemical element: chemisches Element

## chemist['kemɪst] Apotheker

Tiger wishes he could work in a **chemist**'s shop.
Tiger wünscht, er könnte in einer Apotheke arbeiten.

## chemistry['kemɪstrɪ] Chemie

Tiger is doing some experiments in the **chemistry** laboratory.
Tiger macht ein paar Versuche im **Chemie**labor.

## cherry['tʃerɪ] Kirsche

It seems that Mr Piggles has gained a good **cherry** harvest this year.
Es sieht so aus, als ob Mr Piggles dieses Jahr eine gute **Kirschernte** einfahren konnte.

## chess[tʃes] Schach

It's not that easy to play **chess** with a robot.
So einfach ist es nun auch nicht, mit einem Roboter **Schach** zu spielen.

## chest[tʃest] Brust

He was once shot in the **chest** in a battle. Einmal wurde ihm im Kampf in die **Brust** geschossen.

## chicken['tʃɪkɪn] Huhn

The **chickens** hope that they can swim like the ducklings.
Die **Hühner** hoffen, dass sie so gut schwimmen können wie die Entenküken.

## chief[tʃi:f] Leiter

Teddy's father is the **chief** editor of a publishing house.
Teddys Vater ist der Cheflektor eines Verlagshauses.

## **child**[tʃaɪld] Kind

"**Children** are not allowed to play baseball on this field," said Franz.
"Auf diesem Feld ist **Kindern** das Baseballspielen untersagt", sagte Franz.
ⓘ adult: Erwachsener
Mehrzahl children['tʃɪldrən]
Children's Day: Weltkindertag

## **childhood** ['tʃaɪldhʊd] Kindheit

I spent my **childhood** in the countryside.
Ich verbrachte meine **Kindheit** auf dem Lande.

## **chimney**['tʃɪmnɪ] Schornstein

Smoke comes out of the factory's **chimney**. Aus dem Fabrik**schornstein** steigt Rauch auf.

## **chimpanzee**[ˌtʃɪmpæn'ziː] Schimpanse

**Chimpanzees** look very large, but they are kind.
**Schimpansen** wirken sehr groß, aber sie sind freundlich.

## **chin**[tʃɪn] Kinn

Gerry hits Henry on the **chin** at one blow.
Gerry schlägt Henry mit einem einzigen Hieb aufs **Kinn**.
ⓘ Keep your chin up!: Kopf hoch!

## **China**['tʃaɪnə] China

**China** is an Asian country with a long history.
**China** ist ein asiatisches Land mit einer langen Geschichte.

## **china**['tʃaɪnə] Porzellan

Sniffy Mouse had been hiding in a piece of **china** till Tough Cat left.
Sniffy Mouse hatte sich in einer **Porzellan**vase versteckt, bis Tough Cat weiterging.

## **Chinese**[tʃaɪ'niːz] chinesisch

They serve all kinds of delicious food in this **Chinese** restaurant.
In diesem **chinesischen** Restaurant bekommt man alle Arten von köstlichen Gerichten.
ⓘ Chinese food: chinesisches Essen

## chip[tʃɪp] Splitter, Span

Mr Piggles uses **chips** of wood to light a fire. Mr Piggles benutzt Holz**späne** zum Feuermachen.
ⓘ AE potato chips: Kartoffelchips  BE crisps: Kartoffelchips

## chocolate['tʃɒklɪt] Schokolade

Chocolate is Violet's favourite. Violet mag am liebsten **Schokolade**.

## choice[tʃɔɪs] Wahl

Chocolate is often Violet's **choice** for dessert. Zum Nachtisch isst Violet oft Schokolade.

## choir['kwaɪə(r)] Chor

The Ladybirds make up a special **choir**. Die Marienkäfer bilden einen besonderen **Chor**.

## choke[tʃəʊk] würgen

The smell of Skunk will **choke** everyone passing by him.
Skunks Gestank lässt jeden **würgen**, der an ihm vorbeizieht.

## choose[tʃuːz] (aus)wählen

The driver must **choose** a tyre for his car from all the different types and brands.
Der Fahrer muss einen Reifen für seinen Wagen aus all den verschiedenen Typen und Marken **auswählen**.
☞ Anhang

## chop[tʃɒp] hacken

Mr Piggles is **chopping** the firewood with an axe.
Mr Piggles **hackt** das Feuerholz mit einer Axt.

## chopsticks['tʃɒpstɪks] (Ess-)Stäbchen

Chinese and some other Asians use **chopsticks**.
Chinesen und einige andere Asiaten benutzen **Essstäbchen**.

A B C D E F G H I J K L M N O P Q R S T U V W X Y Z

## Christmas['krɪsməs] Weihnachten

It is **Christmas**! Can you tell whose presents are under the **Christmas** tree?
Es ist **Weihnachten**! Kannst du mir sagen, wessen Geschenke unter dem **Weihnachts**baum liegen?

## church[tʃɜːtʃ] Kirche

The Bunnikins go to **church** on Sunday. Die Bunnikins gehen am Sonntag zur **Kirche**.

## cigar[sɪ'ɡɑː(r)] Zigarre

Joe likes **cigars** better than cigarettes. Joe mag **Zigarren** lieber als Zigaretten.

## cigarette[ˌsɪɡə'ret] Zigarette

Please take your **cigarette** away! I don't like its smell.
Bitte nimm deine **Zigarette** weg! Ich mag den Geruch nicht.

## cinema['sɪnəmə] Kino

It is too bad to have a giraffe sit in front of you in the **cinema**.
Da hat man Pech, wenn im **Kino** eine Giraffe vor einem sitzt.
ⓘ go to the cinema: ins Kino gehen

## circle[1]['sɜːkl] Kreis

Ribbon can draw a **circle** all by himself without compasses.
Ribbon kann ganz alleine einen **Kreis** ohne Zirkel zeichnen.

## circle² [ˈsɜːkl] umkreisen

The band is **circling** the stage performing. Die Band **umkreist** das Geschehen in der Manege.

## circus [ˈsɜːkəs] Zirkus

There is fun for everyone today because the **circus** is in town.
Heute gibt es Spaß für jeden, denn der **Zirkus** ist in der Stadt.

A B C D E F G H I J K L M N O P Q R S T U V W X Y Z

## citizen['sɪtɪzn] Bürger

All animals are **citizens** of the earth. Alle Tiere sind Bewohner der Erde.

## city['sɪtɪ] Stadt

New York is one of the biggest **cities** in the world.
New York ist eine der größten **Städte** der Welt.

☞ town

## civil['sɪvl] aufmerksam

How **civil** of the Bunnikins! Wie **aufmerksam** von den Bunnikins!

ⓘ civil rights: Bürgerrechte
civil war: Bürgerkrieg

## civilization[ˌsɪvɪlaɪ'zeɪʃən] Zivilisierung

The **civilization** of mankind has taken thousands of years. Die **Zivilisierung** der Menschheit hat Tausende von Jahren gedauert.

## claim[kleɪm] behaupten, abholen

Bongo came to the Lost Property Office and **claimed** that he lost something important.
"What do you want to **claim**?"
"A banana."
Bongo kam ins Fundbüro und **behauptete**, dass er etwas Wichtiges verloren habe. "Was möchten Sie **abholen**?" "Eine Banane."

## clap[klæp] klatschen

When he finished singing, the audience **clapped**.
Als er seinen Gesang beendet hatte, **klatschte** das Publikum.

## class[klɑːs] Unterricht

The teacher is showing how to write the letter G in **class**.
Der Lehrer zeigt während des **Unterrichts**, wie man den Buchstaben G schreibt.

ⓘ evening class: Abendkurs

## **classical**['klæsɪkəl] klassisch

My grandfather is very interested in **classical** music. Mein Großvater interessiert sich sehr für **klassische** Musik.

## **classmate**['klɑːsmeɪt] Klassenkamerad

Piglet and Fluffy are **classmates**. Piglet und Fluffy sind **Klassenkameraden**.

## **classroom**['klɑːsrʊm] Klassenzimmer

Before leaving the **classroom**, the teacher said to her pupils, "Be good." But ...
Bevor sie das **Klassenzimmer** verließ, sagte die Lehrerin zu ihren Schülern: "Seid brav." Aber ...

## **claw**[klɔː] Kralle, Klaue

Blackwing's sister thinks that it is very stylish to paint her **claws** bright red. Blackwings Schwester findet es sehr elegant, ihre **Krallen** grellrot zu bemalen.

## **clean**[1][kliːn] sauber

Dorby likes to be **clean**.
Dorby ist gern **sauber**.
ⓘ dirty: schmutzig

## **clean**[2][kliːn] putzen

He is **cleaning** his room.
Er **putzt** sein Zimmer.
ⓘ do some cleaning: sauber machen

## **clear**[1] [klɪə(r)] klar

The teacher read the text in a very **clear** voice. Der Lehrer las den Text mit sehr **klarer** Stimme vor.

## **clear**[2] [klɪə(r)] abräumen

After dinner, we **clear** the table by ourselves.
Nach dem Essen **räumen** wir den Tisch selbst **ab**.

## **clearly** ['klɪəlɪ] klar

With the astronomical telescope, we can **clearly** see the faraway stars.
Mit dem Teleskop können wir die weit entfernten Sterne **klar** erkennen.

## **clerk** [klɑːk] Angestellter

Before becoming president of this bank, Mr Dollar was a bank **clerk**.
Bevor er Präsident dieser Bank wurde, war Mr Dollar Bank**angestellter**.

## **clever** ['klevə(r)] klug

Lionstein is very **clever**. But now he is baffled, too. How will he solve the problem?
Lionstein ist sehr **klug**. Aber nun ist auch er verblüfft. Wie wird er das Problem lösen?
ⓘ foolish: dumm

## **cliff** [klɪf] Klippe, Felsen

Jumbo and Rambler nearly fell off the **cliff** when they were mountaineering with Franz.
Jumbo und Rambler fielen beim Bergsteigen mit Franz fast vom **Felsen**.

## **climate** ['klaɪmɪt] Klima

Most animals living in a cold **climate** have a heavy fur coat.
Die meisten Tiere, die im kalten **Klima** leben, tragen einen dicken Pelz.

## **climb**[klaɪm] klettern

Bandit **climbed** over the gate in a hurry to escape from PC Stop, but unfortunately he left his trace.
Bandit **kletterte** schnell über das Tor, um vor PC Stop zu fliehen, aber unglücklicherweise hinterließ er seine Spur.

## **clinic**['klɪnɪk] Klinik

Dr Spotty's **clinic** is near the newly built railway station.
Dr. Spottys **Klinik** liegt in der Nähe des neu gebauten Bahnhofs.

## **clip**[klɪp] Klammer

We use **clips** to hold documents together.
Wir benutzen **Klammern**, um Dokumente zusammenzuhalten.

## **clock**[klɒk] Uhr

The doctor is very surprised to hear such a powerful heartbeat. Actually what he hears is the tick-tack of a **clock**.
Der Doktor ist sehr überrascht, einen so heftigen Herzschlag zu hören. Was er eigentlich hört, ist das Ticken einer **Uhr**.

## **close**[1][kləʊz] schließen

Before going to bed, Teddy will **close** the window. Teddy wird das Fenster **schließen**, bevor er zu Bett geht.

## **close**[2][kləʊs] in der Nähe

The church is **close** to the school.
Die Kirche liegt **in der Nähe** der Schule.

## **closed**[kləʊzd] geschlossen

Teddy is glad that the **closed** window can keep all the noise out.
Teddy ist froh, dass das **geschlossene** Fenster den Lärm draußen hält.

## **closely**['kləʊslɪ] dicht, fest

The door is shut **closely**. Die Tür ist **fest** geschlossen.

A B C D E F G H I J K L M N O P Q R S T U V W X Y Z

## **closet**['klɒzɪt] Wandschrank

Mrs Bunnikin keeps her clothes in the **closet**. Mrs Bunnikin bewahrt ihre Kleidung im **Wandschrank** auf.

ⓘ water closet: Klosett

## **cloth**[klɒθ] Stoff

Mrs Bunnikin bought some cotton **cloth** to make a dress.
Mrs Bunnikin kaufte etwas Baumwoll**stoff**, um ein Kleid zu nähen.

## **clothes**[kləʊðz] Kleidung

Mrs Bunnikin washed Mery as **clothes** by mistake.
Mrs Bunnikin wusch versehentlich Mery als **Kleidung**.

## **cloud**[klaʊd] Wolke

What a nice day today! The **clouds** are white and the sky is blue!
Was für ein schöner Tag heute! Die **Wolken** sind weiß, und der Himmel ist blau!

## **cloudy**['klaʊdɪ] bewölkt

It is **cloudy** today. Heute ist es **bewölkt**.

## **clown**[klaʊn] Clown

The **clowns** in the circus are very funny.
Die **Clowns** im Zirkus sind sehr lustig.

## **club**[klʌb] Club

Spinner is gloomy. Nobody wants to join his **club**.
Spinner ist bedrückt. Niemand möchte seinem **Club** beitreten.

## **clue**[kluː] Hinweis

I don't know the answer. Give me a **clue**.
Ich weiß die Antwort nicht. Gib mir einen **Hinweis**.

## **coach**[kəʊtʃ] Trainer

As Jumbo's swimming **coach**, Lionstein tried every method he could think of.
Als Jumbos Schwimm**trainer** versuchte Lionstein alles nur Erdenkliche.

## **coal**[kəʊl] Kohle

Put more **coal** on the fire, please.
Lege bitte noch **Kohlen** nach.

## **coast**[kəʊst] Küste

There are many beautiful beaches on the south **coast** of this island. Many people spend their summer vacation there.
An der Süd**küste** dieser Insel gibt es viele schöne Strände. Viele Leute verbringen ihren Sommerurlaub dort.

A B C D E F G H I J K L M N O P Q R S T U V W X Y Z

**coat**[kəʊt] Mantel

Fluffy puts on his father's **coat**, but it is too big for him.
Fluffy zieht den **Mantel** seines Vaters an, aber er ist ihm zu groß.

**cock**[kɒk] Hahn

Mr Wowo is a fighting **cock** in most people's eyes.
Mr Wowo ist in den Augen der meisten Leute ein Kampf**hahn**.

**cocoa**['kəʊkəʊ] Kakao

**Cocoa** is my favourite drink. **Kakao** ist mein Lieblingsgetränk.

**code**[kəʊd] Kode

The letter is written in a **code** I can't understand. Der Brief ist in einem **Kode** geschrieben, den ich nicht verstehen kann.

**coffee**['kɒfɪ] Kaffee

Please give me a cup of **coffee**.Gib mir bitte eine Tasse **Kaffee**.

**coin**[kɔɪn] Münze

He paid for the coffee in **coins**. Er zahlte mit **Münzen** für den Kaffee.

**cold**[1][kəʊld] kalt

It was very **cold**. Piglet had to wear his scarf.
Es war sehr **kalt**. Piglet musste seinen Schal tragen.
ⓘ hot: heiß

**cold**[2][kəʊld] Erkältung

Piglet caught a **cold** yesterday. Piglet fing sich gestern eine **Erkältung** ein.

**collar**['kɒlə(r)] Kragen

The **collar** of the shirt is dirty. Der Hemd**kragen** ist schmutzig.

**collect**[kə'lekt] sammeln

One of Sevendot's hobbies is to **collect** pencils.
Eines von Sevendots Hobbys ist das **Sammeln** von Bleistiften.

**collection**[kə'lekʃən] Sammlung

Wise Owl has a large **collection** of books.
Wise Owl hat eine große Bücher**sammlung**.

**college**['kɒlɪdʒ] Fachhochschule

He spent four colourful years at **college**.
Er verbrachte vier wunderbare Jahre an der **Fachhochschule**.

**collide**[kə'laɪd] zusammenstoßen

Von Fox nearly **collided** with Blackwing.
Von Fox wäre beinahe mit Blackwing **zusammengestoßen**.

**colour**['kʌlə(r)] Farbe

What **colour** is the sky?
Welche **Farbe** hat der Himmel?

**colourful**['kʌləfʊl] bunt

Piglet's scarf is very **colourful**. Piglets Schal ist sehr **bunt**.

**column**['kɒləm] Säule

The hall is supported by massive **columns**. Der Saal wird von massiven **Säulen** gestützt.

**comb**[kəʊm] Kamm

Peter has invented an adjustable **comb**. Only Guzzler is afraid to try it.
Peter hat einen verstellbaren **Kamm** erfunden. Nur Guzzler fürchtet sich davor, ihn auszuprobieren.

## **combine**[kəm'baɪn] verbinden

Jumpie's new job as a swimming coach **combines** work and play. He enjoys it very much.
Jumpies neue Stelle als Schwimmtrainer **verbindet** Arbeit und Spiel. Er genießt es sehr.

## **come**[kʌm] kommen

Tiger's truck **came** to a sudden stop and caused a traffic accident.
Tigers Lastwagen **kam** zu einem plötzlichen Halt und verursachte einen Verkehrsunfall.
ⓘ come in: hereinkommen come on: nachkommen, hereinbrechen
☞ Anhang

## **comfort**['kʌmfət] trösten

Fluffy had a bad dream, so Mummy gave him a kiss to **comfort** him.
Fluffy hatte einen schlechten Traum, daher gab Mama ihm einen Kuss, um ihn zu **trösten**.

## **comfortable**['kʌmfətəbl] behaglich

They feel **comfortable** in the warm house after a cold day outdoors.
Nach einem Tag an der kalten Luft fühlen sie sich im warmen Haus **behaglich**.

## **comic** ['kɒmɪk] komisch

I like reading **comic** plays. Ich lese gern Komödien.

## **comics**['kɒmɪks] Comics

Children like reading **comics**. Kinder lesen gerne **Comics**.

## **coming**['kʌmɪŋ] kommenden, nächsten

We will have a picnic this **coming** Saturday. Wir werden am **kommenden** Samstag picknicken.

## **command**[kə'mɑːnd] befehlen

The general **commanded** his army to attack the castle. Der General **befahl** seiner Armee, die Burg anzugreifen.

## **committee**[kə'mɪtɪ] Ausschuss

Wise Owl is on the education **committee**. Wise Owl sitzt im Bildungs**ausschuss**.

## **common**['kɒmən] üblich

Accidents are very **common** in car races.
Unfälle sind recht **üblich** bei Autorennen.
ⓘ common sense:
gesunder Menschenverstand

## **communicate** [kə'mjuːnɪkeɪt] in Verbindung stehen

When Robinson was away from home,
he **communicated** with his friends by letter every week.
Als Robinson verreist war, schrieb er seinen Freunden jede Woche einen Brief.

## **community**[kə'mjuːnɪtɪ] Gemeinde

Fireman was looked upon as a hero by the **community** because he was so brave in all the fire accidents.
Fireman war für die **Gemeinde** ein Held, weil er bei all den Bränden so tapfer war.

## **companion**[kəm'pænjən] Gefährte

Teddy's grandpa and grandma have been good **companions** for over fifty years.
Teddys Großvater und Großmutter sind seit über fünfzig Jahren gute **Gefährten**.

A B C D E F G H I J K L M N O P Q R S T U V W X Y Z

## company['kʌmpənɪ] Unternehmen, Gesellschaft

Jim works for a big **company**. Jim arbeitet für ein großes **Unternehmen**.

## compare[kəm'peə(r)] vergleichen

"If you **compare** both bikes made by ourselves, you will find they are very much alike," Lionstein said.
"Wenn du die beiden selbst gebauten Fahrräder miteinander **vergleichst**, wirst du feststellen, dass sie sich sehr ähneln", sagte Lionstein.

ⓘ compare with: vergleichen mit

## compass['kʌmpəs] Kompass

The polar bear never needs a **compass** to find its home in the North Pole.
Der Eisbär braucht nie einen **Kompass**, um sein Heim am Nordpol zu finden.

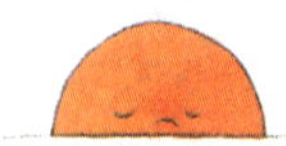

## compel[kəm'pel] zwingen

The rugged mountain road **compelled** Lionstein and Billy Goat to stop their cycling.
Wegen der felsigen Bergstraße konnten Lionstein und Billy Goat nicht mehr mit dem Fahrrad fahren.

## compete[kəm'pi:t] wetteifern, antreten

The tortoises are **competing** in the race; the winner will **compete** with the hare.
Die Schildkröten **wetteifern** im Rennen gegeneinander; der Sieger wird gegen den Hasen **antreten**.

## competition[ˌkɒmpɪ'tɪʃən] Wettkampf

Mann won the **competition** at last. Mann gewann den **Wettkampf** zu guter Letzt.

**complain**[kəm'pleɪn] sich beschweren

Henry **complained** to the waiter that his meal was cold.
Henry **beschwerte sich** beim Kellner über sein kaltes Essen.

**complete**[1][kəm'pliːt] ausführen, vollenden

Her movements are **completed** so perfectly that she gets full scores in the end.
Ihre Bewegungen sind so perfekt **ausgeführt**, dass sie schlussendlich die volle Punktzahl bekommt.

**complete**[2][kəm'pliːt] vollständig

Zip has a **complete** set of tools to repair his car. Zip besitzt ein **vollständiges** Werkzeugset für Autoreparaturen.

**completely**[kəm'pliːtlɪ] ganz, komplett

The greedy Henry ate the food **completely**. Der gierige Henry aß das Essen **komplett** auf.

**complicated**['kɒmplɪkeɪtɪd] kompliziert

The maths problem is a little too **complicated** for me. Die Mathematikaufgabe ist ein wenig zu **kompliziert** für mich.

**composition**[ˌkɒmpə'zɪʃən] Aufsatz

Teddy's homework today is to write a **composition** on family.
Als Hausaufgabe muss Teddy heute einen **Aufsatz** über das Thema Familie schreiben.

**computer**[kəm'pjuːtə(r)] Computer

"I can repair the **computer** for you, but you must pay for it," Bongo said.
"How much?" Mr Dollar asked.
"Hah, a banana!"
"Ich kann dir den **Computer** reparieren, aber das kostet was", sagte Bongo.
"Wie viel?", fragte Mr Dollar.
"Hm, eine Banane!"

**conceal**[kən'siːl] verbergen

Peter wants to **conceal** his failing mark by putting a "0" after the "10" on the exam paper.
Peter will seine schlechte Note **verbergen**, indem er eine "0" hinter die "10" auf seiner Arbeit schreibt.

**concentrate**['kɒnsəntreɪt] sich konzentrieren

Lionstein **concentrated** so hard on working out the maths problem that he didn't realize he was writing on Mery's body.
Lionstein **konzentrierte sich** so sehr auf die Lösung der Mathematikaufgabe, dass er nicht bemerkte, dass er auf Merys Körper schrieb.

**concern**[kən'sɜːn] Angelegenheit

Mind your own **concerns**. Kümmere dich um deine eigenen **Angelegenheiten.**/ Das geht dich nichts an.
That's no **concern** of yours. Das ist nicht deine **Angelegenheit**.

**concert**['kɒnsət] Konzert

There will be a **concert** in our school hall this weekend.
An diesem Wochenende findet in unserer Aula ein **Konzert** statt.
ⓘ go to a concert: ein Konzert besuchen

**conclude**[kən'kluːd] enden

The concert **concluded** with piano music.
Das Konzert **endete** mit Klaviermusik.

**condition**[kən'dɪʃən] Zustand

Prickle's bicycle is in good **condition**.
Prickles Fahrrad ist in einem guten **Zustand**.

**conduct**['kɒndʌkt] Verhalten

Prickle's **conduct** is rude sometimes.
Prickle ist manchmal unhöflich.

## **confidence**['kɒnfɪdəns] Vertrauen

Von Fox has complete **confidence** in Peter's honesty. Von Fox hat vollständiges **Vertrauen** in Peters Ehrlichkeit.

## **confident**['kɒnfɪdənt] zuversichtlich

I am **confident** that you will succeed. Ich bin **zuversichtlich**, dass du es schaffen wirst.
ⓘ be confident in oneself: Selbstvertrauen besitzen self-confident: selbstbewusst

## **confuse**[kən'fjuːz] verwirren

They asked me so many questions that I got **confused**.
Sie stellten mir so viele Fragen, dass ich ganz **verwirrt** war.

## **congratulate**[kən'grætjʊleɪt] gratulieren

Von Fox **congratulated** Peter on getting full marks.
Von Fox **gratulierte** Peter zur vollen Punktzahl.

## **congratulation**[kənˌgrætjʊ'leɪʃən] Gratulation

**Congratulations** on your high grade! **Gratulation** zu deiner tollen Note!
ⓘ Congratulations!: Glückwunsch!

## **connect**[kə'nekt] verbinden

Oscar should have switched off the electricity before he **connected** the wires.
Oscar hätte den Strom abstellen sollen, bevor er die Kabel miteinander **verband**.

## **conquer**['kɒŋkə(r)] bezwingen

Oscar's desire for brightness **conquered** his fear of electricity.
Oscars Bedürfnis nach Helligkeit **bezwang** seine Angst vor Elektrizität.

## **conscious**['kɒnʃəs] bewusst

Peter was finally **conscious** that he had made a mistake.
Peter war sich letztendlich **bewusst**, dass er einen Fehler gemacht hatte.

## **consent**[kən'sent] einwilligen

Mummy won't **consent** to Teddy's staying out late. Mama wird nicht damit **einverstanden** sein, dass Teddy spät nach Hause kommt.

## **consider**[kən'sɪdə(r)] nachdenken

Before you give an answer, take time to **consider** it.
Bevor du mir eine Antwort gibst, nimm dir Zeit, darüber **nachzudenken**.

A B C D E F G H I J K L M N O P Q R S T U V W X Y Z

## consist[kən'sɪst] bestehen

An ice hockey team **consists** of six members. Eine Eishockeymannschaft **besteht** aus sechs Spielern.

## constant['kɒnstənt] konstant

Zip drives at a **constant** speed.
Zip fährt mit **konstanter** Geschwindigkeit.

## contain[kən'teɪn] fassen

This compartment can **contain** three passengers, but Mr Rhino is occupying all the seats.
Dieses Abteil **fasst** drei Fahrgäste, aber Mr Rhino besetzt alle Plätze.

## content[kən'tent] zufrieden

Pan Pan is **content** with their score. Pan Pan ist **zufrieden** mit ihrem Spielstand.

## contest ['kɒntest] Wettkampf

There will be an exciting **contest** between the two teams.
Es wird einen aufregenden **Wettkampf** zwischen den beiden Mannschaften geben.

## continent['kɒntɪnənt] Kontinent

The world is made up of oceans and **continents**.
Die Welt besteht aus Ozeanen und **Kontinenten**.

## continue[kən'tɪnjuː] anhalten

The rain **continued** all day. Der Regen **hielt** den ganzen Tag **an**.

## contract['kɒntrækt] Vertrag

Pan Pan made a **contract** with the club to play in the ice hockey team for one year.
Pan Pan schloss einen **Vertrag** mit dem Verein, ein Jahr in der Eishockeymannschaft zu spielen.

## control[1] [kən'trəʊl] beherrschen

She couldn't **control** her tears at the bad news.
Bei den schlechten Neuigkeiten konnte sie ihre Tränen nicht zurückhalten.

## control[2] [kən'trəʊl] Macht, Kontrolle

The teacher has no **control** over her class.
Die Lehrerin hat ihre Klasse nicht im Griff.
ⓘ out of control: außer Kontrolle
lose control: die Kontrolle verlieren

## convenient [kən'viːnɪənt] passend, günstig

Will it be **convenient** for you to pick me up? Wird es Ihnen auch keine Umstände machen, mich abzuholen?

## convention [kən'venʃən] Konferenz

A teachers' **convention** was held yesterday. Gestern fand eine Lehrer**konferenz** statt.

## conversation [ˌkɒnvə'seɪʃən] Gespräch

I had a long telephone **conversation** with my friend.
Ich hatte ein langes Telefon**gespräch** mit meinem Freund.

## cook[1] [kʊk] kochen

Henry is **cooking** the dinner for everybody.
Henry **kocht** das Abendessen für alle.

## cook[2] [kʊk] Koch

Henry is a good **cook**.
Henry ist ein guter **Koch**.

## cool [kuːl] kühl

"Come down! It's much **cooler** in the water."
"Komm runter! Im Wasser ist es viel **kühler**."
ⓘ warm: warm
Play it cool!: Immer mit der Ruhe!

## cooperate[kəʊ'ɒpəreɪt] zusammenarbeiten

The children **cooperate** very well in this game. Die Kinder leisten gute Teamarbeit in diesem Spiel.

## copy[1]['kɒpɪ] Kopie

Please make ten **copies** of the document. Mach bitte zehn **Kopien** von diesem Dokument.

## copy[2]['kɒpɪ] abschreiben

It's not good for students to **copy** homework.
Das **Abschreiben** der Hausaufgaben ist nicht gut für Schüler.

## corn[kɔːn] Mais

The **corn** on the cob can provide a meal for all of them.
Der **Mais**kolben reicht für eine Mahlzeit für sie alle.
ⓘ pop corn: Popcorn
corn on the cob: Maiskolben

## corner['kɔːnə(r)] Ecke

She searched every **corner** of the room in order to find her finger ring.
Sie suchte in jeder **Ecke** nach ihrem Ring.

## correct[1][kə'rekt] richtig

"Your answer is **correct**," the teacher said. "Deine Antwort ist **richtig**", sagte die Lehrerin.
ⓘ wrong, incorrect[ˌɪŋkə'rekt] falsch

## correct[2][kə'rekt] korrigieren

The teacher **corrected** the students' homework.
Der Lehrer **korrigierte** die Hausaufgaben der Schüler.

## cost[1][kɒst] kosten

That piece of cloth will **cost** him five Euro.
Das Stück Stoff wird ihn fünf Euro **kosten**.

## cost[2][kɒst] Kosten

"The **cost** of the cloth is really high," he said.
"Der Preis für den Stoff ist wirklich hoch", sagte er.

**cotton**['kɒtn] Baumwolle

Teddy likes to wear **cotton** in hot weather.
Teddy trägt bei Hitze gern **Baumwolle**.

**cough**[kɒf] husten

Teddy needs to see a doctor because he begins to **cough**.
Teddy muss zum Arzt, weil er zu **husten** anfängt.

**count**[kaʊnt] zählen

Chimp is not good at arithmetic. He can only **count** to three.
Chimp ist schlecht im Rechnen. Er kann nur bis drei **zählen**.

**counter**['kaʊntə(r)] Tresen

Violet is an old customer of the candy shop, although she is just the height of the **counter**.
Violet ist eine alte Kundin im Süßwarengeschäft, obwohl sie gerade so hoch ist wie der **Tresen**.

**country**['kʌntrɪ] Land

How beautiful the scenery of the **country** is!
Wie schön doch die Landschaft des **Landes** ist!
ⓘ country road: Landstraße

**countryside**['kʌntrɪsaɪd] Landschaft

My grandma lives in the **countryside**. Meine Großmutter lebt auf dem Lande.

**couple**['kʌpl] Paar

The newly wedded **couple** is on its honeymoon.
Das frisch vermählte **Paar** ist in den Flitterwochen.

**courage**['kʌrɪdʒ] Mut

You need great **courage** to be a fireman.
Um Feuerwehrmann zu sein, braucht es großen **Mut**.

## **course**[kɔːs] Kurs

This term we will have a French **course**.
In diesem Schuljahr werden wir Französisch lernen.
ⓘ of course: natürlich

## **court**[kɔːt] Gericht

When Prickle was brought to **court**, the apples he had stolen were still on his back.
Als Prickle vor **Gericht** gebracht wurde, befanden sich die gestohlenen Äpfel immer noch auf seinem Rücken.

## **cousin**['kʌzn] Cousin, Cousine

Zip and his **cousin** are waiting for the luggage van.
Zip und sein **Cousin** warten auf den Gepäckwagen.

## **cover**[1]['kʌvə(r)] Titelblatt

The **cover** of this magazine is very beautiful.
Das **Titelblatt** dieser Zeitschrift ist sehr schön.

## **cover**[2]['kʌvə(r)] bedecken

The hill was **covered** by a thick blanket of snow. Teddy and his friends had much fun skiing.
Der Hügel war von einer dicken Schneedecke **bedeckt**. Teddy und seinen Freunden machte das Skifahren viel Spaß.

## **cow**[kaʊ] Kuh

They raise many **cows** on the farm. These **cows** provide the whole village with fresh milk.
Sie ziehen viele **Kühe** auf dem Bauernhof auf. Diese **Kühe** versorgen das ganze Dorf mit Frischmilch.

## **coward**['kaʊəd] Feigling

You **coward**! You will never become a real cowboy!
Du **Feigling**! Du wirst nie ein echter Cowboy werden.

## **cowboy**['kaʊbɔɪ] Cowboy

**Cowboy** Franz looks very cheerful.
**Cowboy** Franz sieht sehr fröhlich aus.

## **crab**[kræb] Krebs

**Crabs** move sideways.
**Krebse** bewegen sich seitwärts.

## **crack**[kræk] Riss

There is a **crack** in this cup.
Diese Tasse hat einen **Riss**.

## **crane**[kreɪn] Kran

Piglet tried a shortcut in the race, but he didn't notice that there was a **crane** in front of him.
Piglet wollte beim Rennen eine Abkürzung nehmen, aber er sah den **Kran** vor ihm nicht.

## **crash**[kræʃ] krachen

Piglet's car **crashed** into a concrete wall and he was thrown out of the car ...
Piglets Wagen **krachte** in eine Betonwand, und er wurde aus dem Auto geschleudert ...



A B C D E F G H I J K L M N O P Q R S T U V W X Y Z

A B C D E F G H I J K L M N O P Q R S T U V W X Y Z

## crawl[krɔːl] kriechen

Joy isn't content with **crawling**. He wants to skate.
Joy ist mit dem **Kriechen** nicht zufrieden. Er möchte Schlittschuh laufen.

## crazy['kreɪzɪ] verrückt

Flip is **crazy** about skateboarding. Flip ist **verrückt** auf Skateboarden.

## cream[kriːm] Sahne

"Why not have some **cream** in your coffee!"
"Willst du nicht ein bisschen **Sahne** in deinen Kaffee haben?"
ⓘ cream cake: Sahnetorte ice-cream: Eis(krem) face cream: Gesichtskrem

## create[kriː'eɪt] schaffen

Jumpie will **create** the world record in high jump with the help of the springs.
Jumpie wird mit Hilfe der Sprungfedern den Weltrekord im Hochsprung aufstellen.

## creature['kriːtʃə(r)] Wesen

Von Fox said he had met a **creature** from Mars.
Von Fox sagte, dass er ein **Wesen** vom Mars getroffen habe.

## credit['kredɪt] Ansehen

Mr Dollar's **credit** is not very good. He has not many customers at his bank.
Das **Ansehen** von Mr Dollar ist nicht sehr hoch. Seine Bank hat nur wenige Kunden.
ⓘ credit card: Kreditkarte

## creep[kriːp] schleichen

Tough Cat decides to **creep** silently towards Sniffy Mouse.
Tough Cat beschließt, sich leise an Sniffy Mouse heranzu**schleichen**.
☞ Anhang

## crime[kraɪm] Verbrechen

Even the policeman is surprised to see such a **crime** in the light of day. Selbst der Polizist ist erstaunt, ein solches **Verbrechen** am hellichten Tag zu sehen.

**criminal**['krɪmɪnl] Straftäter, Krimineller

The **criminal** is caught on the spot by the brave policeman.
Der **Krimielle** wird am Tatort von dem tapferen Polizisten gefasst.

**crocodile**['krɒkədaɪl] Krokodil

A **crocodile** can live both on land and in water.
Ein **Krokodil** kann sowohl auf dem Land als auch im Wasser leben.

**crop**[krɒp] Feldfrucht

Piglet works very hard to make the **crops** grow better.
Piglet arbeitet sehr hart, damit die **Feldfrüchte** besser wachsen.

**cross**[1][krɒs] überqueren

Be careful when you **cross** the road.
Pass auf, wenn du die Straße **überquerst**.

**cross**[2][krɒs] Kreuz

There is a big red **cross** on the ambulance.
Auf dem Rettungswagen ist ein großes rotes **Kreuz** zu sehen.

**crossing**['krɒsɪŋ] Kreuzung

Cross the road at the **crossing**.
Überquere die Straße an der **Kreuzung**.
ⓘ zebra crossing: Zebrastreifen
AE crosswalk: Fußgängerüberweg

**crossroads**['krɒsrəʊdz] Kreuzung

Zip couldn't make up his mind which city he would go when he came to the **crossroads**.
Als Zip zur **Kreuzung** kam, konnte er sich nicht entscheiden, in welche Stadt er fahren wollte.

A B C D E F G H I J K L M N O P Q R S T U V W X Y Z

## **crow**[krəʊ] Krähe

Do you know who I am? I have black feathers. Everyone knows I'm bald. My name is Joe. I'm a **crow**. Hey, by the way, do you like my wig?
Weißt du, wer ich bin? Ich trage schwarze Federn. Jeder weiß, dass ich kahl bin. Ich heiße Joe. Ich bin eine **Krähe**. Übrigens, gefällt dir meine Perücke?

## **crowd**[kraʊd] Menschenmenge

A **crowd** is waiting for the Captain to tell his adventure.
Eine **Menschenmenge** wartet darauf, dass der Kapitän seine Geschichte erzählt.

## **crowded**['kraʊdɪd] überfüllt

The Captain's cabin is very **crowded**. Many passengers come to listen to his adventure.
Die Kapitänskajüte ist **überfüllt**. Viele Passagiere kommen, um seine Geschichte zu hören.

## **crown**[kraʊn] Krone

**Crowns** are usually made of gold and gems.
**Kronen** bestehen normalerweise aus Gold und Edelsteinen.

## **cruel**[krʊəl] grausam

In the Captain's adventure, he fights cleverly with the **cruel** pirates.
In seinen Abenteuern kämpft der Kapitän geschickt mit den **grausamen** Piraten.

## **crush**[krʌʃ] zerdrücken

Don't sit on the box. You will **crush** it. Setz dich nicht auf den Karton. Du wirst ihn **zerdrücken**.

## **cry**[1][kraɪ] Schrei

We heard his **cry** for help.
Wir hörten seinen Hilfe**schrei**.

## **cry**[2] [kraɪ] weinen

Do you know why they are **crying** so sadly?
Weißt du, warum sie so bitterlich **weinen**?

## **cube**[kjuːb] Würfel

Henry cuts the beef into **cubes** to make a soup. Für die Suppe schneidet Henry das Rindfleisch in **Würfel**.

ⓘ a cube of sugar: Zuckerwürfel   ice cube: Eiswürfel

## **culture**['kʌltʃə(r)] Kultur

The **culture** of the ancient Inca is noted for its art, buildings, and religions.
Die **Kultur** der alten Inka ist bekannt für ihre Kunst, Gebäude und Religionen.

## **cup**[kʌp] Tasse

The air hostess brings a **cup** of tea and a glass of orange juice to the passenger.
Die Stewardess bringt dem Passagier eine **Tasse** Tee und ein Glas Orangensaft.

## **cure**[kjʊə(r)] heilen

Dr Spotty promises the black bear that he will be **cured** and return to his team soon.
Dr. Spotty verspricht dem Schwarzbären, dass er **geheilt wird** und bald in die Mannschaft zurückkehren kann.

## **curious**['kjʊərɪəs] neugierig

I am very **curious** to have a look at it.
Ich möchte unbedingt einmal einen Blick darauf werfen.

## **curl**[kɜːl] Locke

Mrs Rhino wants to have long **curls**.
Mrs Rhino möchte lange **Locken** haben.

## **current**['kʌrənt] aktuell

This is the **current** issue of the magazine.
Dies ist die **aktuelle** Ausgabe der Zeitschrift.

## **curtain**['kɜːtn] Vorhang

Mrs Bunnikin likes her new **curtain**.
Mrs Bunnikin mag ihren neuen **Vorhang**.

## **custom**['kʌstəm] Sitte, Brauch

The social **customs** of other countries are very different from ours.
Die **Sitten** und **Bräuche** anderer Länder unterscheiden sich sehr von den unseren.

## **customer**['kʌstəmə(r)] Kunde

Henry is telling his **customer** that the hat suits him perfectly.
Henry sagt seinem **Kunden**, dass ihm der Hut perfekt steht.

## **Customs**['kʌstəmz] Zoll

How long will it take to get through the **Customs**?
Wie lange wird es dauern, bis wir durch den **Zoll** sind?

## **cut**[kʌt] durchschneiden

Jumbo and Mr Rhino are fighting over a scarf. If they don't stop, Meek will **cut** it off.
Jumbo und Mr Rhino kämpfen um einen Schal. Wenn sie nicht damit aufhören, wird Meek ihn **durchschneiden**.

ⓘ cut off abschneiden ☞ Anhang

## **cycle**['saɪkl] Zyklus

The seasons of a year make a **cycle**. Die Jahreszeiten bilden einen **Zyklus**.

**dad**[dæd] Vater, Papa

What are you doing, **dad**? Was machst du gerade, **Papa**?
ⓘ daddy: Vati, Papa

**daily**[1]['deɪlɪ] täglich

Henry swims at least twice **daily**.
Henry schwimmt mindestens zweimal **täglich**.

**daily**[2]['deɪlɪ] Tageszeitung, Tageblatt

Henry reads *Cooking **Daily*** every day.
Henry liest das ***Tageblatt** für Köche* jeden Tag.

**damage**['dæmɪdʒ] Schaden

The storm did a lot of **damage** to the crops. Der Sturm verursachte starke Getreide**schäden**.

**dance**[1][dɑːns] tanzen

They enjoy **dancing** at the party.
Ihnen macht das **Tanzen** auf der Party Spaß.

A B C D E F G H I J K L M N O P Q R S T U V W X Y Z

## **dance**[2][dɑːns] Tanz

Henry creates a special **dance** for himself.
Henry entwirft einen speziellen **Tanz** für sich.

## **dancer**['dɑːnsə(r)] Tänzer

"What a graceful **dancer** you are, Henry!"
"Was für ein anmutiger **Tänzer** du doch bist, Henry!"

## **danger**['deɪndʒə(r)] Gefahr

Zip is in **danger**. His car would fall off the cliff if he goes on driving so fast.
Zip ist in **Gefahr**. Wenn er weiterhin so schnell fährt, stürzt sein Wagen noch in die Tiefe.
ⓘ safety: Sicherheit

## **dangerous**['deɪndʒrəs] gefährlich

It is **dangerous** to drive that fast on the mountain road.
Es ist **gefährlich**, auf der Bergstraße so schnell zu fahren.

## **dare**[deə(r)] wagen, sich trauen

Zip doesn't **dare** to drive on the mountain road anymore.
Zip **traut sich** nicht mehr, auf der Bergstraße zu fahren.

## **dark**[dɑːk] dunkel

In this **dark** night, Jim and his friends are looking for the seashore.
In dieser **dunklen** Nacht suchen Jim und seine Freunde nach der Küste.
ⓘ bright, light: hell

## **darkness**['dɑːknɪs] Dunkelheit

Mole likes living in the **darkness**. Mole lebt gern in der **Dunkelheit**.

## **dash**[dæʃ] (weg)rennen, sausen

When a bulldog gets angry, it is better to **dash** off than to ask him why.
Wenn eine Bulldogge wütend wird, **rennt** man besser **weg**, als sie nach dem Grund zu fragen.

## **date**[deɪt] Datum

What's the **date** today?
Welches **Datum** ist heute?

## **daughter**['dɔːtə(r)] Tochter

Their **daughter** is very pretty.
Ihre **Tochter** ist sehr hübsch.

## **dawn**[dɔːn] Morgengrauen, Tagesanbruch

It's almost **dawn**. Es ist fast Morgen.

## **day**[deɪ] Tag

**Days** are longer in summer than in winter.
Die **Tage** sind im Sommer länger als im Winter.
ⓘ What day is it today? : Welcher Tag ist heute?

## **daytime**['deɪtaɪm] Tag

In the **daytime**, it's very hot in the desert.
Tagsüber ist es in der Wüste sehr heiß.
ⓘ night-time: Nacht

## **dead**[ded] tot

My grandfather has been **dead** for years.
Mein Großvater ist seit Jahren **tot**.
ⓘ alive: lebendig

## **deaf**[def] taub

The **deaf** girl can't see what I mean. Das **taube** Mädchen versteht nicht, was ich sagen will.

## **deal**[1] [diːl] Abkommen, Handel

Sniffy Mouse made a **deal** with Tough Cat to share the courtyard.
Sniffy Mouse kam mit Tough Cat überein, den Hof gemeinsam zu teilen.
ⓘ a good/great deal (of): eine Menge

## **deal**[2] [diːl] (aus)geben

He is **dealing** out food to the poor.
Er **gibt** Essen an die Armen **aus**.
ⓘ deal with: handeln von, sich beschäftigen mit
☞ Anhang

## **dear**[dɪə(r)] lieb

Teddy is very **dear** to his grandmother.
Die Großmutter hat Teddy sehr **lieb**.

## **death**[deθ] Tod

**Death** comes to all men. Jeder muss einmal sterben.

## **debts**[dets] Schulden

Mr Dollar had **debts** to pay back to many people when his bank went bankrupt.
Als seine Bank Bankrott machte, hatte Mr Dollar bei vielen Leuten **Schulden**, die er zurückzahlen musste.

## **December**[dɪ'sembə(r)] Dezember

Christmas is on **December** 25th. Am 25. **Dezember** ist Weihnachten.
☞ calendar

## **decide**[dɪ'saɪd] entscheiden, sich entschließen

Poor Meek! When he **decided** to ask Rose to marry him, she ran away.
Armer Meek! Als er **sich entschloss**, Rose zu fragen, ob sie ihn heiraten würde, lief sie davon.

A B C D E F G H I J K L M N O P Q R S T U V W X Y Z

**deck**[dek] Deck

They are enjoying swimming on the **deck** of the liner.
Ihnen macht das Schwimmen auf dem Schiffs**deck** Spaß.
Buses with double **decks** are very popular in London.
Doppel**decker** sind in London sehr beliebt.

**declare**[dɪ'kleə(r)] bekannt geben

Meek succeeded finally. He **declared** his engagement with Rose.
Schließlich hatte Meek es geschafft. Er **gab** seine Verlobung mit Rose **bekannt**.

**decorate**['dekəreɪt] schmücken, auszeichnen

Piglet is now **decorating** the Christmas tree.
Piglet **schmückt** jetzt den Weihnachtsbaum.
Piglet's ancestor was **decorated** for bravery in battle.
Piglets Vorfahr wurde für Tapferkeit im Kampf **ausgezeichnet**.

**decrease**[dɪ'kri:s] abnehmen, zurückgehen

The number of people who go to the cinema is **decreasing**.
Die Zahl der Kinobesucher **geht zurück**.
ⓘ increase: zunehmen, ansteigen

**deed**[di:d] Tat

Piglet is proud of his ancestor's heroic **deeds**.
Piglet ist stolz auf die heldenhaften **Taten** seines Vorfahren.
ⓘ do a good deed: eine gute Tat tun

**deep**[di:p] tief

"Hi, can you swim? The water is very **deep**."
"Hi, kannst du schwimmen? Das Wasser ist sehr **tief**."
ⓘ shallow: flach

## **deer**[dɪə(r)] Reh

Nina wants to ask the two little **deers** the way home.
Nina will die zwei kleinen **Rehe** nach dem Nachhauseweg fragen.

## **defeat**[dɪ'fiːt] besiegen

Even tiny ants can **defeat** strong enemies.
Selbst kleine Ameisen können starke Gegner **besiegen**.

## **defence**[dɪ'fens] Verteidigung

The ants fight in **defence** of their homeland.
Die Ameisen kämpfen zur **Verteidigung** ihrer Heimat.

## **defend**[dɪ'fend] verteidigen

The bees have to **defend** their home against Bandit.
Die Bienen müssen ihr Zuhause gegen Bandit **verteidigen**.

## **definite**['defɪnɪt] eindeutig, klar

It is **definite** that Bandit will lose the battle.
Es ist **klar**, dass Bandit den Kampf verlieren wird.

## **degree**[dɪ'griː] Grad

The highest temperature today is forty **degrees** centigrade.
Die höchste Temperatur heute liegt bei 40 **Grad** Celsius.

## **delay**[dɪ'leɪ] verschieben

They decided to **delay** their wedding until next month. Sie entschlossen sich, ihre Hochzeit auf nächsten Monat zu **verschieben**.

## **delicious**[dɪ'lɪʃəs] köstlich, lecker

Piglet will have a birthday dinner. The cream cake, sausages, and pickle are all so **delicious**.
Piglet wird ein Geburtstagsessen geben. Die Sahnetorte, Würstchen und Gurken sind so **lecker**.

**delight**[dɪ'laɪt] sich freuen, erfreuen

We are **delighted** to meet you. Wir **freuen uns**, Sie kennen zu lernen.

**deliver**[dɪ'lɪvə(r)] liefern, bringen

The postman **delivers** newspapers from door to door every morning.
Der Postbote **bringt** jeden Morgen die Zeitung von Haus zu Haus.

**demand¹**[dɪ'mɑːnd]
Anspruch, Forderung

I can't satisfy all your **demands**.
Ich kann nicht alle deine **Ansprüche** erfüllen.

**demand²**[dɪ'mɑːnd]
verlangen, fordern

The job of a dentist **demands** care and patience.
Der Beruf des Zahnarztes **verlangt** Sorgfalt und Geduld.

**dentist**['dentɪst] Zahnarzt

The **dentist** charged Jumbo twice the fee because his teeth are too big.
Der **Zahnarzt** berechnete Jumbo die doppelte Gebühr, weil seine Zähne zu groß sind.

**depart**[dɪ'pɑːt]
abfahren

The train **departs** at 9 am.
Henry caught the train with only minutes to spare.
Der Zug **fährt** um 9 Uhr **ab**.
Henry erreichte den Zug nur wenige Minuten vor der Abfahrt.
ⓘ arrive: ankommen

**department**[dɪ'pɑːtmənt]
Fachbereich, Abteilung, Institut

Teddy will study at the foreign language **department** of this college.
Teddy wird am **Fachbereich** Sprachen dieses Colleges studieren.
ⓘ department store: Kaufhaus

**depend**[dɪ'pend] abhängen von

It will **depend** on the weather what we'll do on Saturday.
Es wird vom Wetter **abhängen**, was wir am Samstag tun werden.

A
B
C
D
E
F
G
H
I
J
K
L
M
N
O
P
Q
R
S
T
U
V
W
X
Y
Z

## depth[depθ] Tiefe

Jumbo measured the **depth** of the lake and declared it was ideal for a ship model contest.
Jumbo maß die **Tiefe** des Sees und versicherte, sie sei ideal für einen Modellschiffwettbewerb.

## describe[dɪ'skraɪb] beschreiben

Jumbo was **describing** how deep the lake was.
Jumbo **beschrieb**, wie tief der See war.

## desert['dezət] Wüste

In order to deliver a block of ice to Humpback, who lives in the **desert**, Mann has to take his fastest vehicle.
Um Humpback, der in der **Wüste** lebt, einen Eisblock zu liefern, muss Mann sein schnellstes Fahrzeug nehmen.

## deserve[dɪ'zɜːv] verdienen

A hard worker like Mann **deserves** respect. Jemand, der so schwer arbeitet wie Mann, **verdient** Respekt.

## design[1][dɪ'zaɪn] entwerfen

To escape more quickly after stealing honey, Bandit **designed** this aircraft.
Um schneller nach einem Honigdiebstahl fliehen zu können, **entwarf** Bandit dieses Flugzeug.

## design[2][dɪ'zaɪn] Entwurf

Bandit's **design** for an aircraft is very creative.
Bandits **Entwurf** eines Flugzeugs ist sehr phantasievoll.

## desire[dɪ'zaɪə(r)] Wunsch, Verlangen

Bandit has a strong **desire** for honey. Bandit hat ein starkes **Verlangen** nach Honig.

## **desk**[desk] Pult

The **desks** in Teddy's classroom are very clean. Die **Pulte** in Teddys Klassenzimmer sind sehr sauber.

## **dessert**[dɪ'zɜːt] Nachtisch

Mrs Rhino eats too much **dessert** after dinner. Mrs Rhino isst zu viel **Nachtisch** nach dem Abendessen.

## **destination**

[ˌdestɪ'neɪʃən] Ziel

The Arctic is the **destination** of Robinson and his friends' adventure.
Die Arktis ist das **Ziel** der Abenteuerreise von Robinson und seinen Freunden.

## **destroy**[dɪ'strɔɪ] zerstören

The house of Billy Goat was **destroyed** by a fire. Das Haus von Billy Goat wurde durch ein Feuer **zerstört**.

## **detail**['diːteɪl] Detail, Einzelheit

Holmes Hound pays great attention to **details**. Holmes Hound schenkt **Einzelheiten** große Beachtung.

## **detective**[dɪ'tektɪv] Detektiv

Holmes Hound's ambition is to be the greatest **detective** in the world.
Holmes Hound möchte der beste **Detektiv** der Welt sein.

## **detergent**[dɪ'tɜːdʒənt] Waschmittel, Waschpulver

Mrs Bunnikin's laundry is so clean. What is the brand of the **detergent** she uses?
Mrs Bunnikins Wäsche ist so sauber. Welche Marke **Waschpulver** benutzt sie?

## determined[dɪ'tɜːmɪnd] entschlossen

Ken is **determined** to be the strongest kangaroo.
Ken ist **entschlossen**, das stärkste Känguru zu werden.

## develop[dɪ'veləp] (sich) entwickeln

Ken has **developed** into a tall, strong adult.
Ken hat sich zu einem großen, starken Erwachsenen **entwickelt**.

## development[dɪ'veləpmənt] Entwicklung

Lionstein thinks maths is important to the intellectual **development**.
Lionstein glaubt, dass Mathematik wichtig für die geistige **Entwicklung** ist.

## devil['devl] Teufel

Teddy doesn't believe in **devils**.
Teddy glaubt nicht an **Teufel**.

## devote[dɪ'vəʊt] widmen

Flip's uncle **devoted** himself to calculating distances between stars.
Flips Onkel **widmete** sich der Berechnung von Abständen zwischen Sternen.

## dew[djuː] Tau

In the morning the leaves are covered with **dew**.
Morgens sind die Blätter mit **Tau** bedeckt.

## dial['daɪəl] wählen

Would you like to talk with Santa Claus at Christmas? Just **dial** his "hot line", please.
Möchtest du Weihnachten mit dem Weihnachtsmann sprechen? Dann ruf bitte seine "Hotline" an.

## dialogue['daɪəlɒg] Dialog, Gespräch

The children's parents will get together at the school to have a **dialogue**.
Die Eltern der Kinder werden in der Schule zusammenkommen, um ein **Gespräch** zu führen.

**diameter**[daɪ'æmɪtə(r)] Durchmesser

The circle has a **diameter** of three metres. Der Kreis hat einen **Durchmesser** von drei Metern.

**diamond**['daɪəmənd] Diamant

Joe likes to collect **diamonds**. Joe sammelt gerne **Diamanten**.

**diary**['daɪərɪ] Tagebuch

Joe is very, very nosy. Here he is reading Violet's secret **diary**. Joe ist sehr, sehr neugierig. Hier liest er Violets geheimes **Tagebuch**.

**dice**[daɪs] Würfel

There are many dots on the **dice**; but the Ladybirds have never known a dice, so they take it as one of them. Auf dem **Würfel** sind viele Punkte; doch die Marienkäfer haben nie einen Würfel gesehen, deshalb halten sie ihn für einen von ihnen.

**dictation**[dɪk'teɪʃən] Diktat

The teacher gave us an English **dictation**. Der Lehrer schrieb mit uns ein englisches **Diktat**.

**dictionary**['dɪkʃənrɪ] Wörterbuch

Teddy's grandma learns English words from the same **dictionary** Teddy uses. Teddys Großmutter lernt englische Wörter aus dem gleichen **Wörterbuch**, das Teddy benutzt.

ⓘ look up a dictionary: in einem Wörterbuch nachschlagen

**die**[daɪ] sterben

He was so surprised because the man suddenly fell to the ground and **died**. Er war völlig überrascht, weil der Mann plötzlich auf den Boden fiel und **starb**.

ⓘ live: leben
die of: sterben an
dying['daɪɪŋ]: im Sterben liegen

## **diet**['daɪət] Schlankheitskur, Diät

Henry decided to go on a **diet**. Henry beschloss, eine **Schlankheitskur** zu machen.

ⓘ be on a diet: eine Schlankheitskur machen, auf Diät sein

## **difference**['dɪfrəns] Unterschied

At the end of the match, Henry doesn't know which team he should give the cup to ... The players are all so muddy; he can't see any **difference** between the winners and the losers.

Am Ende des Spiels weiß Henry nicht, welcher Mannschaft er den Siegerpokal geben soll ... Alle Spieler sind so schmutzig, dass er keinen **Unterschied** zwischen den Siegern und den Verlierern sehen kann.

## **different**['dɪfrənt] verschieden, unterschiedlich

Joy and Slow are going in **different** directions.

Joy und Slow gehen in **verschiedene** Richtungen.

ⓘ same: gleich

## difficult['dɪfɪkəlt] schwierig

This problem is a little **difficult** for Teddy.
Dieses Problem ist ein bisschen **schwierig** für Teddy.
ⓘ easy: einfach, leicht

## difficulty['dɪfɪkəltɪ] Schwierigkeit

Teddy has **difficulty** in studying arithmetic.
Teddy hat **Schwierigkeiten** mit dem Rechnen.

## dig[dɪg] graben

Mole is hired by Bandit to **dig** a tunnel. Bandit hopes that it could reach the underground of Mr Dollar's bank.
Bandit hat Mole beauftragt, einen Tunnel zu **graben**. Bandit hofft, dass er es bis unter die Bank von Mr Dollar schafft.
☞ Anhang

## digest[1]['daɪ'dʒest] verdauen

Dinner is ready, but Henry is sound asleep. He is still **digesting** his heavy lunch.
Das Abendessen ist fertig, aber Henry schläft fest. Er **verdaut** noch sein schweres Mittagessen.

## digest[2]['daɪdʒest] Digest, Auswahl

Henry is a keen reader of *Reader's **Digest***.
Henry ist ein begeisterter Leser des *Reader's **Digest***.

## digit['dɪdʒɪt] Ziffer, Zahl

Teddy cannot count up to three **digits**. Teddy kann nicht bis drei zählen.

## digital['dɪdʒɪtəl] digital

Teddy wants a **digital** camera very much. Teddy möchte sehr gerne eine **digitale** Kamera haben.

## **dine**[daɪn] zu Abend essen

Oscar is **dining** with his friends.
Oscar **isst** mit seinen Freunden **zu Abend**.

## **dinner**['dɪnə(r)] Abendessen

For Oscar, the **dinner** tonight isn't pleasant at all.
Für Oscar ist das **Abendessen** heute Abend kein Vergnügen.

## **dinosaur**['daɪnəsɔː(r)] Dinosaurier

**Dinosaurs** lived on the earth many millions of years ago.
**Dinosaurier** lebten vor vielen Millionen Jahren auf der Erde.

## **dip**[dɪp] tauchen

Before having the soup, Oscar let his guests **dip** their fingers in to see whether it was hot. But he soon got the answer when the soup was poured onto him.
Bevor sie die Suppe aßen, ließ Oscar seine Gäste ihre Finger in die Suppe **tauchen**, um zu sehen, ob sie heiß war. Aber er erhielt prompt die Antwort, als die Suppe über ihn geschüttet wurde.

## **direct**[1][dɪ'rekt] zeigen, sagen

Ribbon is lost. He really hopes someone will **direct** him to the town.
Ribbon hat sich verirrt. Er hofft wirklich, dass jemand ihm den Weg in die Stadt **zeigt**.

## **direct**[2][dɪ'rekt] geradeheraus, unverblümt

Ribbon is quite direct.
Ribbon drückt sich ziemlich **unverblümt** aus.

## **direction**[dɪ'rekʃən] Richtung

Ribbon climbs up a pole to see which **direction** he should take.
Ribbon klettert auf einen Pfahl, um zu sehen, in welche **Richtung** er gehen soll.

## **directly**[dɪ'rektlɪ] direkt

Teddy is so dirty. He'd better not go home **directly**.
Teddy ist so schmutzig. Er geht besser nicht **direkt** nach Hause.

## **dirty**['dɜːtɪ] dreckig, schmutzig

Teddy gets dirty all over when playing football. Teddy wird beim Fußballspielen ganz **schmutzig**.  ⓘ clean: sauber

**disagree**[ˌdɪsəˈgriː]

nicht übereinstimmen, anderer Meinung sein

Painty thinks the painting is marvellous, but Merry **disagrees** with him.
Painty findet das Bild großartig, aber Merry **ist** da **anderer Meinung**.

ⓘ agree: zustimmen, gleicher Meinung sein

**disappear**[ˌdɪsəˈpɪə(r)]

verschwinden

Merry ran away and **disappeared** at the corner.
Merry lief weg und **verschwand** an der Ecke.

**disappointed**

[ˌdɪsəˈpɔɪntɪd] enttäuscht

Painty was **disappointed** because Merry didn't like his painting.
Painty war **enttäuscht**, weil Merry sein Bild nicht mochte.

**disc**[dɪsk] Diskette

Teddy inserts the **disc** into his computer. Teddy legt die **Diskette** in seinen Computer ein.

**discipline**[ˈdɪsɪplɪn] Disziplin

Bandit lacks **discipline** when he is at school. Bandit fehlt es an **Disziplin**, wenn er in der Schule ist.

**disco**[ˈdɪskəʊ] Diskothek

Henry goes to a **disco** every Saturday night. Henry geht jeden Samstagabend in die **Diskothek**.

**discount**[ˈdɪskaʊnt] Rabatt

There is 30% **discount** on the tie.
Es gibt 30% **Rabatt** auf die Krawatte.

**discover**[dɪsˈkʌvə(r)]

herausfinden,
entdecken

Holmes Hound is about to **discover** who has been cycling on the grass.
Holmes Hound ist gerade dabei **herauszufinden**, wer auf dem Rasen Fahrrad gefahren ist.

## **discovery**[dɪs'kʌvərɪ] Entdeckung

The **discovery** of the ancient tomb will be reported on TV.
Über die **Entdeckung** der historischen Grabkammer wird im Fernsehen berichtet werden.

## **discuss**[dɪs'kʌs] diskutieren

Some experts will **discuss** about the age of the tomb on TV.
Einige Experten werden im Fernsehen über das Alter der Grabkammer **diskutieren**.

## **discussion**[dɪs'kʌʃən] Diskussion

After much **discussion**, the experts declare that the age of the tomb is 2,300 years.
Nach langer **Diskussion** erklären die Experten, dass die Grabkammer 2300 Jahre alt ist.

## **disease**[dɪ'ziːz] Krankheit

Dr Spotty is good at treating many **diseases**. Dr. Spotty ist gut in der Behandlung vieler **Krankheiten**.

## **disguise**[dɪs'gaɪz] Tarnung, Verkleidung

Who stole the apples? Holmes Hound has found the perfect **disguise** to help him catch the thief.
Wer hat die Äpfel gestohlen? Holmes Hound hat die perfekte **Tarnung** gefunden, die ihm dabei helfen soll, den Dieb dingfest zu machen.

## **dish**[dɪʃ] Teller

"Be careful, Fluffy! Don't break the **dishes**," shouted Mr Bunnikin.
"Sei vorsichtig, Fluffy! Zerbrich die **Teller** nicht ", rief Mr Bunnikin.

## **disobey**[ˌdɪsə'beɪ] nicht gehorchen

Fluffy **disobeys** his father.
Fluffy **gehorcht** seinem Vater **nicht**.

## **display**[dɪs'pleɪ] zeigen, beweisen

Fluffy wants to **display** his skills of carrying dishes.
Fluffy möchte seine Fähigkeiten als Tellerträger **beweisen**.

## **distance**['dɪstəns] Entfernung

What is the **distance** between London and Paris?
Wie groß ist die **Entfernung** zwischen London und Paris?

## distant['dɪstənt] entfernt

Teddy's school is one mile **distant** from home. Bis zu Teddys Schule sind es eineinhalb Kilometer..

Chimp is a **distant** relative of Bongo. Chimp ist ein **entfernter** Verwandter von Bongo.

## district['dɪstrɪkt] Gebiet, Bezirk

Bongo comes from a **district** in Africa. Bongo stammt aus einem **Gebiet** in Afrika.

## disturb[dɪs'tɜːb] stören

Bandit often **disturbs** the peace.
Bandit **stört** oft den Frieden.

## dive[daɪv] tauchen

When Jumbo **dives**, he splashes the whole audience with water.
Wenn Jumbo **taucht**, dann bespritzt er das ganze Publikum mit Wasser.

## divide[dɪ'vaɪd] (ein)teilen

Teddy's class is **divided** into six groups. Teddys Klasse ist in sechs Gruppen **eingeteilt**.
When you **divide** 8 by 2, you get 4. Wenn man 8 durch 2 **teilt**, erhält man 4.

## do[duː] machen, tun

"What have you **done** to my wall?"
"Was hast du mit meiner Mauer **gemacht**?"

ⓘ How do you do?: Wie geht es Ihnen?

☞ Anhang

## doctor['dɒktə(r)] Doktor, Arzt

The **doctors** decide to operate on the twins immediately.
Die **Ärzte** beschließen, die Zwillinge sofort zu operieren.

ⓘ see a doctor: zum Arzt gehen

## **document**['dɒkjʊmənt]

Dokument, Urkunde

Some **documents** are very important, so Wise Owl keeps them in a safe.
Einige **Dokumente** sind sehr wichtig, deshalb verwahrt Wise Owl sie in einem Safe.

## **dog**[dɒg] Hund

I'm Tommy, a **dog**. I fetch the newspaper for my master. Ich bin Tommy, ein **Hund**. Ich hole die Zeitung für mein Herrchen.

## **doll**[dɒl] Puppe

I'm Violet. I'm a **doll**. Girls like to make friends with me.
Ich bin Violet. Ich bin eine **Puppe**. Mädchen freunden sich gerne mit mir an.

## **dollar**['dɒlə(r)] Dollar

It costs ten **dollars** to watch a dolphin performance.
Es kostet zehn **Dollar**, wenn man sich eine Delfinshow ansehen will.

## **dolphin**['dɒlfɪn] Delfin

**Dolphins** are good at jumping.
**Delfine** sind gute Springer.

## **donkey**['dɒŋkɪ] Esel

The **donkey** is similar to a horse, but it is smaller and has longer ears.
Der **Esel** ähnelt dem Pferd, aber er ist kleiner und hat größere Ohren.

## **door**[dɔː(r)] Tür

The policeman is checking whether the **door** of the bank has been locked.
Der Polizist überprüft, ob die **Tür** der Bank abgeschlossen wurde.
ⓘ out of doors: im Freien

## **dormitory**['dɔːmɪtrɪ] Schlafsaal

Piglet usually returns to his **dormitory** very late.
Piglet kommt für gewöhnlich sehr spät in den **Schlafsaal** zurück.

**dose**[dəʊs] Dosis, Portion

"Maybe I should have taken only one **dose** of the hair lotion," thinks Ozzy.
"Vielleicht hätte ich die Haarlotion nur einmal anwenden sollen", denkt Ozzy.

**dot**[dɒt] Punkt

The letter "j" has a **dot**.
Der Buchstabe "j" hat einen **Punkt**.

**double**['dʌbl] doppelt

Ozzy's feathers flourished after he had taken a **double** dose of the hair lotion.
Ozzys Federn waren ganz aufgebauscht, nachdem er die **doppelte** Menge Haarlotion benutzt hatte.

**doubt**[daʊt] zweifeln

Sniffy Mouse **doubts** that Tough Cat could be so nice, but that cheese looks so delicious that he'd really like to have a slice.
Sniffy Mouse **bezweifelt**, dass Tough Cat so nett sein könnte, aber der Käse sieht so lecker aus, dass er wirklich gerne eine Scheibe davon haben möchte.
ⓘ believe: glauben

**down**[daʊn] unten

Tiger has a new job. But he can't look **down** or he'll get dizzy.
Tiger hat einen neuen Job. Aber er kann nicht nach **unten** sehen, sonst wird ihm schwindelig.
ⓘ up: nach oben
sit down: sich hinsetzen

**downstairs**['daʊn'steəz] hinunter, (nach) unten

After work, Tiger goes **downstairs** by a lift.
Nach der Arbeit fährt Tiger mit einem Aufzug nach **unten**.

**downwards**['daʊnwədz] hinunter, nach unten

Tiger is afraid of looking **downwards** from a high place. Tiger hat Angst, von einem hoch gelegenen Ort **nach unten** zu gucken.
ⓘ upwards: hinauf, nach oben

## dozen['dʌzn] Dutzend

Henry can eat a **dozen** eggs for breakfast. Henry kann ein **Dutzend** Eier zum Frühstück essen.

## draft[drɑːft] Entwurf

Wise Owl writes articles without doing **drafts** first. Wise Owl schreibt Artikel, ohne vorher einen **Entwurf** zu machen.

## drag[dræg] ziehen, schleppen, schleifen

During a car race, Mr Piggles' tyre burst and he had to **drag** the car to the finish.
Während eines Autorennens platzte ein Reifen von Mr Piggles Auto und er musste es zur Ziellinie **ziehen**.

## dragon['drægən] Drachen

Painty likes painting **dragons** because nobody knows what **dragons** are really like.
Painty malt gerne **Drachen**, weil niemand weiß, wie **Drachen** wirklich aussehen.

## dragonfly['drægənflaɪ] Libelle

In Sevendot's eyes, a **dragonfly** looks like a small plane.
In Sevendots Augen sieht eine **Libelle** wie ein kleines Flugzeug aus.

## drama['drɑːmə] Drama

Teddy watched a good **drama** last night.
Teddy sah sich gestern Abend ein gutes **Drama** an.

## dramatic [drə'mætɪk] dramatisch

In the desert, Chimp does something **dramatic** to get a bit of shade.
In der Wüste unternimmt Chimp etwas **Dramatisches**, um ein bisschen Schatten zu bekommen.

## **draw**[1][drɔː] unentschieden spielen

After the double knock-out, the referee shouts, " It's a **draw**!"
Nach dem doppelten K.o. ruft der Schiedsrichter: "**Unentschieden**!"

## **draw**[2][drɔː] malen, zeichnen

Painty will **draw** a picture for Merry.
Painty wird ein Bild für Merry **malen**.
☞ Anhang

## **drawer**[drɔː(r)] Schublade

For these tiny guests, **drawers** are their best beds.
Für diese winzigen Gäste sind **Schubladen** die besten Betten.

## **drawing**['drɔːɪŋ] Zeichnung, Bild

Painty found that a used brush is quite suitable to paint Prickle's hair. What a lively **drawing**!
Painty stellte fest, dass ein gebrauchter Pinsel ziemlich gut dafür geeignet ist, Prickles Haare zu malen. Was für ein lebendiges **Bild**!

## **dream**[1][driːm] träumen

Painty **dreams** of becoming a famous painter. Painty **träumt** davon, ein berühmter Maler zu werden.
☞ Anhang

## dream²[driːm] Traum

To have many servants at home is Jim's biggest **dream**.
Viele Bedienstete zu Hause zu haben ist Jims größter **Traum**.

## dress¹[dres] Kleidung, Garderobe

They went to the party in evening **dress**.
Sie gingen in Abend**garderobe** zur Party.

## dress²[dres] anziehen

Jim wishes he could be **dressed** by a servant.
Jim wünscht sich, er könnte von einem Bediensteten **angezogen** werden.

## drill¹[drɪl] Bohrer

Tiger wants to make a hole in the wall with his **drill**.
Tiger möchte mit seinem **Bohrer** ein Loch in die Wand bohren.

## drill²[drɪl] bohren

Tiger will go to the desert to **drill** for oil. He is worrying about whether he could drink cola there.
Tiger wird in die Wüste gehen, um nach Öl zu **bohren**. Er macht sich Gedanken darüber, ob er dort Cola trinken kann.

## drink¹[drɪŋk] Getränk

Coca-Cola is Tiger's favourite **drink**. Coca-Cola ist Tigers Lieblings**getränk**.

## drink²[drɪŋk] trinken

During a bicycle race, Piglet can **drink** water through a hose from a barrel on Peter's back.
Während eines Fahrradrennens kann Piglet Wasser durch einen Schlauch aus einem Fass auf Peters Rücken **trinken**.
☞ Anhang

## drip[drɪp] tropfen

Sweat is **dripping** from Peter's head.
Schweiß **tropft** von Peters Kopf.

## **drive**[draɪv] fahren

Zip was busy saying "hello" when he **drove**. Look, what happened! Zip war damit beschäftigt "Hallo" zu sagen, während er **fuhr**. Sieh nur, was passiert ist!

☞ Anhang

## **driver**['draɪvə(r)] Fahrer

Zip was the **driver** of the car when the accident happened. Zip saß am Steuer, als der Unfall passierte.

## **drop**[1][drɒp] fallen

"**Drop** the curtain! **Drop** the curtain!" says Oscar, "I don't want to be a star anymore!"
"Lasst den Vorhang **fallen**! Lasst den Vorhang **fallen**!", sagt Oscar. "Ich will kein Star mehr sein!"

## **drop**[2][drɒp] Tropfen

A few **drops** of rain landed on the roof. Ein paar Regen**tropfen** landeten auf dem Dach.

## **drown**[draʊn] übertönen, überschwemmen, ertrinken

Jumbo decided to turn on the radio to **drown** the noise made by Bongo.
Jumbo entschloss sich, das Radio anzuschalten, um den Lärm zu **übertönen**, den Bongo machte.

## **drug**[drʌg] Medikament, Arzneimittel

Zip ached all over and had to take a **drug**. Zip tat es überall weh und musste daher ein **Medikament** einnehmen.

## **drum**[drʌm] Trommel

Bongo is beating the **drum** and the noise makes Jumbo annoyed. Bongo schlägt die **Trommel** und der Lärm macht Jumbo wütend.

## **dry**[1][draɪ] trocken

Mrs Piggles wishes her laundry could be **dry** in one minute.
Mrs Piggles wünscht sich, ihre Wäsche könnte innerhalb einer Minute **trocken** sein.
ⓘ wet: nass

## **dry**[2][draɪ] trocknen

Pardy finds a good way to **dry**
Mrs Piggles' laundry.
Pardy hat eine gute Idee, wie man
Mrs Piggles' Wäsche **trocknen** kann.

## **duck**[dʌk] Ente

Teddy likes to go to the lake to play with **ducks**.
Teddy geht gern zum See, um mit den **Enten**
zu spielen.

## **dull**[dʌl] langweilig

Lionstein's speech is so **dull** that every-
one except Dr Spotty has left.
Lionsteins Rede ist so **langweilig**, dass
alle mit Ausnahme von Dr. Spotty
gegangen sind.

## **dumb**[dʌm] stumm

How Dr Spotty wishes he could cure
all those **dumb** people!
Wie sehr sich Dr. Spotty wünscht, alle
diese **stummen** Leute heilen zu können!

## **dump**[dʌmp] werfen, abladen, kippen

"You should not **dump** the rubbish into the river," said Jumpie.
"Du solltest den Abfall nicht in den Fluss **werfen**", sagte Jumpie.

## **during**['djʊərɪŋ] während

**During** the winter, Jumpie enjoys eating
icicles.
Im Winter isst Jumpie gerne Eiszapfen.

## **dust**[dʌst] Staub

Jumpie likes eating the icicles although
there is **dust** on them.
Jumpie isst die Eiszapfen gern,
obwohl sie staubig sind.

## **duty**['djuːtɪ] Pflicht, Aufgabe

All of us have the **duty** to prevent the pollution of the environment.
Wir alle haben die **Pflicht**, die Umweltverschmutzung zu verhindern.

**each**[iːtʃ] jede, -r, -s

In the football match, **each** of the players did his best.
Beim Fußballspiel gab **jeder** der Spieler sein Bestes.

ⓘ each other: gegenseitig

**eager**['iːgə(r)] eifrig

Bongo was **eager** to kick a goal in the match.
Bongo wollte beim Spiel unbedingt ein Tor schießen.

ⓘ be eager to do: unbedingt tun wollen

**eagle**['iːgl] Adler

Bongo wanted to shoot a goal, but the ball shot a flying **eagle**.
Bongo wollte ein Tor schießen, aber der Ball traf einen fliegenden **Adler**.

**ear**[ɪə(r)] Ohr

Jumbo stopped his **ears** as soon as he saw Bim, Bam, and Boom.
Jumbo hielt sich die **Ohren** zu, sobald er Bim, Bam und Boom sah.

**early**['ɜːlɪ] früh(zeitig)

Slow is going to be late; but with Mann's help, maybe he'll arrive at the school **early**.
Slow wird zu spät kommen; aber mit Manns Hilfe wird er vielleicht **frühzeitig** in der Schule sein.
ⓘ late: spät

**earn**[ɜːn] verdienen

Painty **earned** a lot of money by painting Mr Dollar's portrait.
Painty hat viel Geld damit **verdient**, Mr Dollars Porträt zu malen.

**earth**[ɜːθ] Welt, Erde

"I must be the luckiest painter on **earth**!" said Painty.
"Ich muss der glücklichste Maler auf der **Welt** sein!", sagte Painty.
ⓘ on earth: auf der Welt

**earthquake**['ɜːθkweɪk] Erdbeben

Slow and Mann can't run fast even in an **earthquake**.
Slow und Mann können selbst bei einem **Erdbeben** nicht schnell laufen.

**ease**[iːz] Behagen, Leichtigkeit

Sitting on Mann's back, Slow can take his **ease** now.
Da Slow auf Manns Rücken sitzt, kann er es sich jetzt bequem machen.

**easily**['iːzɪlɪ] leicht, mühelos

Teddy **easily** worked out this arithmetic problem.
Teddy hat diese Rechenaufgabe **mühelos** gelöst.

**east**[iːst] Osten

Robinson and Rambler are watching the sun rise in the **east**.
Robinson und Rambler sehen sich den Sonnenaufgang im **Osten** an.
ⓘ west: Westen

## **eastern**['iːstən] östlich

The **eastern** coastline of the United States is very long. Die Ostküste der Vereinigten Staaten ist sehr lang.

ⓘ western: westlich

## **easy**['iːzɪ] leicht, mühelos

Though Teddy is not good at maths, this problem is very **easy** for him.
Obwohl Teddy in Mathematik nicht gut ist, kann er diese Aufgabe **mühelos** lösen.

ⓘ difficult, hard: schwer

take it easy: nimm's nicht so schwer!, immer mit der Ruhe!

## **eat**[iːt] essen

Would you like to **eat** an apple? Möchtest du einen Apfel?

☞ Anhang

## **ebb**[eb] abebben, schwinden

Mr Dollar's fortunes began to **ebb**. Mr Dollars Vermögen begann zu **schwinden**.

ⓘ flood: überschwemmen

## **echo**['ekəʊ] Echo

"Where are you, Franz?" shouted Franz.
"Where are you, Fraaannzzz?" replied his **echo**.
"Wo bist du, Franz?", rief Franz.
"Wo bist du, Fraaannzzz?", antwortete sein **Echo**.

## **eclipse**[ɪ'klɪps] Finsternis

When the moon covers the sun, it is called an **eclipse**. Don't worry though, the sun will come out in a few minutes.
Wenn der Mond die Sonne bedeckt, nennt man das eine **Finsternis**. Aber keine Sorge, die Sonne kommt in ein paar Minuten wieder zum Vorschein.

## ecology[ɪ'kɒlədʒɪ] Ökologie

Pan Pan and his classmates are making a banner for the **Ecology** Day.
Pan Pan und seine Klassenkameraden machen ein Transparent für den **Ökologie**-Tag.

## economy[ɪ'kɒnəmɪ] Sparsamkeit, Wirtschaft

Teddy has been taught to practise **economy** from young.
Man hat Teddy von klein auf beigebracht, sparsam zu sein.

## edge[edʒ] Ecke, Spitze

Mr Piggles and Piglet hammer in stakes at the **edge** of their carrot field.
Mr Piggles und Piglet hämmern Pfähle in den Erdboden an den **Ecken** ihres Mohrrübenfeldes.

## edit['edɪt] herausgeben

It's been the first time for Teddy to **edit** a dictionary. Teddy hat zum ersten Mal ein Wörterbuch **herausgegeben**.

## edition[ɪ'dɪʃən] Ausgabe

The errors in the first **edition** have been corrected in the second **edition** of the dictionary.
Die Fehler der ersten **Ausgabe** wurden in der zweiten **Ausgabe** des Wörterbuchs korrigiert.

## editor['edɪtə(r)] Herausgeber

Teddy is the **editor** of this dictionary.
Teddy ist der **Herausgeber** dieses Wörterbuches.

**educate**['edjʊkeɪt]
erziehen, (aus)bilden

Lionstein has to be well **educated** to be the king of beasts.
Lionstein braucht eine gute Bildung, wenn er König der Tiere sein will.

**education**[ˌedjʊ'keɪʃən]
Erziehung, (Aus-)Bildung

Lionstein has received a good **education**. Lionstein hat eine gute **Ausbildung** genossen.

**effect**[ɪ'fekt] (Aus-)Wirkung

Does the medicine have any **effect** on your headache?
Hilft die Medizin gegen deine Kopfschmerzen?

**effort**['efət] Mühe, Anstrengung

Mr Piggles' **efforts** have got a good return. This year his carrots are very big!
Mr Piggles' **Anstrengungen** haben sich gelohnt. Dieses Jahr sind die Mohrrüben sehr groß!

**egg**[eg] Ei

When Oscar was playing tennis, he took an **egg** as a tennis ball by mistake.
Als Oscar Tennis spielte, hat er aus Versehen ein **Ei** als Tennisball benutzt.

**Egypt**['iːdʒɪpt] Ägypten

Lionstein is reading a book about **Egypt**.
Lionstein liest ein Buch über **Ägypten**.

**either**['aɪðə(r)] beide(s)

Here are coffee and tea. You can have **either**.
Hier sind Kaffee und Tee. Du kannst **beides** haben.
ⓘ neither: keine, -r, -s (von beiden)　either ... or ...: entweder ... oder

**elbow**['elbəʊ] Ellenbogen

Oscar hurt his **elbow** when playing tennis.
Oscar hat sich seinen **Ellenbogen** beim Tennisspielen verletzt.

**elect**[ɪ'lekt] wählen

Teddy was **elected** monitor of his class. Teddy wurde zum Klassensprecher **gewählt**.

A B C D E F G H I J K L M N O P Q R S T U V W X Y Z

## electric

[ɪ'lektrɪk] elektrisch

In a power station, waterpower is converted into **electric** energy.
In einem Kraftwerk wird Wasserkraft in **elektrische** Energie umgewandelt.

## electricity[ɪlek'trɪsɪtɪ] Elektrizität

**Electricity** is sent to every family and it makes lamps light up, fridges and TVs work. We can't live well without **electricity**.
Jede Familie wird mit **Elektrizität** versorgt, und sie bringt Lampen zum Leuchten, Kühlschränke und Fernseher zum Laufen. Wir können nicht gut ohne **Elektrizität** leben.

## electronic[ɪlek'trɒnɪk] elektronisch

Tip Tap has a big **electronic** calculator. Tip Tap hat einen großen **elektronischen** Taschenrechner.

## elegant['elɪgənt] elegant

Jumbo looked very **elegant** at the banquet.
Jumbo sah auf dem Bankett sehr **elegant** aus.

## elephant['elɪfənt] Elefant

Jumbo believes the **elephant** is the cleverest animal.
Jumbo glaubt, der **Elefant** ist das schlauste Tier.

## elevator['elɪveɪtə(r)] Aufzug

When going upstairs, Mrs Rhino will take an **elevator**.
Wenn Mrs Rhino nach oben will, nimmt sie den **Aufzug**.

## else[els] andere, -r, -s, sonst, andernfalls

What a special hat! Mrs Rhino's hat is made of bananas, pears and something **else**.
Was für ein besonderer Hut! Mrs Rhinos Hut ist aus Bananen, Birnen und **anderem** gemacht.

**embassy**['embəsɪ] Botschaft

The **embassy** is the official residence of an ambassador.
Die **Botschaft** ist der offizielle Amtssitz eines Botschafters.

**emergency**[ɪ'mɜːdʒənsɪ] Notfall

Von Fox had to land on Winnie in an **emergency**.
Von Fox musste bei einer **Notlandung** auf Winnie landen.

**emotion**[ɪ'məʊʃən] Bewegtheit, Gefühl

"Thank you very much!" Von Fox said to Winnie in a voice filled with **emotion**.
"Vielen Dank!", sagte von Fox mit bewegter Stimme zu Winnie.

**emperor** ['empərə (r)] Kaiser

The **emperor** of the Frog Empire is inspecting his troops. Der **Kaiser** des Froschreiches inspiziert seine Truppen.

**empire**['empaɪə(r)] (Kaiser-)Reich

It seems that the emperor is proud of his **empire**.
Der Kaiser scheint stolz auf sein **Reich** zu sein.

**employ**[ɪm'plɔɪ] beschäftigen

Dorby should **employ** more people to serve him.
Dorby sollte mehr Leute **beschäftigen**, die ihn bedienen.

**empty**[1]['emptɪ] leer

Meek invited Dorby out for lunch. After he paid the bill, his pockets were **empty**.
Meek lud Dorby zum Mittagessen ein. Nachdem er die Rechnung bezahlt hatte, waren seine Taschen **leer**.

**empty**[2]['emptɪ] leeren

Dorby **emptied** his glass again. Dorby **leerte** sein Glas noch einmal.

A B C D E F G H I J K L M N O P Q R S T U V W X Y Z

## **encourage**[ɪn'kʌrɪdʒ] ermutigen

Sevendot **encourages** Ribbon to come out of the tube.
Sevendot **ermutigt** Ribbon, aus dem Rohr herauszukommen.

## **end**[end] Ende

Sevendot is waiting for Ribbon to pop out at the other **end** of the tube.
Sevendot wartet darauf, dass Ribbon am anderen **Ende** des Rohres herauskommt.
ⓘ in the end: schließlich, zum Schluss

## **enemy**['enəmɪ] Feind

Sevendot wants to be Ribbon's friend, not his **enemy**.
Sevendot möchte Ribbons Freund und nicht sein **Feind** sein.
ⓘ friend: Freund

## **energy**['enədʒɪ] Kraft, Energie

When reaching the finish, Drowsy ran out of all his **energy** and took a quick nap.
Als Drowsy am Ziel ankam, verlor er seine ganze **Kraft** und legte ein kurzes Nickerchen ein.

## **engaged**[ɪn'geɪdʒd] beschäftigt

Mr Piggles is **engaged** in drawing now.
Mr Piggles ist nun mit Zeichnen **beschäftigt**.

## **engine**['endʒɪn] Motor

Mr Piggles is designing a tractor **engine**.
Mr Piggles entwirft einen **Motor** für einen Traktor.

## **engineer**[ˌendʒɪ'nɪə(r)] Ingenieur

Mr Piggles is an excellent **engineer**.
Mr Piggles ist ein ausgezeichneter **Ingenieur**.

## **England**['ɪŋglənd] England

Robinson grew up in **England**. Robinson ist in **England** aufgewachsen.

**English**['ɪŋglɪʃ] Englisch

"Now, let's study **English** together."
"Nun, lasst uns gemeinsam **Englisch** lernen."

**Englishman**['ɪŋglɪʃmən] Engländer

From his costume, I guess Teddy is an **Englishman**.
Von seinem Kostüm her halte ich Teddy für einen **Engländer**.

**enjoy**[ɪn'dʒɔɪ] genießen, sich erfreuen

The children seem to be **enjoying** themselves very much.
Die Kinder scheinen sehr viel Spaß zu haben.
ⓘ enjoy oneself: Spaß haben

**enjoyable** [ɪn'dʒɔɪəbl] unterhaltsam, amüsant

The game is very **enjoyable**.
Das Spiel ist sehr **unterhaltsam**.

**enormous**[ɪ'nɔːməs] enorm, riesig, gewaltig

Mr Dollar earned an **enormous** sum of money. Mr Dollar verdiente eine Unmenge Geld.

**enough**[1]['ɪnʌf] genug

Mr Dollar never thinks he has earned **enough**.
Mr Dollar ist nie der Ansicht, dass er **genug** verdient hat.

**enough**[2][ɪ'nʌf] genug

Are there **enough** seats for all?
Gibt es **genug** Sitzplätze für alle?

**enter**['entə(r)] betreten, eintreten

Mrs Rhino **entered** the ballroom with her nose in the air. Mrs Rhino **betrat** den Ballsaal mit hoch erhobener Nase.
ⓘ leave: verlassen

A B C D E F G H I J K L M N O P Q R S T U V W X Y Z

**entire**[ɪn'taɪə(r)] völlig, ganz

Teddy ate the **entire** cake.
Teddy aß den **ganzen** Kuchen.

**entrance**['entrəns] Eingang

Oh no! The packages are blocking Mrs Bunnikin's view and Jumbo is blocking the **entrance**.
Oh, nein! Die Päckchen behindern Mrs Bunnikins Sicht, und Jumbo blockiert den **Eingang**.

**envelope**['envələʊp] Briefumschlag

Ozzy often forgets to paste a stamp on the **envelope**. Ozzy vergisst häufig, eine Marke auf den **Briefumschlag** zu kleben.

**environment**[ɪn'vaɪərənmənt] Umwelt

Never pollute the **environment** wherever you are.
Verschmutze niemals die **Umwelt**, wo auch immer du bist.

**equal¹**['iːkwəl] gleich

One mile is **equal** to 1.609 kilometres.
Eine Meile entspricht 1,609 Kilometer.
ⓘ unequal: ungleich

**equal²**['iːkwəl] gleichkommen

Three times eight **equals** twenty-four. 3 mal 8 (ist) gleich 24.

**equipment**[ɪ'kwɪpmənt] Ausrüstung

There is some modern **equipment** in the lab. Das Labor hat einige moderne Geräte.

**eraser**[ɪ'reɪzə(r)] Schwamm, Radiergummi

Painty never uses **erasers**.
He uses brushes only.
Painty benutzt nie **Schwämme**.
Er benutzt nur Pinsel.

**error**['erə(r)] Fehler, Irrtum

Somebody should tell Painty he has made an **error**.
Jemand sollte Painty sagen, dass er einen **Fehler** gemacht hat.

**escape**[ɪ'skeɪp] flüchten

PC Stop caught Bandit who was trying to **escape**.
PC Stop fing Bandit, der zu **flüchten** versuchte.

**especially**[ɪ'speʃəlɪ] besonders

Mr Piggles loves the country, **especially** in spring.
Mr Piggles liebt das Land, **besonders** im Frühjahr.

**establish**[ɪ'stæblɪʃ] gründen

Lionstein's laboratory was **established** in 2000. Lionsteins Laboratorium wurde im Jahr 2000 **gegründet**.

**etc.**[ɪt'setərə] und so weiter (usw.)

Mrs Piggles bought lots of stuff today: tea, sugar, bread, **etc**.
Mrs Piggles hat heute viele Sachen gekauft: Tee, Zucker, Brot **usw.**

**Europe**['jʊərəp] Europa

This is a map of **Europe**.
Dies ist eine Karte von **Europa**.

**European**[ˌjʊərə'piːən] Europäer

By all appearances, Peter is a **European**.
Allem Anschein nach ist Peter **Europäer**.

**even**['iːvən] selbst, sogar

**Even** with two thick sweaters, Mrs Wowo still feels cold. **Selbst** mit zwei dicken Pullovern bekleidet, friert Mrs Wowo immer noch.

ⓘ even if / though: selbst wenn, sogar

**evening**['iːvnɪŋ] Abend

During his trip, Robinson often spends the **evening** lying outside.
Während seiner Reise verbringt Robinson den **Abend** oft im Freien.

ⓘ morning: Morgen

**event**[ɪ'vent] Ereignis

The discovery of America was a great **event**.
Die Entdeckung Amerikas war ein bedeutendes **Ereignis**.

## **ever**['evə(r)] jemals

Have you **ever** been to Madrid?
Bist du **jemals** in Madrid gewesen?
ⓘ ever since: seitdem, seit, von der Zeit an
for ever: für immer

## **every**['evrɪ] jede, -r, -s

Merry is upset. **Every** time she erases the doodles from her dress, Mery will write on it again.
Merry ist sauer. **Jedes** Mal, wenn sie die Kritzeleien auf ihrem Kleid wegradiert, schreibt Mery wieder darauf.

## **everyone**['evrɪwʌn] jeder

**Everyone** in the team wears the same clothes. **Jeder** im Team trägt die gleiche Kleidung.

## **everything**['evrɪθɪŋ] alles

Robinson is recalling **everything** he has done. Robinson erinnert sich an **alles**, was er getan hat.

## **everywhere**['evrɪweə(r)] überall

**Everywhere** she goes, Mrs Wowo keeps her children staying with her.
**Überall** wo sie hingeht, hat Mrs Wowo ihre Kinder bei sich.

## **evidence**['evɪdəns] Beweis

There is **evidence** to prove Bandit guilty.
Es gibt **Beweise**, die die Schuld Bandits belegen.

## **evil**['iːvl] schlecht, böse

Bandit is full of evil thoughts. Bandit ist voller **böser** Gedanken.

## **exact**[ɪg'zækt] genau

It's **exactly** two o'clock now. Es ist jetzt **genau** zwei Uhr.

## **examination**[ɪgˌzæmɪ'neɪʃən] Prüfung

Teddy wants to get full marks in the English **examination**.
Teddy möchte in der Englisch**prüfung** die volle Punktzahl bekommen.

**examine**[ɪg'zæmɪn] prüfen

Wise Owl is **examining** the students in maths.
Wise Owl **prüft** die Schüler in Mathematik.

**example**[ɪg'zɑːmpl] Beispiel

Tiger sets a good **example** for his classmates.
Tiger geht seinen Mitschülern mit gutem **Beispiel** voran.
ⓘ for example: zum Beispiel

**excellent**['eksələnt] ausgezeichnet, hervorragend

Tiger is an **excellent** student in the class.
Tiger ist ein **hervorragender** Schüler in der Klasse.

**except**[ɪk'sept] außer

Everyone passed the exam **except** Zip. Jeder **außer** Zip bestand die Prüfung.

**exchange**[ɪks'tʃeɪndʒ] (aus)tauschen, umtauschen

Joe and Meek **exchange** their hats.
Maybe it isn't a good idea.
Joe und Meek **tauschen** ihre Hüte.
Vielleicht ist das keine gute Idee.

**excited**[ɪk'saɪtɪd] aufgeregt, begeistert

Everybody was **excited** about the goal. Jeder war von dem Tor **begeistert**.
ⓘ bored: gelangweilt

**exciting**[ɪk'saɪtɪŋ] aufregend, spannend

The news of victory was very **exciting**.
Die Nachrichten vom Sieg lösten Begeisterung aus.

**exclaim**[ɪks'kleɪm] ausrufen, schreien

"Hurrah!" **exclaimed** Prickle.
"Hurra!", **schrie** Prickle.

**excuse**[1][ɪks'kjuːs] Entschuldigung

Now Prickle has an **excuse** for being late tomorrow.
Nun hat Prickle eine **Entschuldigung** dafür, dass er morgen zu spät kommt.

**Take time for all things. Great haste makes great waste.** [B.Franklin]

## excuse[2] [ɪks'kjuːz] verzeihen

Will the teacher **excuse** Prickle?
Wird der Lehrer Prickle **verzeihen**?
ⓘ Excuse me: Entschuldigung

## exercise[1] ['eksəsaɪz] üben, trainieren

Lionstein is **exercising** in fencing.
Lionstein **übt** fechten.

## exercise[2] ['eksəsaɪz] Übung

Mr Rhino takes **exercise** for half an hour every morning.
Mr Rhino macht jeden Morgen eine halbe Stunde Gymnastik.
ⓘ take exercise: sich bewegen

## exhibition [ˌeksɪ'bɪʃən] Ausstellung

Mr Dollar wants to hold an **exhibition** to exhibit his collections.
Mr Dollar möchte eine **Ausstellung** veranstalten, um seine Sammlungen zu zeigen.

## exist [ɪg'zɪst] existieren

Many children believe that Santa Claus really **exists**.
Viele Kinder glauben, dass es den Weihnachtsmann wirklich gibt.

## exit ['eksɪt] Ausgang

Would you please tell me where the **exit** is?
Könntest du mir bitte sagen, wo der **Ausgang** ist? ⓘ entrance: Eingang

## expect [ɪks'pekt] erwarten

I **expect** a happy life with you. Will you marry me?
Ich **erwarte** ein glückliches Leben mit dir. Willst du mich heiraten?

## expensive [ɪks'pensɪv] teuer

Oscar bought an **expensive** ring for his lover.
Oscar kaufte einen **teuren** Ring für seine Liebste.
ⓘ cheap: billig

## experience [ɪks'pɪərɪəns] Erlebnis, Erfahrung

Oscar had a pleasant **experience** yesterday. Oscar hatte gestern ein schönes **Erlebnis**.

**experiment**[ɪks'perɪmənt] Experiment

Wise Owl proved a new theory by **experiment**.
Wise Owl bewies eine neue Theorie durch ein **Experiment**.

**explain**[ɪks'pleɪn] erklären

The coach is **explaining** the rules of basketball to the new team members.
Der Coach **erklärt** den neuen Mannschaftsmitgliedern die Regeln des Basketballspiels.

**explode**[ɪks'pləʊd] explodieren

The firework **exploded** in the sky.
Das Feuerwerk **explodierte** am Himmel.

**explore**[ɪks'plɔː] erforschen

Teddy and his friend **explore** the cave by boat.
Teddy und sein Freund **erforschen** die Höhle mit ihrem Boot.

**expression**[ɪks'preʃən] Ausdruck

The scenery in the cave is beautiful beyond **expression**.
Die Höhle ist unbeschreiblich schön.

**extend**[ɪks'tend] verlängern

Teddy decides to **extend** his journey by an extra day. Teddy beschließt, seinen Urlaub um einen Tag zu **verlängern**.

**extra**['ekstrə] zusätzlich

Teddy had some **extra** gains on his journey.
Teddy machte einige **zusätzliche** Gewinne auf seiner Reise.

**eye**[aɪ] Auge

Funny Wolf has a black **eye** today. "Whom did you fight with?" Billy Goat asks him.
Funny Wolf hat heute ein blaues **Auge**. "Mit wem hast du dich geprügelt?", fragt ihn Billy Goat.

**eyelash**['aɪlæʃ] Wimper

Mrs Rhino is wearing false **eyelashes**. Mrs Rhino trägt falsche **Wimpern**.

A B C D E F G H I J K L M N O P Q R S T U V W X Y Z

**fable**['feɪbl] Fabel, Sage

Teddy knows about quite a lot of **fables**. Teddy kennt sich in einer Menge **Fabeln** gut aus.

**fabric**['fæbrɪk] Stoff

Teddy's mother bought some **fabric** to make shirts. Teddys Mutter hat etwas **Stoff** gekauft, um Hemden zu nähen.

**face**[1][feɪs] Gesicht

Teddy has a round **face**.
Teddy hat ein rundes **Gesicht**.

**face**[2][feɪs]
gegenübersein, -stehen, -liegen

The window of Teddy's room **faces** a hill. Durch Teddys Zimmerfenster sieht man auf einen Hügel.

**fact**[fækt] Tatsache

It is a **fact** that the earth revolves round the sun.
Es ist eine **Tatsache**, dass die Erde sich um die Sonne dreht.

ⓘ as a matter of fact: eigentlich, sogar    in fact: in der Tat, tatsächlich

**factor**['fæktə(r)] Faktor

Economy is a **factor** in the decision to use robots.
Wirtschaftlichkeit ist ein **Faktor** bei der Entscheidung, Roboter einzusetzen.

**factory**['fæktərɪ] Fabrik

The workers in this **factory** are all robots. Die Arbeiter in dieser **Fabrik** sind alle Roboter.

**faculty**['fækəltɪ] Begabung

Tip Tap has a **faculty** for music; Painty has a **faculty** for painting.
Tip Tap ist musikalisch begabt; Painty ist malerisch begabt.

**fade**[feɪd]
verbleichen, verblassen

The colours of Painty's drawing **faded** slowly.
Die Farben von Paintys Gemälde **verblichen** langsam.

**fail**[feɪl] durchfallen

Henry **failed** in his English exam.
Henry **fiel** bei seiner Englischprüfung **durch**.
ⓘ succeed, pass: bestehen

**faint**[1][feɪnt]
in Ohnmacht fallen

Henry wanted to pay the bill; but when he saw the amount, he **fainted**.
Henry wollte die Rechnung bezahlen; aber als er den Betrag sah, **fiel** er **in Ohnmacht**.

**faint**[2][feɪnt]
leise, schwach

Even if there is only a **faint** hope, Piglet won't give up.
Auch wenn es nur eine **leise** Hoffnung gibt, wird Piglet nicht aufgeben.

**fair**[1][feə(r)] Messe

Teddy plans to take part in the book **fair** next year. Teddy plant, an der Buch**messe** im nächsten Jahr teilzunehmen.

**fair**[2][feə(r)] fair, gerecht

Joe should be **fair** in this competition. Joe sollte in diesem Wettkampf **fair** sein.
ⓘ unfair: unfair, ungerecht

**fairly**['feəlɪ] ziemlich

Joe is a **fairly** good referee. Joe ist ein **ziemlich** guter Schiedsrichter.

Better a frank denial than unwilling compliance. [V.Hugo]

**fairy**

## **fairy**['feərɪ] Fee

The **fairy** is flying to the wonderland of fairy tales on the back of a flying dragon.
Die **Fee** fliegt auf dem Rücken eines fliegenden Drachen ins Wunderland der Märchen.
ⓘ fairy tale: Märchen

## **faith**[feɪθ] Vertrauen

People have no **faith** in Bandit's words. Die Leute vertrauen Bandits Worten nicht.

## **fake**[feɪk] fälschen

Bandit **fakes** Jumbo's tracks to trick PC Stop.
Bandit **fälscht** Jumbos Spuren, um PC Stop hereinzulegen.

## **fall**$^{1}$[fɔːl] Herbst

Robinson is on his way home in the **fall**.
Im **Herbst** ist Robinson auf dem Weg nach Hause.

## **fall**$^{2}$[fɔːl] fallen

The referees **fall** asleep while waiting for the last two players.
Die Schiedsrichter schlafen ein, während sie auf die letzten beiden Spieler warten.
ⓘ rise: aufstehen
fall asleep: einschlafen
fall ill: krank werden, erkranken

## **false**[fɔːls] falsch

Mr Rhino has a **false** tooth.
Mr Rhino hat einen **falschen** Zahn.
ⓘ genuine, true: echt, wahr

## **fame**[feɪm] Ruhm

Painty won great **fame** after he had painted a portrait of Mr Dollar.
Painty erlangte großen **Ruhm**, nachdem er ein Porträt von Mr Dollar gemalt hatte.

## **familiar**[fə'mɪljə(r)] vertraut, bekannt

"Are you **familiar** with the rules of American football? Let me explain it," said Mr Piggles.
"Kennst du die Regeln beim American Football? Lass sie mich dir erklären," sagte Mr Piggles.

**family**['fæmɪlɪ] Familie

The **family** is going to the seashore for vacation.
Die **Familie** fährt ans Meer in Urlaub.

**famous**['feɪməs] berühmt

The Captain is a **famous** yachtsman, but he is always careless and makes some elementary mistakes.
Der Kapitän ist ein **berühmter** Segler, aber er ist immer unvorsichtig und macht einige grundlegende Fehler.

**fan**[fæn] Fan, Anhänger, Ventilator

Zip is a motorboat **fan**, and he especially likes driving at high speed.
Zip ist ein Motorboot**fan**, und er fährt besonders gern schnell.
Zip binds an electric **fan** to his motorboat to make it run faster.
Zip befestigt einen **Ventilator** an seinem Motorboot, damit es schneller fährt.

**fancy**['fænsɪ] Phantasie

Children usually have lively **fancy**.
Kinder haben für gewöhnlich eine lebhafte **Phantasie**.

**far**¹[fɑ:(r)] weit

Finally, a ship appeared on the far horizon. Robinson hoped that it could take him home.
Endlich tauchte ein Schiff am fernen Horizont auf. Robinson hoffte, dass es ihn nach Hause bringen könnte.

ⓘ near: nah
far away: weit weg    so far: bisher, bis jetzt, so weit
far from: ganz und gar nicht, ganz im Gegenteil

## far²[fɑː(r)] weit entfernt

Robinson disappointedly watched the ship go **farther** and **farther**.
Robinson sah enttäuscht, wie sich das Schiff weiter und weiter entfernte.

## fare[feə(r)] Fahrpreis

In fact, Robinson had no money for the ship **fare** to his home.
Tatsächlich hatte Robinson nicht das Geld für die Schiffskarte nach Hause.

## farm[fɑːm] Bauernhof

What a big **farm** Mr Piggles has! Was für einen großen **Bauernhof** Mr Piggles besitzt!

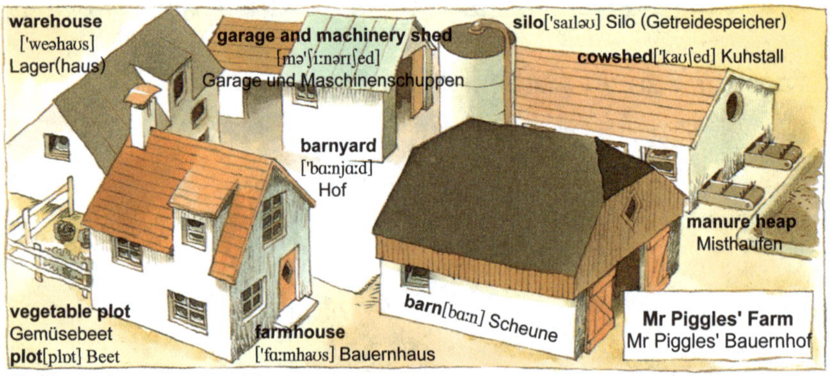

A B C D E F G H I J K L M N O P Q R S T U V W X Y Z

## farmer['fɑːmə(r)] Bauer

Mr Piggles is a very good **farmer**. These are the tools he uses in the field.
Mr Piggles ist ein sehr guter **Bauer**.
Dieses sind die Werkzeuge, die er auf dem Feld benutzt.

**Mr Piggles' farm tools** Mr Piggles' Landwirtschaftsgeräte

## fashion['fæʃən] Mode

Blue is the **fashion** of this year, so Mrs Wowo has dyed her feathers blue.
Blau ist dieses Jahr die **Mode**farbe, deswegen hat sich Mrs Wowo ihre Federn blau gefärbt.

## fast[1]['fɑːst] schnell

Mrs Wowo is a **fast** learner of fashion. Mrs Wowo passt sich **schnell** der Mode an.

ⓘ slow: langsam

## fast[2]['fɑːst] schnell

Zip drives really **fast**. Zip fährt wirklich **schnell**.

ⓘ stand fast by s.b.: zu jemandem stehen

## fat[fæt] dick

Mrs Rhino becomes **fatter** and **fatter**. Mrs Rhino wird immer **dicker**.

ⓘ thin: dünn

## fate[feɪt] Schicksal

Robbie can't be the master of his own **fate**.
Robbie kann nicht der Herr seines eigenen **Schicksals** sein.

## father['fɑːðə(r)] Vater

Robinson's **father** is an explorer.
Robinsons **Vater** ist Forscher.

## fault[fɔːlt] Fehler

Robbie is now walking upside down. Whose **fault** is that?
Robbie geht jetzt mit dem Kopf nach unten. Wessen **Fehler** ist das?

A B C D E F G H I J K L M N O P Q R S T U V W X Y Z

**favour**['feɪvə(r)] Gefallen

"May I ask you a **favour**, Chimp?" asked Robbie. "Darf ich dich um einen **Gefallen** bitten, Chimp?", fragte Robbie.

ⓘ AE favor

**favourite**['feɪvərɪt] Lieblings-

Robbie's **favourite** book is *The Robot Maintenance Manual.* Robbies **Lieblingsbuch** ist *Das Roboter-Wartungshandbuch.*

ⓘ AE favorite

**fear**[fɪə(r)] Angst, Furcht

Cowboy Teddy started out without any **fear**.
Cowboy Teddy ritt ohne **Angst** los.

**feather**['feðə(r)] Feder

Mrs Wowo is proud of her **feathers**.
Mrs Wowo ist stolz auf ihre **Federn**.

**feature**['fiːtʃə(r)] Merkmal

Pinocchio's most noticeable **feature** is his nose.
Pinocchios auffälligstes **Merkmal** ist seine Nase.

**February**['februərɪ] Februar

**February** 14th is Valentine's Day. Der 14. **Februar** ist Valentinstag.

☞ calendar

**fee**[fiː] Gebühr

The father paid the school **fees** for Pinocchio. Der Vater zahlte die Schul**gebühren** für Pinocchio.

**feed**[fiːd] füttern

Violet **feeds** Tommy on bones.
Violet **füttert** Tommy mit Knochen.

**feel**[fiːl] fühlen

Crock still **feels** cold even in his thick coat. Selbst in seinem dicken Mantel friert Crock noch.

**feeling**['fiːlɪŋ] Gefühl

Holmes Hound has the **feeling** that he is being followed.
Holmes Hound hat das **Gefühl**, dass er verfolgt wird.

**fellow**['feləʊ] Kerl, Kumpel

Tommy is tearing Violet's dress. What a naughty **fellow**!
Tommy zerreißt Violets Kleid. Was für ein ungezogener **Kerl**!

**fence**[fens] Zaun

Painty is painting the **fence**.
Painty streicht den **Zaun** an.

**festival**['festəvəl] Fest

Christmas is an important **festival** in western countries.
Weihnachten ist ein wichtiges **Fest** in den westlichen Ländern.

**fetch**[fetʃ] holen

"**Fetch** my cane, Tommy!" ordered Teddy's grandpa, but Tommy took back a stick.
"**Hol** mir meinen Spazierstock, Tommy!", befahl Teddys Großvater, aber Tommy brachte ihm einen Holzstock.

**fever**['fiːvə(r)] Fieber

He is in bed with a high **fever**.
Er liegt mit hohem **Fieber** im Bett.
ⓘ have a fever: Fieber haben

**few**[fjuː] wenige

Dodger has very **few** friends. Dodger hat sehr **wenige** Freunde.
ⓘ a few: ein paar

**fiction**['fɪkʃən] Roman, Erzählung

Mrs Bunnikin likes reading **fiction**. Mrs Bunnikin liest gern **Romane**.

Let bygones be bygones. [Homer]



A B C D E F G H I J K L M N O P Q R S T U V W X Y Z

## **field**[fiːld] Feld

Mr Piggles is busy ploughing in the **field**.
Mr Piggles ist damit beschäftigt, auf dem **Feld** zu pflügen.

## **fight**[faɪt] (sich) prügeln, kämpfen

Bongo **fought** badly with Chimp yesterday.
Bongo hat sich gestern schlimm mit Chimp **geprügelt**.

## **fighter**['faɪtə(r)] Kämpfer, Krieger

Teddy dressed up as an Indian **fighter**.
Teddy hat sich als indianischer **Krieger** verkleidet.

## **figure**['fɪgə(r)] Zahl

Teddy is not good at remembering **figures**.
Teddy kann sich **Zahlen** schlecht merken.

## **file**[faɪl] Akte, Unterlage

We don't have any **files** about the Indians. Wir haben keine **Unterlagen** über die Indianer.

## **fill**[fɪl] (sich) füllen

The classroom is soon **filled** with children. Das Klassenzimmer hat sich bald mit Kindern **gefüllt**.

ⓘ fill in: auffüllen, ausfüllen

## **film**[fɪlm] Film

A **film** about the Indians is being shown in the cinema.
Im Kino wird ein **Film** über Indianer gezeigt.

ⓘ film star: Filmstar
see a film: sich einen Film ansehen

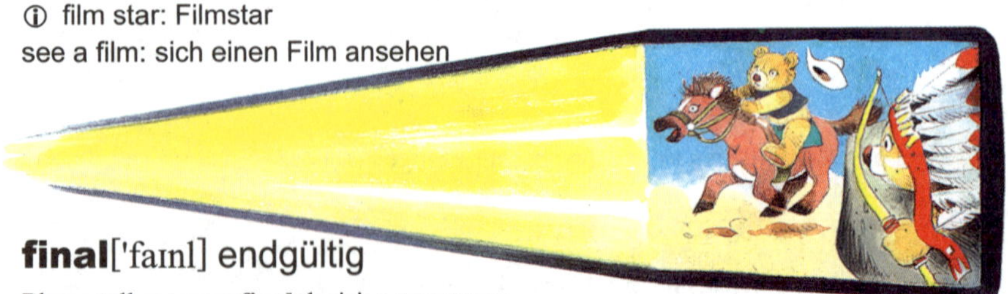

## **final**['faɪnl] endgültig

Please tell me your **final** decision tomorrow.
Bitte teile mir deine **endgültige** Entscheidung morgen mit.

## **finally**['faɪnəlɪ] schließlich

Mrs Wowo **finally** agreed with her husband.
Mrs Wowo stimmte **schließlich** ihrem Ehemann zu.

## **finance**[faɪ'næns] Finanzen

Mr Dollar knows a lot about **finance**. Mr Dollar weiß eine Menge über **Finanzen**.

## **find**[faɪnd] finden

In order to **find** candies, Piglet opened all the boxes.
Um Süßigkeiten zu **finden**, öffnete Piglet alle Kartons.
ⓘ lose: verlieren
find out: herausfinden

## **fine**[faɪn] gut

"How are you today?"
"I'm **fine**. Thank you. And you?"
"I'm **fine**, too."
"Wie geht es dir heute?"
"Mir geht es **gut**. Danke. Und dir?"
"Auch **gut**."

## **finger**['fɪŋgə(r)] Finger

Teddy has to count on his **fingers**. Teddy muss mit den **Fingern** zählen.

## **finish**[1]['fɪnɪʃ] beenden

Teddy must **finish** his homework before he goes to bed.
Teddy muss seine Hausaufgaben fertig haben, bevor er zu Bett geht.
ⓘ begin, start: anfangen

## **finish**[2]['fɪnɪʃ] Ziel

Ken dashed through the **finish** of the marathon. Ken raste durch das **Ziel** des Marathonlaufes.

## **fire**[1]['faɪə(r)] schießen, entlassen

Troopie **fired** a salute for the arrival of the general.
Troopie gab einen Begrüßungsschuss bei der Ankunft des Generals ab.
You are **fired**. Du bist **entlassen**!
ⓘ hire: einstellen

**fire**[2]['faɪə(r)] Feuer

Mr Piggles' house caught **fire** suddenly.
Plötzlich geriet Mr Piggles' Haus in Brand.
ⓘ catch fire: in Brand geraten

**firefly**['faɪəflaɪ] Glühwürmchen

The **firefly** can glow in the dark.
Das **Glühwürmchen** kann im Dunkeln leuchten.

**fireman**['faɪəmən] Feuerwehrmann

The **firemen** set out in a hurry the moment they heard the fire alarm.
Gleich als sie den Feueralarm hörten, stürmten die **Feuerwehrmänner** los.

**firework**['faɪəwɜːk] Feuerwerkskörper

The fire was caused by **fireworks**. **Feuerwerkskörper** hatten den Brand ausgelöst.

**firm**[fɜːm] stark

Ken has **firm** muscles. Ken hat **starke** Muskeln.

**first**[1][fɜːst] zuerst

It's better to wipe your feet **first** than to clean the floor later!
Man sollte lieber **zuerst** die Schuhe abputzen als später den Fußboden wischen!

**first**[2][fɜːst] erste, -r, -s

Flop is the **first** pupil to arrive at the classroom.
Flop ist der **erste** Schüler, der im Klassenzimmer ankommt.

**first**[3][fɜːst] der, die, das Erste

Robinson is the **first** to travel round the world. Robinson ist der Erste, der um die Welt reist.
ⓘ at first: zuerst, anfangs  first of all: an erster Stelle, zu allererst

## **fish**[1] [fɪʃ] angeln

Teddy loves eating fish, so he often **fishes** in the pond.
Teddy isst sehr gerne Fisch, deswegen **angelt** er oft im Teich.

## **fish**[2] [fɪʃ] Fisch

It seems a big **fish** is biting now.
Es sieht so aus, als ob jetzt ein großer **Fisch** anbeißt.

## **fisherman** ['fɪʃəmən] Angler, Fischer

It seems Teddy is not an experienced **fisherman**. Es sieht so aus, als ob Teddy kein erfahrener **Angler** ist.

## **fist** [fɪst] Faust

Bongo clenches his **fists** and gets ready to fight. Bongo ballt seine **Fäuste** und macht sich zum Kampf bereit.

## **fit**[1] [fɪt] passen

Dorby has eight arms. That's why he can never find a sweater that **fits** him.
Dorby hat acht Arme. Deswegen kann er nie einen Pullover finden, der ihm **passt**.

## **fit**[2] [fɪt] fit, gesund, in Form

Henry needs to keep **fit** through diet and exercise.
Henry muss sich durch Diät und Sport **fit** halten.

## **fix** [fɪks] befestigen

Zip is sure to win the race, now that he has **fixed** a rocket to his car.
Zip ist sich sicher, dass er das Rennen gewinnen wird, jetzt, wo er eine Rakete an seinem Auto **befestigt** hat.

## **fixed** [fɪkst] festgesetzt

The price is **fixed**, so Zip can't bargain. Der Preis ist **festgesetzt**, deswegen kann Zip nicht feilschen.

**flag**[flæg] Flagge

The Captain changes the signal **flags** now and then.
Der Kapitän wechselt ab und zu die Signal**flaggen**.

**flame**[fleɪm] Flamme

**Flames** came from the burning house.
**Flammen** loderten aus dem brennenden Haus.

**flash**[flæʃ] blitzen

Lightning **flashed** in the far sky.
Blitze zuckten am entfernten Himmel.

**flat¹**[flæt] flach

Mr Piggles' land is **flat**.
Mr Piggles' Land ist **flach**.

**flat²**[flæt] Wohnung

Rambler wants to rent a **flat** but no one would like to rent to him.
Rambler möchte eine **Wohnung** mieten, aber niemand möchte an ihn vermieten.

**flavour**['fleɪvə(r)] Geschmack

The **flavour** of this cake is wonderful!
Dieser Kuchen schmeckt wunderbar!

**flesh**[fleʃ] Fleisch

Lionstein who grew up in town never eats **flesh**.
Lionstein, der in der Stadt aufgewachsen ist, isst nie **Fleisch**.

**flight**[flaɪt] Flug

How Robinson wished he could take a space **flight** some day! Wie sehr sich Robinson doch wünschte, eines Tages an einem **Raumflug** teilnehmen zu können.

**float**[fləʊt] schwimmen

A wooden boat is **floating** in the river. Ein hölzernes Boot **schwimmt** im Fluss.
ⓘ sink: sinken

**flood**[1][flʌd] überschwemmen

The playground is **flooded** after a heavy rainstorm.
Der Spielplatz ist nach schweren Regenfällen **überschwemmt**.

**flood**[2][flʌd] Flut

Too much rain is the cause of the **flood**.
Zu viel Regen ist der Grund für die **Flut**.

**floor**[flɔː(r)] Fußboden

The **floor** of Teddy's bedroom is made of wood.
Der **Fußboden** in Teddys Zimmer ist aus Holz.
ⓘ ceiling: (Zimmer-) Decke
ground floor: Erdgeschoss; first floor: erster Stock

**flour**['flaʊə(r)] Mehl

**Flour** is produced at Mr Piggles' farm.
**Mehl** wird auf Mr Piggles' Bauernhof hergestellt.

**flow**[fləʊ] fließen

Sweat **was flowing** all over his body when Peter reached the finish.
Als Peter das Ziel erreichte, **floss** Schweiß über seinen ganzen Körper.

**flower**['flaʊə(r)] Blume

Every racer who reached the finish got **flowers**.
Jeder Rennfahrer, der das Ziel erreichte, bekam **Blumen**.

A B C D E F G H I J K L M N O P Q R S T U V W X Y Z

## flute[fluːt] Flöte

Tip Tap played a nice tune on the **flute**.
Tip Tap spielte eine schöne Melodie auf der **Flöte**.

## fly¹[flaɪ] Fliege

People dislike **flies** because they spread diseases. Die Menschen mögen keine **Fliegen**, weil sie Krankheiten verbreiten.

## fly²[flaɪ] fliegen

Von Fox finds a good way to make them **fly** faster.
Von Fox findet einen guten Weg, der sie schneller **fliegen** lässt.

## focus['fəʊkəs] Mittelpunkt

Now von Fox is the **focus** of attention.
Nun steht von Fox im **Mittelpunkt**.

## fog[fɒg] Nebel

Even the thickest **fog** won't stop Holmes Hound from trying to solve the case.
Selbst der dickste **Nebel** wird Holmes Hound nicht von dem Versuch abhalten, den Fall zu lösen.

## fold[fəʊld] falten

Piglet **folded** his clothes so that they would fit into his bag.
Piglet **faltete** seine Sachen, sodass sie in seine Tasche passten.

## follow['fɒləʊ] folgen

The children are closely **following** their mother.
Die Kinder gehen dicht hinter ihrer Mutter.
ⓘ lead: führen
follow up: eine Sache verfolgen
as follows: wie folgt

**fond**[fɒnd] liebevoll, zärtlich, sehnsüchtig

Mrs Rhino is **fond** of attending parties. Mrs Rhino geht gern zu Partys.

**food**[fuːd] Essen, Futter, Nahrung

Jim wants to entertain Rambler with abundant **food**.
Jim möchte Rambler reichlich bewirten.

**fool**[fuːl] Narr, Dummkopf

Isn't Rambler a **fool** to refuse such a treat! Was ist Rambler doch für ein **Narr**, solch eine Einladung abzuschlagen!

ⓘ make a fool of oneself: sich blamieren

**foolish**['fuːlɪʃ] dumm, töricht

It's **foolish** of Drowsy to idle away his precious time. Es ist **dumm** von Drowsy, dass er seine wertvolle Zeit so vertrödelt.

**foot**[fʊt] Fuß

Flip jumped down from a tree of ten feet high and hurt one **foot**.
Flip sprang von einem dreieinhalb Meter hohen Baum und verletzte sich einen **Fuß**.

ⓘ on foot: zu Fuß
feet[fiːt]: Füße

**football**
['fʊtbɔːl] Fußball

Jumbo blew the **football** into the goal.
Jumbo blies den **Fußball** ins Tor.

A B C D E F G H I J K L M N O P Q R S T U V W X Y Z

**footprint**['fʊtprɪnt]
Fußabdruck

Joe wants to leave his **footprints** in the wet cement. Now he is stuck to the ground.
Joe will seine **Fußabdrücke** im nassen Zement hinterlassen. Jetzt klebt er am Boden fest.

**for**[fɔː(r); fə] für

"A parcel! I hope it's **for** me," says Sam.
"Ein Paket! Ich hoffe, es ist **für** mich", sagt Sam.

**forbid**[fə'bɪd] verbieten

Smoking is **forbidden** on the bus. Im Bus ist das Rauchen **verboten**.

**force¹**[fɔːs] Kraft

Sam must use **force** to pull his big parcel.
Sam muss **Kraft** aufwenden, um sein großes Paket zu ziehen.

**force²**[fɔːs] zwingen

The Mouse Sisters **force** Bongo to pick up the banana peeling he has littered.
Die Mäuseschwestern **zwingen** Bongo, die Bananenschale aufzuheben, die er weggeworfen hat.

**forecast**['fɔːkɑːst]
Vorhersage

Von Fox listens to the weather **forecast** from the local radio station every morning.
Von Fox hört sich die Wetter**vorhersage** des Lokalsenders jeden Morgen an.

**foreign**['fɒrən] fremd

Robinson has visited many **foreign** countries.
Robinson hat viele **fremde** Länder besucht.

**foreigner**['fɒrənə(r)] Fremder

Robinson has seen a lot of **foreigners** on his trips.
Robinson ist auf seinen Reisen vielen **Fremden** begegnet.

**forest**['fɒrɪst] Wald

The **forest** is on fire! Bushytail rings the alarm at once.
Der **Wald** brennt! Bushytail läutet sofort die Alarmglocke.

**forever**[fə'revə(r)] für immer

Bushytail will remember the forest fire **forever**. Bushytail wird sich **immer** an den Waldbrand erinnern.

**forget**[fə'get] vergessen

"Don't **forget** to bring a smaller backpack next time," Franz said to himself.
"**Vergiss** nicht, nächstes Mal einen kleineren Rucksack mitzunehmen", sagte Franz zu sich selbst.
ⓘ remember: sich erinnern an

**forgive**[fə'gɪv] vergeben

Humpback is run down by Mr Rhino. But Humpback will **forgive** him because Mr Rhino has poor sight.
Humpback wird von Mr Rhino umgerannt. Aber Humpback wird ihm **vergeben**, weil Mr Rhino schlecht sehen kann.

**fork**[fɔːk] Gabel

Merry uses a **fork** and knife to eat her food. Merry isst mit Messer und **Gabel**.

**form**[1][fɔːm] Gestalt annehmen, ausdenken, entwerfen

A plan began to **form** in Holmes Hound's mind.
Ein Plan **nahm** langsam in Holmes Hounds Kopf **Gestalt an**.

## **form²**[fɔːm] Form

The Captain has a bowl in the **form** of a boat.
Der Kapitän hat eine Schüssel in **Form** eines Bootes.

## **formal**['fɔːməl] feierlich

Mrs Rhino has been invited to a **formal** reception.
Man hat Mrs Rhino zu einem **feierlichen** Empfang eingeladen.
ⓘ informal: zwanglos, ungezwungen

## **fort**[fɔːt] Fort

The soldiers are attacking the enemy's **fort**.
Die Soldaten greifen das feindliche **Fort** an.

## **fortune**['fɔːtʃuːn] Schicksal, Zufall

Piglet won the competition by sheer good **fortune**.
Piglet hat den Wettbewerb rein zufällig gewonnen.

## **forward**['fɔːwəd] vorwärts

"Take a step **forward**," ordered the officer.
"Einen Schritt **vorwärts**", befahl der Offizier.

## **found**[faʊnd] gründen

Mr Dollar's bank was **founded** ten years ago.
Mr Dollars Bank wurde vor zehn Jahren **gegründet**.

## **fountain**['faʊntɪn] Springbrunnen

Teddy likes to play in the **fountain** in the park.
Teddy spielt gern im **Springbrunnen** im Park.

## **fox**[fɒks] Fuchs

Von **Fox** is often called "sly old **fox** " by Peter.
Peter nennt von Fox oft "der schlaue, alte **Fuchs**".

## **France**[frɑːns] Frankreich

Robinson's sister thinks **France** is one of the best countries she has ever visited.
Robinsons Schwester meint, dass **Frankreich** eines der tollsten Länder ist, das sie je besucht hat.

A B C D E F G H I J K L M N O P Q R S T U V W X Y Z

## **free**[1] [friː] frei

"Come and play with me if you are **free**," Ribbon said to his friend.
"Komm und spiel mit mir, wenn du Zeit hast ", sagte Ribbon zu seinem Freund.

ⓘ busy: beschäftigt

## **free**[2] [friː] befreien

Henry has to wait for others to **free** him from the ice.
Henry muss darauf warten, dass andere ihn aus dem Eis **befreien**.

## **freedom** ['friːdəm] Freiheit

"**Freedom** is the most wonderful thing," thinks Henry.
"**Freiheit** ist die wunderschönste Sache", denkt Henry.

## **freeze** [friːz] einfrieren

Henry fell into the icy water and was **frozen**. They needed a crane to lift him out.
Henry fiel in das eisige Wasser und **fror ein**. Man brauchte einen Kran, um ihn herauszuziehen.

☞ Anhang

ⓘ freezer: Tiefkühltruhe

## **French** [frentʃ] französisch

"I'm Teddy. I'm **French**. This is our national flag."
"Ich bin Teddy. Ich bin Franzose. Dies ist unsere Nationalflagge."

## **fresh** [freʃ] frisch

"The air is so **fresh**!" Henry said when he came out of the ice.
"Die Luft ist so **frisch**!", sagte Henry, als er aus dem Eis kam.

## **Friday** ['fraɪdɪ] Freitag

Teddy usually goes home from school on **Friday** afternoon.
Teddy geht am **Freitagnachmittag** für gewöhnlich von der Schule nach Hause.

**fridge**[frɪdʒ] Kühlschrank

Zip's **fridge** is filled with food. Zips **Kühlschrank** ist mit Lebensmitteln gefüllt.

**friend**[frend] Freund

Zip must make sure the food will be enough for his **friends** tonight.
Zip muss sichergehen, dass das Essen heute Abend für seine **Freunde** ausreicht.
ⓘ make friends: Freundschaft schließen

**friendly**['frendlɪ] freundlich

Teddy is very **friendly** to everyone. Teddy ist zu jedermann sehr **freundlich**.

**friendship**['frendʃɪp] Freundschaft

There is a long **friendship** between the Captain and Robinson.
Zwischen dem Kapitän und Robinson besteht eine lange **Freundschaft**.

**fright**[fraɪt] Angst

The first time Jumpie saw Guzzler, he got such a **fright** that his legs shook.
Als Jumpie Guzzler zum ersten Mal sah, bekam er eine solche **Angst**, dass seine Knie zitterten.
ⓘ take fright: es mit der Angst zu tun bekommen

**frog**[frɒg] Frosch

My name is Jumpie. I'm a **frog**.
I'm very good at swimming and jumping.
Mein Name ist Jumpie. Ich bin ein **Frosch**.
Ich bin ein sehr guter Schwimmer und Springer.

**from**[frɒm] von

Mrs Bunnikin marks Flip so that she can tell him **from** Flop.
Mrs Bunnikin markiert Flip, sodass sie ihn **von** Flop unterscheiden kann.
ⓘ from ... to: von ... bis

**front**[1][frʌnt] Vorder-

Gerry took a **front** seat in the cinema.
Gerry nahm im Kino einen Platz in der ersten Reihe.

**front**$^{2}$[frʌnt] vor

Mann had to stop because a policeman suddenly appeared in **front** of him.
Mann musste anhalten, weil plötzlich ein Polizist **vor** ihm auftauchte.

ⓘ back: hinter
in front of: vor

**frost**[frɒst] Frost

When Teddy woke up this morning, he found that the window was covered with **frost**.
Als Teddy heute Morgen aufwachte, bemerkte er, dass das Fenster mit **Frost** bedeckt war.

**frozen**['frəʊzn] erfroren, zugefroren, eingefroren

It is very cold today. Teddy's hands are **frozen**. He needs a pair of gloves.
Es ist sehr kalt heute. Teddys Hände sind steif**gefroren**. Er braucht ein Paar Handschuhe.

**fruit**[fruːt] Obst, Frucht

Teddy bought some **fruit** in the market.
Teddy hat etwas **Obst** auf dem Markt gekauft.

☞ botany

**fry**[fraɪ] braten

Henry is **frying** fish. Henry **brät** Fisch.

**fuel**[fjʊəl] Treibstoff

Gas and coal are both **fuels**.
Gas und Kohle sind beides **Treibstoffe**.

**full**[fʊl] voll

Funny Wolf can often be heard howling at **full** moon.
Oft kann man Funny Wolf bei **Voll**mond heulen hören.

ⓘ empty: leer

**fully**['fʊlɪ] völlig

Joe is **fully** satisfied with his life. Joe ist **völlig** zufrieden mit seinem Leben.

A B C D E F G H I J K L M N O P Q R S T U V W X Y Z

**fun**[fʌn] Spaß

Crock had a lot of **fun** at the party. Crock hatte viel **Spaß** auf der Party.

**funds**[fʌndz] Mittel, Gelder

Mr Dollar's bank is short of **funds** now. Mr Dollars Bank ist jetzt knapp bei Kasse.

**funeral**['fjuːnərəl] Beerdigung

They are going to attend a **funeral**. But they have no time to go back home to change clothes, so they have to...
Sie gehen zu einer **Beerdigung**. Aber sie haben keine Zeit, um nach Hause zu gehen und sich umzuziehen, deshalb müssen sie ...

**funnel**['fʌnl] Trichter

The Mouse Sisters use a **funnel** to pour fresh juice into the bottle.
Die Mäuseschwestern benutzen einen **Trichter**, um frischen Saft in die Flasche zu füllen.

**funny**['fʌnɪ] lustig, komisch

We were all amused by Robinson's **funny** story. Robinsons **lustige** Geschichte amüsierte uns alle.

**fur**[fɜː(r)] Pelz

Crock really wants a **fur** coat in winter.
Crock möchte wirklich einen **Pelz**mantel für den Winter.

**furniture**['fɜːnɪtʃə(r)] Möbel

Mr Dollar has a very valuable set of **furniture**.
Mr Dollar hat sehr wertvolle **Möbel**.

**future**['fjuːtʃə(r)] Zukunft

"I see thousands of eggs in your **future** ..."
"Ich sehe Tausende von Eiern in deiner **Zukunft** ..."
ⓘ in the future: in der Zukunft

**gain**[geɪn] gewinnen, erzielen

Lionstein **gains** great success in his research.
Lionstein ist mit seinen Forschungen sehr erfolgreich.

**gamble**['gæmbl] (um Geld) spielen

Bandit often **gambles** at cards. Bandit **spielt** beim Kartenspiel oft **um Geld**.

**game**[geɪm] Spiel

Sevendot is explaining a new **game**. It starts with the Ladybirds hopping in a circle.
Sevendot erklärt ein neues **Spiel**. Es fängt damit an, dass die Marienkäfer im Kreis hüpfen.

**gang**[gæŋ] Bande

The police arrested a **gang** of robbers. Die Polizei verhaftete eine **Bande** von Räubern.

**garage**['gærɑːʒ] Garage

Zip often keeps his car in the **garage**. Zip stellt sein Auto oft in der **Garage** ab.

**garbage**['gɑːbɪdʒ] Abfall, Müll

Teddy helps his mother every day to dump the **garbage**. Teddy hilft seiner Mutter jeden Tag dabei, den **Müll** wegzuwerfen.

**garden**['gɑːdn] Garten

Teddy's mother is planting flowers in the **garden**.
Teddys Mutter pflanzt Blumen im **Garten**.

## garlic['gɑːlɪk] Knoblauch

Henry uses **garlic** in cooking to obtain a strong taste.
Henry verwendet **Knoblauch** beim Kochen, um einen kräftigen Geschmack zu erhalten.

## gas[gæs] Gas, AE Benzin

The waste **gas** from the cars makes Pan Pan cough badly.
Die Ab**gase** der Autos lassen Pan Pan heftig husten.
ⓘ gas station: Tankstelle

## gasoline['gæsəliːn] Benzin

Pan Pan doesn't like the smell of **gasoline**.
Pan Pan mag den Geruch von **Benzin** nicht.

## gasp[gɑːsp] keuchen, nach Luft schnappen

Tiger won't **gasp** for air on this job anymore.
Tiger wird bei dieser Arbeit nicht mehr **nach Luft schnappen**.

## gate[geɪt] Tor, Pforte, Flugsteig

Franz entered the **gate** of the school. Franz ging durch das **Tor** der Schule.

## gather['gæðə(r)] sammeln, sich versammeln

The Ladybirds will **gather** to play games.
Die Marienkäfer werden **sich versammeln**, um Spiele zu spielen.

## gay[geɪ] fröhlich, bunt, lustig

Mrs Rhino enjoys the **gay** dance very much. Mrs Rhino macht das **fröhliche** Tanzen viel Spaß.

## general[1] ['dʒenərəl] General

The **generals** are proud of their brave soldiers.
Die **Generäle** sind stolz auf ihre tapferen Soldaten.

## general[2]['dʒenərəl] allgemein

Computer games become a topic of **general** interest in Teddy's class.
Computerspiele werden in Teddys Klasse zu einem Thema von **allgemeinem** Interesse.

## generally['dʒenərəlɪ] im Allgemeinen, im Großen und Ganzen

The Captain knows that, **generally**, the calmest water is behind a sleeping whale.
Der Kapitän weiß, dass **im Allgemeinen** das ruhigste Wasser hinter einem schlafenden Wal zu finden ist.

## generation[ˌdʒenə'reɪʃən] Generation

Three **generations** are living together in Teddy's family.
Drei **Generationen** leben in Teddys Familie zusammen.

## generous['dʒenərəs] großzügig

Mr Dollar is not **generous** at all with his money.
Mr Dollar ist überhaupt nicht **großzügig** mit seinem Geld.
ⓘ mean: geizig

## genius['dʒiːnɪəs] Genie

"If you're such a **genius**," says Robbie, "then figure this out."
"Wenn du wirklich so ein **Genie** bist", sagt Robbie, "dann rechne das hier aus."

## gentle['dʒentl] sanftmütig

Teddy's grandpa is a **gentle** old man. Teddys Großvater ist ein **sanftmütiger** alter Mann.

## gentleman['dʒentlmən] Gentleman, Herr

Pan Pan always behaves like a **gentleman**. Pan Pan benimmt sich immer wie ein **Gentleman**. ⓘ gentlemen: Gentlemen, Herren

A B C D E F G H I J K L M N O P Q R S T U V W X Y Z



**geographer**[dʒɪ'ɒgrəfə(r)] Geograf, Geografin

It's Teddy's dream to become an outstanding **geographer**.
Teddy träumt davon, ein hervorragender **Geograf** zu werden.

**geography**[dʒɪ'ɒgrəfɪ] Geografie, Erdkunde

They are pleased with the map they've drawn for the **geography** class.
Sie sind mit der Landkarte zufrieden , die sie für den **Erdkunde**unterricht gezeichnet haben.

A B C D E F G H I J K L M N O P Q R S T U V W X Y Z

**germ**[dʒɜːm] Keim, Krankheitserreger

**Germs** are everywhere. **Krankheitserreger** gibt es überall.

**German**[1]['dʒɜːmən] deutsch

Teddy is studying in a **German** school.
Teddy geht auf eine **deutsche** Schule.

**German**[2]['dʒɜːmən] Deutsch

Teddy thinks **German** is difficult to learn.
Teddy findet, **Deutsch** ist schwer zu erlernen.

**Germany**['dʒɜːmənɪ] Deutschland

Hi, I am Teddy. I come from **Germany**.
This is our national flag.
Hallo, ich bin Teddy. Ich komme aus **Deutschland**. Das hier ist unsere Nationalflagge.

**get**[get]
bekommen, werden

This is all Henry will **get** for his lunch today. He is on a diet.
Mehr wird Henry heute zum Mittagessen nicht **bekommen**.
Er macht eine Diät.

ⓘ get off: aussteigen, absteigen
get on: einsteigen, aufsteigen
get up: aufstehen, hinaufsteigen
☞ Anhang

**ghost**[gəʊst] Geist, Gespenst

Teddy doesn't believe in **ghosts**. Teddy glaubt nicht an **Gespenster**.

**giant**[1]['dʒaɪənt] Riese

The **giant** is coming!
The whole ground is shaking.
Der **Riese** kommt!
Die ganze Erde bebt.

## **giant²**['dʒaɪənt] riesig

Sevendot sprinkles magic water on her plant which then grows into a **giant** daisy.
Sevendot spritzt Zauberwasser auf ihre Pflanze, die dann zu einem **riesigen** Gänseblümchen heranwächst.

## **gift**[gɪft] Geschenk, Talent

Teddy wants to paint his mother's portrait as her birthday **gift**.
Teddy möchte ein Porträt von seiner Mutter malen und es ihr zum Geburtstag schenken.
Teddy has a **gift** for drawing.
Teddy ist zeichnerisch begabt.

## **gifted**['gɪftɪd] begabt, talentiert

Teddy is a **gifted** young painter.
Teddy ist ein **begabter** junger Maler.

## **ginger**['dʒɪndʒə(r)] Ingwer

Teddy doesn't like eating **ginger**.
Teddy isst nicht gerne **Ingwer**.

## **giraffe**[dʒɪ'rɑːf] Giraffe

A **giraffe** has a very very long neck, so it can reach the tender leaves on the tip of a tree.
Eine **Giraffe** hat einen sehr, sehr langen Hals, damit sie die zarten Blätter in der Spitze eines Baumes erreichen kann.

## **girl**[gɜːl] Mädchen

There are more **girls** than boys in Teddy's class.
In Teddys Klasse gibt es mehr **Mädchen** als Jungen.
ⓘ boy: Junge

## give[gɪv] geben

"If he doesn't **give** me some bones, I'll never speak to him again!" says Jimmy.
"Wenn er mir keine Knochen **gibt**, werde ich nie wieder mit ihm reden!", sagt Jimmy.
ⓘ take nehmen, receive: erhalten
give back: wiedergeben, zurückgeben
give out: austeilen, verteilen
give up: aufgeben
☞ Anhang

## glad[glæd] froh

Tommy is very **glad** to see so many bones.
Timmy ist sehr **froh**, so viele Knochen zu sehen.

## glance[glɑːns] Blick

Jimmy only gave Tommy a **glance** when they met on the street.
Jimmy warf Tommy nur einen **Blick** zu, als sie sich auf der Straße trafen.

## glare[gleə(r)] starren, anstarren

PC Stop **glares** at Bandit. Will that stop Bandit from stealing the apples?
PC Stop **starrt** Bandit **an**. Wird das Bandit davon abhalten, die Äpfel zu stehlen?

## glass[glɑːs] Glas

Jumbo, who has just learnt to drive, is running into Mrs Bunnikin's **glass** shop.
Jumbo, der gerade erst fahren gelernt hat, fährt in Mrs Bunnikins **Glas**geschäft.
Please give me a **glass** of water.
Bitte gib mir ein **Glas** Wasser.

## **glasses**['glɑːsɪz] Brille

"So that's where I put my **glasses**!" says Lionstein.
"Da habe ich also meine **Brille** hingelegt!", sagt Lionstein.

## **glide**[glaɪd] gleiten

Von Fox's plane **glides** in the sky freely.
Von Fox' Flugzeug **gleitet** frei am Himmel.

## **globe**[gləʊb] Globus, Kugel

Sam's favourite class is geography because he can spin the **globe** for his classmates.
Sams Lieblingsfach ist Erdkunde, denn hier kann er für seine Klassenkameraden den **Globus** schnell drehen.
ⓘ the globe: der Globus, der Erdball

## **glory**['glɔːrɪ] Ruhm, Ehre

Sam won **glory** for his class.
Sam gewann **Ruhm** für seine Klasse.

## **glove**[glʌv] Handschuh

Dorby needs four pairs of **gloves**. Dorby braucht vier Paar **Handschuhe**.
ⓘ a pair of gloves: (ein Paar) Handschuhe

## **glow**[gləʊ] glühen, leuchten

Timmy's eyes will **glow** with happiness when he sees bones.
Timmys Augen strahlen vor Freude, wenn er Knochen sieht.

## **glue**[gluː] Klebstoff, Leim

Henry carelessly knocked over a barrel of **glue**. As a result, the ship was stuck to the dock when the tide was down.
Henry warf achtlos ein Fass **Leim** um. Als Folge davon klebte das Schiff bei Ebbe am Kai fest.

A B C D E F G H I J K L M N O P Q R S T U V W X Y Z

## **go**[gəʊ] gehen

The summer vacation is over. The pupils take up their schoolbags and **go** to school again.
Die Sommerferien sind vorbei. Die Schüler nehmen ihre Schulranzen und **gehen** wieder in die Schule.
ⓘ come: kommen
go away: weggehen, wegfahren
go back: zurückgehen
go to work: arbeiten gehen, zur Arbeit gehen
☞ Anhang

## **goal**[gəʊl] Tor

With a powerful shot, Chimp kicked a **goal**.
Mit einem kraftvollen Schuss schoss Chimp ein **Tor**.
ⓘ make a goal: ein Tor schießen

## **goat**[gəʊt] Ziege

The angry **goat** is bumping its horns against the tree.
Die wütende **Ziege** stößt mit ihren Hörnern gegen den Baum.

## **god**[gɒd] Gott

Money and power are Mr Dollar's **gods**.
Geld und Macht sind Mr Dollars **Götter**.
ⓘ My God!: Mein Gott!

## **goddess**['gɒdɪs] Göttin

Mrs Rhino is the **goddess** in Mr Rhino's heart. Mr Rhino liebt Mrs Rhino abgöttisch.

**gold**[gəʊld] Gold

Dodger swears he collects **gold**. But everyone else swears he steals it.
Dodger beteuert, er sammelt **Gold**. Aber alle anderen beteuern, er stiehlt es.

**golden**['gəʊldən] golden, goldfarben

**Golden** waves of wheat roll in the field.
**Goldene** Wellen aus Weizen wälzen sich über das Feld.

**good**[gʊd] gut

"**Good** morning, Franz."
"**Guten** Morgen, Franz."
"**Good**-bye, Meek."
"Auf Wiedersehen, Meek."
ⓘ good morning: Guten Morgen
good afternoon: Guten Tag
good night: Gute Nacht
good evening: Guten Abend
good-bye: Auf Wiedersehen
better['betə(r)] besser, best[best] am besten

**goods**[gʊdz] Waren, Güter

Mrs Rhino likes foreign **goods**.
Mrs Rhino mag ausländische **Waren**.

**goose**[gu:s] Gans

The **goose** wears a very beautiful cap.
Die **Gans** trägt eine sehr hübsche Kappe.
ⓘ geese[gi:s]: Gänse

**gorilla**[gə'rɪlə] Gorilla

Bongo the **gorilla** is fond of playing.
Bongo, der **Gorilla**, spielt gern.

**government**['gʌvənmənt] Regierung

The animals decide they don't need a **government** since freedom is so important to them. Die Tiere beschließen, dass sie keine **Regierung** brauchen, weil die Freiheit für sie so wichtig ist.

A B C D E F G H I J K L M N O P Q R S T U V W X Y Z

**graceful**['greɪsfʊl] anmutig, graziös

Holmes Hound's gesture is very **graceful**, but he needn't use so much force.
Holmes Hounds Bewegungen sind sehr **elegant**, aber ein solcher Kraftaufwand ist nicht nötig.

**grade**[greɪd] Klasse, Rang, Schulnote

Flop is in **grade** two. Flop geht in die zweite **Klasse**.

**gradually**['grædjʊəlɪ] allmählich, nach und nach, Schritt für Schritt

Flop is **gradually** improving in his study.
Flop wird **allmählich** besser in der Schule.

**graduate**['grædjʊeɪt] absolvieren, graduieren, die Abschlussprüfung bestehen

Fluffy **graduated** from primary school last year. Fluffy hat letztes Jahr die Grundschule abgeschlossen.

**grain**[greɪn] Getreide, Korn

There is a bumper crop of **grain** on Franz's farm this year. Franz' Farm fährt in diesem Jahr eine Rekordernte an **Getreide** ein.

**gram**[græm] Gramm

Jumbo weighs 5000 kilos. Tip Tap weighs 5 **gram**. What a difference!
Jumbo wiegt 5000 Kilo. Tip Tap wiegt 5 **Gramm**. Was für ein Unterschied!

**grammar**['græmə(r)] Grammatik

Teddy has studied **grammar** since grade four.
Teddy lernt seit der vierten Klasse **Grammatik**.

**grand**[grænd] großartig, prachtvoll

Robinson and Piglet are going to visit the **grand** castle.
Robinson und Piglet wollen das **prachtvolle** Schloss besuchen.

**grandchild**['grændtʃaɪld] Enkel(kind)

The old man sits among his **grandchildren** and feels very happy.
Der alte Mann sitzt zwischen seinen **Enkelkindern** und ist sehr glücklich.
ⓘ granddaughter['grændˌdɔːtə]: Enkelin; grandson['grændˌsʌn]: Enkel(sohn)

**grandfather** ['grændfɑːðə(r)] Großvater

Henry boasts that his **grandfather** was a famous ballet dancer, but nobody believes that.
Henry prahlt damit, dass sein **Großvater** ein berühmter Balletttänzer war, aber niemand glaubt ihm.
ⓘ grandpa['grænpɑː]: Opa, Opi

**grandmother**['grændmʌðə(r)] Großmutter

Teddy's **grandmother** is knitting a sweater for him. Teddys **Großmutter** strickt ihm einen Pullover.
ⓘ grandma['grænmɑː]: Oma, Omi

**grandparent**['grændpeərənt] Großelternteil, Großvater/-mutter

Teddy wants to visit his **grandparents** on Sunday. Teddy möchte am Sonntag seine **Großeltern** besuchen.

**grant**[grɑːnt] gewähren, bewilligen

Mum **granted** Teddy this request.
Mama **gewährte** Teddy diesen Wunsch.

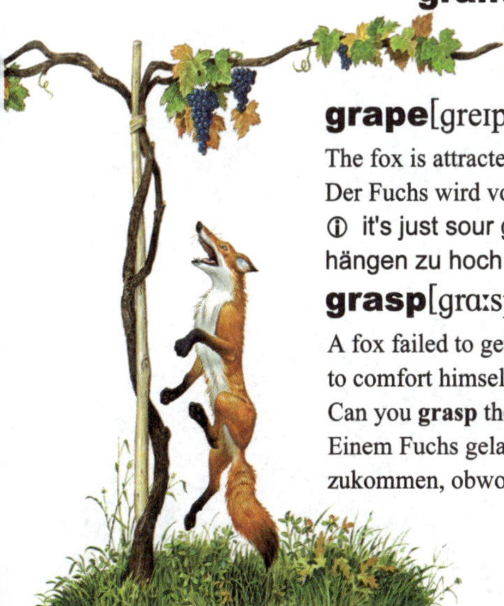

**grape**[greɪp] Traube

The fox is attracted by the ripe **grapes**.
Der Fuchs wird von den reifen **Trauben** angelockt.
ⓘ it's just sour grapes: die Trauben sind sauer/hängen zu hoch

**grasp**[grɑːsp] erfassen, verstehen

A fox failed to get the grapes after trying his best. So he had to comfort himself, "The grapes must be sour!"
Can you **grasp** the meaning of the fable?
Einem Fuchs gelang es nicht, an die Trauben heranzukommen, obwohl er sein Bestes versucht hatte. Also tröstete er sich mit dem Satz: "Die Trauben sind bestimmt sauer!"
**Verstehst** du den Sinn dieser Fabel?

Encouragement after censure is like the sun after a shower. [J.W. v. Goethe]



## **grass**[grɑːs] Gras, Rasen

Sevendot is playing in the **grass**. Sevendot spielt im **Gras**.

## **grasshopper** ['grɑːsˌhɒpə(r)] Grashüpfer

"Hey, the grass is mine!" a **grasshopper** shouted to Sevendot.
"He, das Gras gehört mir!", rief ein **Grashüpfer** Sevendot zu.

## **grateful**['greɪtfʊl] dankbar

Timmy is **grateful** to Tommy for sheltering him from the rain in his house. Timmy ist Tommy **dankbar**, dass er in seiner Hütte Schutz vor dem Regen findet.

## **grave**[greɪv] Grab

He visits his father's **grave** once a year. Er besucht das **Grab** seines Vaters einmal im Jahr.

## **great**[greɪt] groß, genial, bedeutend

The **Great** Wall is a **great** building of ancient China. It is 6,700 kilometres long and was built to resist foreign invaders.
Die **Große** Mauer ist ein **bedeutendes** Bauwerk aus dem alten China. Sie ist 6700 Kilometer lang und wurde gebaut, um fremde Eindringlinge abzuwehren.

## **greatly**['greɪtlɪ] außerordentlich, sehr, höchst

They were **greatly** surprised. Sie waren **höchst** überrascht.

## **Greek**[griːk] griechisch

Teddy likes the **Greek** myths very much.
Teddy ist ein großer Fan der **griechischen** Mythen.

## **green**[griːn] grün

Jumpie's skin is **green**. Jumpies Haut ist **grün**.

## **greet**[griːt] grüßen

Teddy **greets** Franz with a wave in the water. So he choked on a few mouthfuls of water. Teddy winkt Franz vom Wasser aus zu. Auf diese Weise schluckte er einen Schwall Wasser.

## **grey**[greɪ] grau

The sky is **grey** when it is cloudy. Wenn es bewölkt ist, ist der Himmel **grau**.

## **ground**[graʊnd] Boden

Autumn is coming; the leaves fall to the **ground**.
Der Herbst kommt; die Blätter fallen auf den **Boden**.

## **group**[gruːp] Gruppe

The study **group** collect leaves in the yard after finishing their homework. Nachdem alle ihre Hausaufgaben gemacht haben, sammelt die Arbeits**gruppe** Blätter auf dem Hof.

## **grow**[grəʊ] anbauen, anpflanzen, wachsen

Mr Piggles will **grow** wheat on his farm.
Mr Piggles wird auf seiner Farm Weizen **anbauen**.
ⓘ grow up: aufwachsen, erwachsen werden
☞ Anhang

## **guard**¹[gɑːd] bewachen

Mr Dollar **guards** his safe by himself.
Mr Dollar **bewacht** seinen Geldschrank selbst.

## **guard**[2][gɑːd] Wache, Wachtposten

What a dutiful **guard** Troopie is!
Was ist Troopie nur für ein pflichtbewusster **Wachtposten**!

## **guess**[ges] raten

Let's **guess** who is knocking at the door. Lasst uns **raten**, wer an die Tür klopft.

## **guest**[gest] Gast

An unexpected **guest** arrived at midnight. It just seemed to be Robinson!
Ein unerwarteter **Gast** kam um Mitternacht an. Aber es war nur Robinson!

## **guide**[1][gaɪd] Reiseführer

Robinson travels without a **guide**.
Robinson reist ohne **Reiseführer**.

## **guide**[2][gaɪd] führen, leiten

Robinson uses the stars to **guide** him during the night.
Robinson lässt sich von den Sternen durch die Nacht **leiten**.

## **guitar**[gɪ'tɑː(r)] Gitarre

The king ordered Tip Tap to play **guitar** for him immediately.
Der König befahl Tip Tap, unverzüglich für ihn **Gitarre** zu spielen

## **gum**[gʌm] Gummi

Robinson likes chewing **gum**.
Robinson mag Kau**gummi**.
ⓘ chewing gum: Kaugummi

## **gun**[gʌn] Gewehr, Pistole, Kanone

Troopie carries a **gun** all the time. Troopie hat immer ein **Gewehr** dabei.

## **gymnastics**[dʒɪm'næstɪks] Gymnastik, Turnen

Henry is too heavy. It seems that he is not suited for training on **gymnastics**.
Henry ist zu schwer. Er scheint für das **Turnen** nicht geeignet zu sein.

**habit**['hæbɪt] Gewohnheit, Angewohnheit

He is in the good **habit** of brushing his teeth after meals.
Er hat die gute **Angewohnheit**, sich nach dem Essen die Zähne zu putzen.

ⓘ get into the habit: sich an etwas gewöhnen
get out of the habit: sich etwas abgewöhnen

**habitat**['hæbɪtæt] Heimat, Lebensraum

The jungle is the **habitat** of monkeys.
Der Dschungel ist der **Lebensraum** der Affen.

**hail**[heɪl] Hagel

The **hail** damaged Mr Piggles' crop. Der **Hagel** hat Mr Piggles' Ernte beschädigt.

**hair**[heə(r)] Haar, Haare

Lionstein's **hair** is too long. Lionsteins **Haare** sind zu lang.

**haircut**['heəkʌt] Haarschnitt

Lionstein needs a **haircut**. Lionstein muss sich die Haare schneiden lassen.

**half**[hɑːf] halb

Since Lionstein is his old customer, the barber charges him **half** the money.
Da Lionstein ein langjähriger Kunde ist, berechnet ihm der Friseur nur den **halben** Preis.

ⓘ half and half: halb und halb
halves: Hälften

**hall**[hɔːl] Korridor, Halle, Saal, Aula

The teachers are having a meeting in the **hall**.
Die Lehrer kommen zu einer Besprechung in der **Aula** zusammen.



A B C D E F G H I J K L M N O P Q R S T U V W X Y Z

## **ham**[hæm] Schinken

Sniffy Mouse likes to eat **ham**. Sniffy Mouse isst gerne **Schinken**.

## **hamburger** ['hæmˌbɜːgə(r)] Hamburger

Zip was so hungry that he bought a huge **hamburger** for his lunch.
Zip hatte so großen Hunger, dass er sich zum Mittagessen einen riesigen **Hamburger** kaufte.

ⓘ auch: burger['bɜːgə(r)]

## **hammer[1]**['hæmə(r)] Hammer

Chimp needs a **hammer** and some nails to hang the picture.
Chimp braucht einen **Hammer** und ein paar Nägel, um das Bild aufzuhängen.

## **hammer[2]**['hæmə(r)] hämmern

Chimp tried to **hammer** a nail into the wall, but he missed.
Chimp versuchte, einen Nagel in die Wand zu **hämmern**, aber er schlug daneben.

## **hand[1]**[hænd] Hand

Teddy and his friends are playing a game **hand** in **hand**.
Teddy und seine Freunde spielen ein Spiel, bei dem sie sich an der **Hand** fassen.

ⓘ hand in hand: Hand in Hand
hand up: hinauf-, heraufreichen

## **hand[2]**[hænd] reichen, geben

Please **hand** in your exercise books after class.
Bitte gebt nach dem Unterricht eure Übungshefte ab.

ⓘ hand in: abgeben; hand out: austeilen, verteilen

## **handbag**['hændbæg] Handtasche

Do you know whose **handbag** that red one is? Weißt du, wem die rote **Handtasche** da gehört?

## **handcuffs**['hændkʌfs] Handschellen

The policeman put **handcuffs** on the criminal. Der Polizist legte dem Verbrecher **Handschellen** an.

**handicapped**['hændɪkæpt]
behindert, beeinträchtigt, benachteiligt

The **handicapped** sailor was once the head of a bunch of pirates. Der **behinderte** Seemann war einst der Anführer einer Bande von Piraten.

**handkerchief**
['hæŋkətʃɪf] Taschentuch

Jim is blowing his nose with a **handkerchief**. Jim putzt sich die Nase mit einem **Taschentuch**.

**handle**[1]['hændl] Griff, Henkel, Klinke

Henry broke the **handle** when he opened the door.
Henry machte die **Klinke** kaputt, als er die Tür öffnete.

**handle**[2]['hændl] erledigen

Mann must **handle** the day's mail before it gets dark. Mann muss die Post des Tages **erledigen**, bevor es dunkel wird.

**handsome**['hænsəm] gut aussehend

Mr Piggles is very **handsome** in his wife's eyes.
In den Augen seiner Frau ist Mr Piggles ein sehr **gut aussehender** Mann.
☞ beautiful, pretty

**handwriting**['hænd,raɪtɪŋ] Handschrift

Teddy's **handwriting** is very good.
Teddy hat eine sehr gute **Handschrift**.

**hang**[hæŋ] hängen

Franz was surprised to see von Fox **hang** on the sign.
Franz war überrascht, von Fox an dem Schild **hängen** zu sehen.
☞ Anhang

**hanger**['hæŋə(r)]
(Kleider-)Bügel, Aufhänger

Mrs Bunnikin puts her coat on a **hanger**.
Mrs Bunnikin hängt ihren Mantel auf einen **Bügel**.

## happen[1]['hæpən] zufällig geschehen

Meek **happened** to open the box in which Jack stayed. Meek öffnete **zufällig** den Karton, in dem Jack saß.

## happen[2]['hæpən] geschehen, passieren, sich ereignen

Meek told Jack what had **happened** to him last night.
Meek erzählte Jack, was ihm letzte Nacht **passiert** war.

## happiness['hæpɪnɪs] Glück, Freude, Fröhlichkeit

The greatest **happiness** for Jack is jumping out of the box often.
Es gibt für Jack nichts Schöneres als oft aus dem Karton zu springen.

## happy['hæpɪ] glücklich, froh, fröhlich

Jack is **happy**. Someone has finally opened his box.
Jack ist **glücklich**. Endlich hat jemand seinen Karton geöffnet.

ⓘ Happy birthday to you!: Herzlichen Glückwunsch zum Geburtstag! Happy New Year!: Frohes neues Jahr!

## harbour['hɑːbə(r)] Hafen

The Captain's ship finally called at the **harbour** after a long sailing.
Nach einer langen Seereise lief das Schiff des Kapitäns endlich den **Hafen** an.

ⓘ AE harbor['hɑːbə]

## **hard**[1][hɑːd] hart, schwer, anstrengend

The question is too **hard**; Peter can't answer it.
Die Frage ist zu **schwer**; Peter kann sie nicht beantworten.
ⓘ soft: weich; easy: leicht, einfach
difficult: schwierig, schwer

## **hard**[2][hɑːd] eifrig, angestrengt

Peter is studying very **hard**. Peter lernt **angestrengt**.

## **hardly**['hɑːdlɪ] kaum, selten

Peter **hardly** ever goes to bed without having finished his homework.
Peter geht **selten** zu Bett, ohne alle seine Hausaufgaben erledigt zu haben.

## **hare**[heə(r)] (Feld-)Hase

Hearing a gunshot, the **hare** quickly ran away.
Als er einen Gewehrschuss hörte, lief der **Hase** schnell davon.

## **harm**[hɑːm] verletzen, schaden

Smoking will **harm** Joe's health. Das Rauchen wird Joes Gesundheit **schaden**.

## **harmful**['hɑːmfʊl] schädlich

Joe should know that smoking is **harmful** to his health. Joe sollte wissen, dass das Rauchen gesundheits**schädlich** ist.
ⓘ harmless: harmlos, ungefährlich

## **harmony**['hɑːmənɪ] Harmonie

The Piggles work together in **harmony**.
Die Piggles arbeiten harmonisch miteinander.

## **harvest**['hɑːvɪst] Ernte

The Piggles are busy picking fruits in the **harvest** season.
Während der **Ernte**zeit pflücken die Piggles eifrig Obst.

A B C D E F G H I J K L M N O P Q R S T U V W X Y Z

## **hat**[hæt] Hut

Teddy, a cowboy, looks very smart with a **hat** on his head and a gun equipped.
Ausgerüstet mit einer Waffe und einem **Hut** auf seinem Kopf sieht Cowboy Teddy ganz schick aus.
☞ cap

## **hatch**[hætʃ] ausbrüten, ausschlüpfen

"When will the eggs **hatch**?" Nina asked her friend.
"Wann **schlüpfen** die Jungen **aus**?", fragte Nina ihre Freundin.

## **hate**[heɪt] hassen

The cat and the dog are enemies.
They **hate** each other.
Die Katze und der Hund sind Feinde.
Sie **hassen** sich.
ⓘ love: lieben, mögen

## **hateful**['heɪtfʊl] abscheulich, verhasst

Lying cats are **hateful** to dogs.
Hunde finden Katzen, die lügen, **abscheulich**.

## **have**[hæv] haben

Von Fox **has** a lot of money.
Von Fox **hat** sehr viel Geld.
ⓘ have (got) to: müssen
have sth. on: etwas anhaben
☞ Anhang

## **hawk**[hɔːk] Habicht, Sperber, Falke

Mr Dollar is the richest one in the **hawk** family. Mr Dollar ist der Reichste in der **Habicht**familie.

## **hay**[heɪ] Heu

Piglet is weaving a straw mat with **hay**.
Piglet webt eine Strohmatte aus **Heu**.

## **he**[hiː] er

"Where is Piglet?"
"**He** is weaving a straw mat in the yard."
"Wo ist Piglet?"
"**Er** ist im Hof und webt eine Strohmatte."

## **head**[hed] Kopf

Teddy's mother touched his **head** to see whether he had a fever.
Teddys Mutter berührte seinen **Kopf**, um zu fühlen, ob er Fieber hatte.
ⓘ use one's head: seinen Kopf anstrengen, seinen Verstand gebrauchen

## **headache**['hedeɪk] Kopfschmerzen

Teddy had a **headache** today.
Teddy hatte heute **Kopfschmerzen**.

## **headmaster**[ˌhed'mɑːstə(r)] Schulleiter, Rektor, Direktor

Wise Owl is the **headmaster** of this primary school. Wise Owl ist der Rektor dieser Grundschule. ⓘ headmistress: Schulleiterin, Rektorin, Direktorin

## **heal**[hiːl] heilen

The wound in Jumbo's leg **heals** so quickly that he can swim again.
Die Wunde an Jumbos Bein **heilt** so schnell, dass er schon wieder schwimmen kann.

## **health**[helθ] Gesundheit

Jumbo is in good **health** because he exercises every day.
Jumbo ist bei guter **Gesundheit**, denn er treibt jeden Tag Sport.

## **healthy**['helθɪ] gesund

"You will become very **healthy** if you take exercise every day," said Jumbo.
"Du wirst sehr **gesund** werden, wenn du jeden Tag Sport treibst", sagte Jumbo.
ⓘ sick: krank

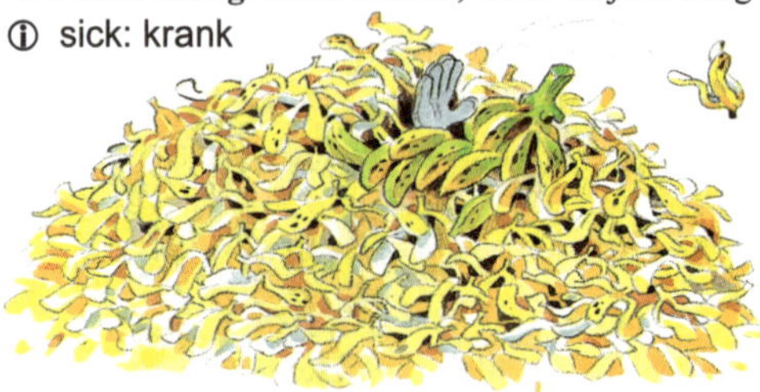

## **heap**[hiːp] Haufen

Either Bongo or Chimp has eaten a **heap** of bananas. Guess who? Entweder Bongo oder Chimp hat einen ganzen **Haufen** Bananen gegessen. Weißt du, wer es war?

## **hear**[hɪə(r)] hören

Winnie emerged from the sea when she **heard** Henry singing. "You will scare the fish away," said Winnie.
Winnie tauchte aus dem Meer auf, als sie Henry singen **hörte**. "Du wirst die ganzen Fische vertreiben", sagte Winnie.
ⓘ hear from: hören von
hear of: hören über
☞ Anhang

## **hearing**['hɪərɪŋ] Gehör

Please speak louder, my **hearing** is poor.
Bitte sprich lauter, mein **Gehör** ist nicht das beste.

## **heart**[hɑːt] Herz

What Winnie said broke Henry's **heart**. Was Winnie sagte, brach Henry das **Herz**.
ⓘ learn by heart: auswendig lernen

## **heat**[1][hiːt] Hitze

The **heat** from the fireplace made the room warm up.
Die **Hitze** des Kamins wärmte den Raum.

## **heat**[2][hiːt] erhitzen, aufwärmen, heiß/ warm machen

Henry will **heat** the soup on the oven. Henry wird die Suppe auf dem Herd **warm machen**.

## **heaven**['hevn] Himmel

She was in **heaven** after hearing the good news. Sie schwebte im siebten **Himmel**, nachdem sie die guten Nachrichten gehört hatte.

## **heavy**['hevɪ] schwer

"The sack is too **heavy**. Mole can't carry it at all!" the duckling says.
"Der Sack ist zu **schwer**. Mole kann ihn überhaupt nicht tragen!", sagt das Entlein.
ⓘ light: leicht

## **heel**[hi:l] Absatz

Violet doesn't like wearing shoes with high **heels**.
Violet trägt nicht gerne Schuhe mit hohen **Absätzen**.

## **height**[haɪt] Höhe

Pardy kept his helicopter at a proper **height** to rescue the Mouse Sisters.
Pardy hielt seinen Hubschrauber in der richtigen **Höhe**, um die Mäuseschwestern zu retten.

## **helicopter**['helɪkɒptə(r)] Hubschrauber

Pardy flew the **helicopter** and saved the lives of Mina, Tina and Nina in time.
Pardy flog den **Hubschrauber** und rettete rechtzeitig Minas, Tinas und Ninas Leben.

## **hello**[hə'ləʊ] hallo

Tommy said **hello** to Jimmy. Tommy grüßte Jimmy.
ⓘ say hello to ... : jemandem "guten Tag" sagen, jemanden grüßen

## **helmet**['helmɪt] Helm

Piglet will put on the **helmet** carefully before he rides his motorbike.
Piglet wird vorsichtig den **Helm** aufsetzen, bevor er mit seinem Motorrad fährt.

A B C D E F G H I J K L M N O P Q R S T U V W X Y Z

## help¹ [help] helfen

Will Dr Spotty **help** Robbie much?
Wird Dr. Spotty Robbie groß **helfen** können?
ⓘ help oneself to: sich selbst bedienen, sich etw. nehmen
help sb. with sth.: jemandem bei etw. helfen

## help² [help] Hilfe

I need your **help**. Ich brauche deine **Hilfe**.

## helpful ['helpfʊl] hilfreich, nützlich, hilfsbereit

You've been very **helpful** to us.
Du hast uns sehr geholfen.
ⓘ helpless: hilflos

## hen [hen] Huhn, Henne

Mrs Wowo doesn't believe any **hen** could lay a golden egg.
Mrs Wowo glaubt nicht, dass irgendein **Huhn** ein goldenes Ei legen kann.
ⓘ cock: Hahn

## hence [hens] also, daher

It is very late; **hence** you must go to bed.
Es ist sehr spät, **daher** musst du jetzt ins Bett.

## her [hɜː(r)] ihr, ihre

Mrs Wowo loves **her** eggs. Mrs Wowo liebt **ihre** Eier.

## here [hɪə(r)] hier

Can you guess who had lunch **here**?
Kannst du erraten, wer **hier** zu Mittag gegessen hat?
ⓘ there: da
here and there: hier und da
Here you are:
Da bist du ja; hier, bitte

## hero ['hɪərəʊ] Held, Idol

Pardy is looked upon as a **hero** for he rescued the Mouse Sisters successfully.
Pardy wird als **Held** gefeiert, weil es ihm gelungen ist, die Mäuseschwestern zu retten.
ⓘ heroine['herəʊɪn]: Heldin
heroes['hɪərəʊz]: Helden

**hers**[hɜːz] ihre

Your answer is wrong; **hers** is right.
Deine Antwort ist falsch; **ihre** ist richtig.

**herself**[hɜː'self] sich, (sie) selbst

Teddy's sister is teaching **herself** to play the violin. Teddys Schwester bringt **sich** das Geigespielen bei.

**hesitate**['hezɪteɪt] zögern

He **hesitated** before asking the question. Er **zögerte**, bevor er die Frage stellte.

**hide**[haɪd] (sich) verstecken

Chimp thought he'd better **hide** after he stole Bongo's bananas.
Chimp hielt es für besser, **sich** zu **verstecken**, nachdem er Bongos Bananen gestohlen hatte.
☞ Anhang

**high**[haɪ] hoch

"You look much better wearing a **high**-necked shirt, Gerry," said Mrs Wowo.
"Du siehst viel besser aus, wenn du ein **hochgeschlossenes** Hemd trägst, Gerry!", sagte Mrs Wowo.
ⓘ low: niedrig

**hijack**['haɪdʒæk] entführen

The plane was **hijacked** soon after it took off.
Das Flugzeug wurde **entführt**, kurz nachdem es gestartet war.

**hike**[haɪk] Wanderung

Gerry would like to go on a **hike** with Mrs Wowo.
Gerry würde gerne mit Mrs Wowo eine **Wanderung** machen.

**hill**[hɪl] Hügel, Berg

There are many trees on the **hill**.
Auf dem **Hügel** stehen viele Bäume.

## **him**[hɪm] ihn, ihm

I regard **him** as my best friend.
Ich betrachte **ihn** als meinen besten Freund.

## **himself**[hɪm'self] sich, (er) selbst

Teddy taught **himself** English. Teddy hat **sich selbst** Englisch beigebracht.

## **hip**[hɪp] Hüfte

The old fox seizes his naughty son by the **hips** and smacks his bottom.
Der alte Fuchs packt seinen ungezogenen Sohn bei den **Hüften** und versohlt ihm den Hintern.

## **hippo**['hɪpəʊ] Nilpferd

Henry is a **hippo** who likes singing in spite of his poor voice.
Henry ist ein **Nilpferd**, das trotz seiner schwachen Stimme gerne singt.
ⓘ hippo ist die Abkürzung von hippopotamus

## **hire**[haɪə(r)] mieten, leihen, einstellen

Mr Dollar hires many people to work for him. Mr Dollar **stellt** viele Leute **ein**, die für ihn arbeiten sollen. ⓘ fire: entlassen, feuern

## **his**[hɪz] sein, seine

**His** money is all Mr Dollar cares about.
Mr Dollar interessiert sich nur für **sein** Geld.

## **history**['hɪstərɪ] Geschichte

Wise Owl is studying the **history** of mankind.
Wise Owl befasst sich mit der **Geschichte** der Menschheit.

## **hit**[1][hɪt] schlagen, treffen

A flowerpot **hit** Oscar's head when he was on his way to the store.
Ein Blumentopf **traf** Oskar am Kopf, als er auf dem Weg zum Geschäft war.
☞ Anhang

## **hit**[2][hɪt] Schlag

The **hit** makes Oscar reel.
Der **Schlag** lässt Oskar taumeln.

**hobby**['hɒbɪ] Hobby

Playing tennis is one of Dorby's **hobbies**. Tennis spielen ist eines von Dorbys **Hobbys**.

**hold**[həʊld] halten

Dorby **holds** a bat in each of his hands.
Dorby **hält** in jeder Hand einen Schläger.
ⓘ hold on: festhalten, warten
get hold of: erreichen
☞ Anhang

**hole**[həʊl] Loch

The cat is waiting by the **hole** to catch the mouse.
Die Katze wartet vor dem **Loch**, um die Maus zu fangen.

**holiday**['hɒlədeɪ] Ferien, Urlaub

Wally is going to have his winter **holiday** in the Antarctic. Wally wird seine Winter**ferien** in der Antarktis verbringen.

**hollow**['hɒləʊ] hohl

Bamboo is **hollow**. Bambus ist **hohl**.
ⓘ solid: fest, hart, solide

**holy**['həʊlɪ] heilig

A church is a **holy** place.
Eine Kirche ist ein **heiliger** Ort.
ⓘ the Holy Bible: die Heilige Schrift

**home**[həʊm] Wohnung, Haus, Heim, Zuhause

Rambler's **home** is in a tree.
Ramblers **Wohnung** befindet sich auf einem Baum.
ⓘ at home: zu Hause; go home: nach Hause gehen

**homework**['həʊmwɜːk] Hausaufgaben

I have finished my **homework**.
Ich bin mit meinen **Hausaufgaben** fertig.

**honest**['ɒnɪst] ehrlich

Everyone wishes Pinocchio to be **honest**.
Jeder wünscht, dass Pinocchio **ehrlich** ist.
ⓘ dishonest: unehrlich

A B C D E F G H I J K L M N O P Q R S T U V W X Y Z

## **honey**['hʌnɪ] Honig

Teddy wants some **honey**, but ...
Teddy möchte etwas **Honig**, aber ...

## **honour¹**['ɒnə(r)] Ehre, Ruhm

Teddy won **honour** for his class.
Teddy errang **Ruhm** für seine Klasse.
ⓘ AE honor['ɒnə]

## **honour²**['ɒnə(r)] ehren

Teddy feels **honoured** by their visit.
Teddy fühlt sich durch ihren Besuch **geehrt**.

## **hook**[hʊk] Haken

Please hang your jacket on the **hook**.
Bitte hänge deine Jacke an den **Haken**.

## **hop**[hɒp] springen, hüpfen

Pardy is close to the power lines and Jumpie is **hopping** around trying to warn him of the danger.
Pardy ist ganz nahe an der Stromleitung, und Jumpie **springt** herum und versucht, ihn vor der Gefahr zu warnen.

## **hope¹**[həʊp] Hoffnung

Teddy's **hope** is to become a football star. Teddy hofft, ein Fußballstar zu werden.

## **hope²**[həʊp] hoffen

Sniffy Mouse surely **hopes** he can get his tail free.
Sniffy Mouse **hofft** sicher, dass er seinen Schwanz wieder losbekommt.

## **hopeful**['həʊpfʊl] hoffnungsvoll

Sniffy Mouse is **hopeful** that someone will come and free him.
Sniffy Mouse hofft, dass jemand kommen und ihn befreien wird.

## **hopeless**['həʊplɪs] hoffnungslos, aussichtslos

Sniffy Mouse tries hard, but it's a **hopeless** attempt.
Sniffy Mouse versucht sein Bestes, aber die Sache ist **aussichtslos**.

## **horizon**[hə'raɪzn] Horizont

The sun rises above the **horizon**.
Die Sonne geht über dem **Horizont** auf.

## **horn**[hɔːn] Horn

Billy Goat has his **horns** polished often,
but he seldom has his beard trimmed.
Billy Goat lässt seine **Hörner** häufig polieren,
aber er lässt nur selten seinen Bart stutzen.

## **horrible**['hɒrɪbl] schrecklich, grauenhaft, gemein

"You're a **horrible** cat!" wails Sniffy Mouse.
"Du bist eine **schreckliche** Katze!", jammert Sniffy Mouse.

## **horse**[hɔːs] Pferd

Cowboy Teddy loves **horses**.
Cowboy Teddy liebt **Pferde**.

## **hospital**['hɒspɪtl] Krankenhaus

Poor Ozzy was sent to the **hospita**l after he swallowed a tennis ball.
Now he has swallowed a pillbox.
Der arme Ozzy kam ins **Krankenhaus**, nachdem er einen Tennisball verschluckt hatte.
Jetzt hat er auch noch eine Pillendose verschluckt.

## **host**[həʊst] Gastgeber

Mr Bunnikin was the **host** at the party.
Mr Bunnikin war der **Gastgeber** der Party.
ⓘ hostess['həʊstɪs]: Gastgeberin

## **hot**[hɒt] heiß

Mann feels very **hot** in the sun.
Mann ist es sehr **heiß** in der Sonne.
ⓘ cold: kalt
hot dog: Hot Dog

**hotel**[həʊ'tel] Hotel

This luxury **hotel** has many rooms.
Dieses Luxus**hotel** hat viele Zimmer.

**hour**['aʊə(r)] Stunde

It took Zip one **hour** to arrive at the hotel.
Zip brauchte eine **Stunde** bis zum Hotel.

## **house** [haʊs] Haus

At weekends, Teddy would rather stay in the comfortable **house** than go out. An Wochenenden würde Teddy lieber in dem gemütlichen **Haus** bleiben statt rauszugehen.

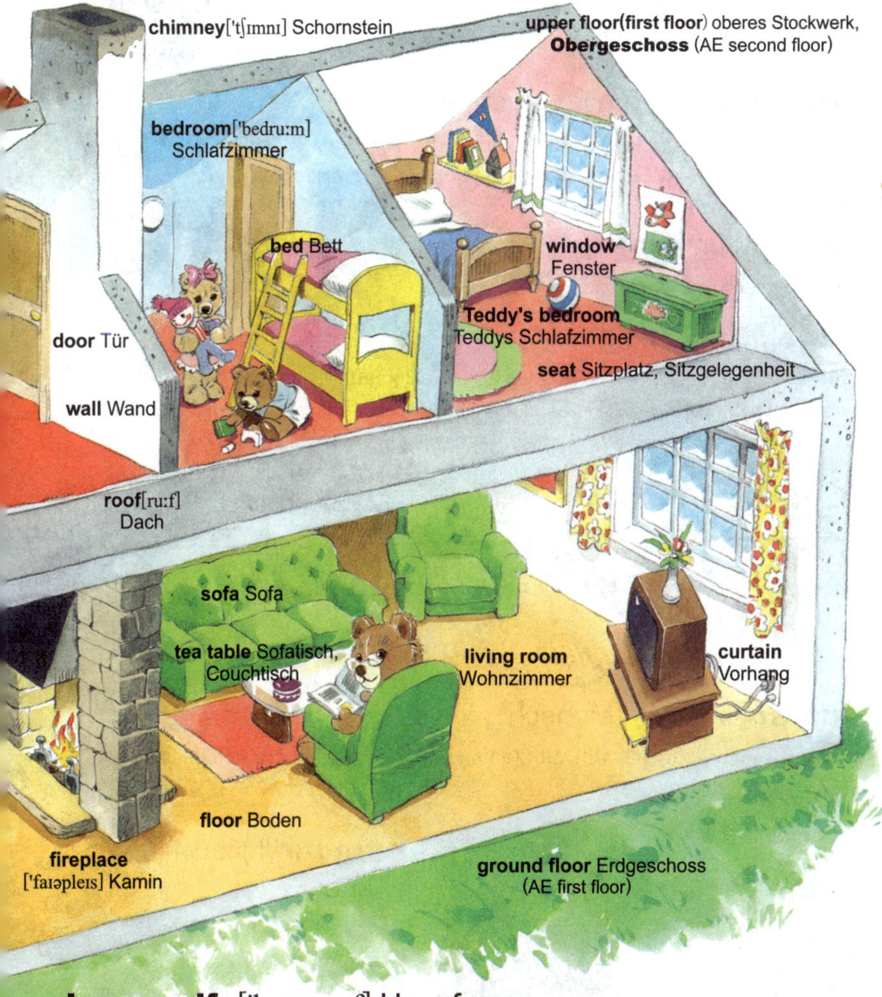


## **housewife**['haʊswaɪf] Hausfrau

Teddy's mother is an excellent **housewife**. Teddys Mutter ist eine hervorragende **Hausfrau**.

## **housework**['haʊswɜːk] Hausarbeit

Teddy often helps his mother do **housework**. Teddy hilft seiner Mutter oft bei der **Hausarbeit**.

**Vanity is no true source of happiness.** [Voltaire]



## **how**[haʊ] wie

Can you tell me **how** to pronounce this word? Kannst du mir sagen, **wie** man dieses Wort ausspricht?

ⓘ How about ...?: Wie wäre es mit ...?
How are you?: Wie geht es dir?, Wie geht es Ihnen?
How do you do?: Guten Tag!

## **however**[haʊ'evə(r)] jedoch, aber

Funny Wolf's pants are too big; **however**, he is sure to grow into them. Funny Wolfs Hose ist zu groß, er ist sich **jedoch** sicher, dass er da noch hineinwachsen wird.

## **hug**[hʌg] umarmen

They **hug** each other. Sie **umarmen** sich.

## **huge**[hjuːdʒ] riesig

It doesn't seem easy to serve a **huge** luxurious saloon car.
Es scheint nicht einfach zu sein, sich um so eine **riesige** Luxus-Limousine zu kümmern.

## **human**['hjuːmən] Mensch

**Humans** can make friends with other animals. **Menschen** können sich mit anderen Wesen anfreunden.

## **humour**['hjuːmə(r)] Humor

Bongo can't see the **humour** in Chimp's silly tricks.
Bongo kann an Chimps dummen Streichen nichts Lustiges entdecken.
ⓘ AE humor['hjuːmə]

## **hundred**['hʌndrəd] hundert, Hundert

Bongo and Chimp can eat **hundreds** of bananas altogether.
Bongo und Chimp können summa summarum **hunderte** von Bananen essen.

## **hungry**['hʌŋgrɪ] hungrig

Whenever Dorby is **hungry**, he is glad he has eight arms.
Jedesmal wenn Dorby Hunger hat, ist er froh, dass er acht Arme hat.

## **hunt**[hʌnt] jagen

Pan Pan is going to set up a sign to warn people not to **hunt**.
Pan Pan beabsichtigt ein Schild aufzustellen, das das **Jagen** verbietet.
ⓘ go hunting: auf die Jagd gehen

## **hunter**['hʌntə(r)] Jäger

Even a **hunter** is forbidden to hunt at his own will.
Auch ein **Jäger** darf nicht nach Lust und Laune jagen.

## **hurry**['hʌrɪ] sich beeilen, laufen, eilen

This is the fastest way to **hurry** down the stairs. It is also the fastest way to get into trouble. So kommt man am schnellsten die Treppe runter.
So handelt man sich allerdings auch am schnellsten Ärger ein.
ⓘ hurry up: sich beeilen

## **hurt**[hɜːt] verletzen, wehtun

Ken's tail was **hurt** by a log.
Kens Schwanz wurde von einem Baumstamm **verletzt**.

## **husband**['hʌzbənd] Ehemann

Mrs Piggles' **husband** is a good farmer.
Mrs Piggles' **Ehemann** ist ein guter Farmer.
ⓘ wife: Ehefrau

## **hut**[hʌt] Hütte

Ken hurt his tail while building a **hut**. Ken verletzte sich den Schwanz, als er eine **Hütte** baute.

A B C D E F G H I J K L M N O P Q R S T U V W X Y Z

## I[aɪ] ich

"**I** love ice-cream!" Jumpie says. "**Ich** liebe Eis!", sagt Jumpie.

## ice[1][aɪs] Eis

Usually, in an **ice** hockey game, the only person not fighting has the puck.
Normalerweise hat beim **Eishockey** die Person den Puck, die gerade nicht kämpft.

ⓘ ice cube: Eiswürfel    ice hockey['hɒkɪ]: Eishockey

## ice² [aɪs] (tief)kühlen

The pond **iced** over during the night.
Der Teich ist über Nacht zugefroren.
Please **ice** a bottle of beer for me.
Stell bitte eine Flasche Bier für mich kalt.

## iceberg ['aɪsbɜːg] Eisberg

The animals who live in the polar region turn the **iceberg** into an amusement park.
Die Tiere, die in der Polarregion leben, verwandeln den **Eisberg** in einen Freizeitpark.

## ice-cream ['aɪs-kriːm] Eis(krem)

Franz hit a home run, so he had enough time to run off the field and buy an **ice-cream**.
Franz hatte einen Homerun geschlagen, daher hatte er ausreichend Zeit, vom Feld zu laufen und sich ein **Eis** zu kaufen.

## idea [aɪ'dɪə] Idee, Einfall

Tiger's headlight isn't working, but Robbie has a bright **idea**.
Tigers Scheinwerfer funktioniert nicht, aber Robbie hat eine glänzende **Idee**.

## ideal [aɪ'dɪəl] ideal, vollkommen

Robbie is acting as an **ideal** headlight.
Robby fungiert als **idealer** Scheinwerfer.

## idiom ['ɪdɪəm] Redewendung

There are many **idioms** in the English language.
Im Englischen gibt es viele **Redewendungen**.

## idiot['ɪdɪət] Idiot, Dummkopf

Drowsy admits that he is lazy, but no way an **idiot**. Drowsy gibt zu, dass er faul ist, aber auf keinen Fall ist er ein **Idiot**.

## idle['aɪdl] faul, träge, müßig

Drowsy is lazy all the time. Even in the busy harvest season he looks quite **idle.** Drowsy ist immer faul. Selbst zur geschäftigen Erntezeit macht er einen ziemlich **trägen** Eindruck.

## if[ɪf] falls

**If** it rains tomorrow, we shall stay at home.
**Falls** es morgen regnet, werden wir zu Hause bleiben.

## ignore[ɪg'nɔː(r)] ignorieren, nicht beachten

Teddy **ignored** the noise and buried himself in his homework.
Teddy **ignorierte** den Krach und vergrub sich in seine Hausaufgaben.

## ill[ɪl] krank

Teddy is **ill**, so he has to stay in bed.
Teddy ist **krank**, deshalb muss er im Bett bleiben.
ⓘ well: gesund

## illness['ɪlnɪs] Krankheit

Teddy had a bad **illness**, but he is much better now. Teddy hatte eine schwere **Krankheit**, aber es geht ihm jetzt schon viel besser.

## illustration[ˌɪləs'treɪʃən] Abbildung, Illustration, Bild

Everyone loves the **illustrations** in this dictionary. Jeder liebt die **Abbildungen** in diesem Wörterbuch.

**image**['ɪmɪdʒ] Ebenbild

Teddy is the **image** of his father.
Teddy ist das **Ebenbild** seines Vaters.

**imagination** [ɪˌmædʒɪ'neɪʃən] Phantasie, Vorstellung

Zip made full use of his **imagination** to make a new vehicle. Zip nutzte seine ganze **Phantasie**, um ein neues Gefährt zu erfinden.

**imagine**[ɪ'mædʒɪn] sich vorstellen, sich denken

Sniffy Mouse often **imagines** that he is twice as big as Tough Cat. Sniffy Mouse **stellt sich** oft **vor**, dass er zweimal so groß ist wie Tough Cat.

**immediate**[ɪ'miːdɪət] umgehend, unmittelbar, direkt

Please give me an **immediate** reply.
Bitte gib mir eine **umgehende** Antwort.

**immediately**[ɪ'miːdɪətlɪ] sofort, gleich, umgehend

Joe is selling a magic hair lotion. Peter **immediately** discovers that it's a trick. Joe verkauft eine Zauber-Haarlotion. Peter merkt **sofort**, dass es ein Betrug ist.

**immigrate**['ɪmɪgreɪt] immigrieren, einwandern

He **immigrated** to London from Paris.
Er **immigrierte** von Paris nach London.

## **import**[ɪm'pɔːt] importieren, einführen

This coffee is **imported** from South America. Dieser Kaffee wird aus Südamerika **importiert**. ⓘ export: exportieren, ausführen

## **importance**[ɪm'pɔːtəns] Wichtigkeit, Bedeutung

Security is of great **importance** to us.
Sicherheit ist für uns sehr wichtig.

## **important**[ɪm'pɔːtənt] wichtig

It is very **important** to check where you put a burning candle.
Man muss genau prüfen, wo man eine brennende Kerze hinstellen kann.
ⓘ unimportant: unwichtig

## **impossible**[ɪm'pɒsəbl] unmöglich

It's **impossible** for Ribbon to run like a goat.
Ribbon kann **unmöglich** so schnell rennen wie eine Ziege.
ⓘ possible: möglich

## **improve**[ɪm'pruːv] sich bessern, (sich) verbessern

Teddy has **improved** himself in English.
Teddy hat sich in Englisch **gebessert**.

## **in**[ɪn] in, im

Bandit is **in** prison. Bandit sitzt **im** Gefängnis.
ⓘ out: aus, draußen, heraus

## **inch**[ɪntʃ] Zoll, Inch

Three **inches** of snow fell last night. Letzte Nacht fielen drei **Zoll** Schnee.
ⓘ Das englische Längenmaß "inch" entspricht in etwa dem veralteten deutschen Maß Zoll bzw. 2,54 cm.

## **include**[ɪn'kluːd] einschließen, enthalten, inbegriffen sein

Mr Dollar's wealth **includes** several banks.
Mr Dollars Vermögen **schließt** auch mehrere Banken **ein**. ⓘ exclude: ausschließen

## **income**['ɪnkʌm] Einkommen, Einkünfte

Mr Dollar has a large **income** every year.
Mr Dollar hat jedes Jahr riesige **Einkünfte**.

**inconvenient**[ˌɪnkən'viːnɪənt]
ungünstig, unbequem, lästig

It's really **inconvenient** that they have to share one toilet. Es ist wirklich **lästig**, dass sie sich eine einzige Toilette teilen müssen.

ⓘ convenient: angenehm, bequem

**increase**[ɪn'kriːs]
erhöhen, zunehmen

The Ladybirds have invented a special bicycle to **increase** their speed of cycling. Die Marienkäfer haben ein besonderes Fahrrad erfunden, um ihre Fahrgeschwindigkeit zu **erhöhen**.

ⓘ decrease: vermindern, abnehmen

**indeed**[ɪn'diːd]
in der Tat, tatsächlich

Seven times as many legs mean seven times the speed. The Ladybirds are very fast **indeed**. Siebenmal so viele Beine bedeutet siebenmal so schnell. Die Marienkäfer sind **in der Tat** sehr schnell.

**independent**[ˌɪndɪ'pendənt] unabhängig

Teddy becomes increasingly **independent** as he grows up. Je erwachsener Teddy wird, umso **unabhängiger** wird er.

**India**['ɪndɪə] Indien

Tiger's home is in **India**. Tiger ist in **Indien** zu Hause.

**Indian**['ɪndɪən] indisch

Tiger is telling his **Indian** friends of his adventures. Tiger erzählt seinen **indischen** Freunden von seinen Abenteuern.

**indicate**['ɪndɪkeɪt]
zeigen, deuten auf

The strong wind and dark clouds **indicate** a storm. Der starke Wind und die dunklen Wolken **deuten auf** einen Sturm hin.

**individual**[ˌɪndɪ'vɪdjʊəl] einzeln

Each **individual** flower is different. Jede **einzelne** Blume ist anders.

**indoors**['ɪn'dɔ:z] drinnen, zu Hause

I stayed **indoors** watching TV this Saturday. Diesen Samstag blieb ich **drinnen** und sah fern. ⓘ outdoors: draußen

**industry**['ɪndəstrɪ] Industrie, Gewerbe

Paper manufacturing is an old **industry**. Die Papierherstellung ist ein alter **Industrie**zweig.

**influence**['ɪnflʊəns] Einfluss

The invention of paper had tremendous **influence** on the human race.
Die Erfindung des Papiers übte einen gewaltigen **Einfluss** auf die Menschheit aus.

**inform**[ɪn'fɔ:m] informieren

I will **inform** him of the meeting time. Ich werde ihn über den Zeitpunkt des Treffens **informieren**.

**information**[ˌɪnfə'meɪʃən] Informationen

You can get much **information** from both - books and television. Du kannst sowohl aus Büchern als auch aus dem Fernsehen viele **Informationen** bekommen.

**inhabitant**[ɪn'hæbɪtənt] Einwohner

There are millions of **inhabitants** in the city that Teddy lives in. Die Stadt, in der Teddy lebt, hat Millionen von **Einwohnern**.

**inherit**[ɪn'herɪt] erben

Mr Dollar's sons **inherited** his large feet and strong beak. They could also **inherit** a lot of money one day.
Mr Dollars Söhne haben seine großen Füße und seinen starken Schnabel **geerbt**. Eines Tages könnten sie auch eine Menge Geld **erben**.

**ink**[ɪŋk] Tinte

Mr Dollar likes writing in black **ink**. He never writes in red **ink** for that means deficit. Mr Dollar schreibt gerne mit schwarzer **Tinte**. Er schreibt nie mit roter **Tinte**, denn das bedeutet Verluste.

**inn**[ɪn] Gasthaus, Herberge, Schänke

Meek wants to find an **inn** before dark. Meek will vor Einbruch der Dunkelheit ein **Gasthaus** finden.

**innocent**['ɪnəsnt] unschuldig, nicht schuldig

Chimp is **innocent** of stealing the bananas.
Chimp ist **unschuldig**. Er hat die Bananen nicht gestohlen.
ⓘ guilty: schuldig

**inquire**[ɪn'kwaɪə(r)] sich erkundigen, fragen (nach)

Meek **inquired** the way of the policeman.
Meek **fragte** den Polizisten **nach** dem Weg.

**insect**['ɪnsekt] Insekt

Flies, mosquitoes and beetles are all **insects**. Fliegen, Mücken und Käfer gehören alle zu den **Insekten**.

**inside¹**[ɪn'saɪd] Innere(s), Innenseite

Robbie would love to go swimming, but he fears to get his **inside** wet.
Robbie würde gerne schwimmen gehen, aber er hat Angst, dass sein **Inneres** nass wird.

**inside²**[ɪn'saɪd] innen, drinnen, nach innen hinein

There are many wires **inside** Robbie.
Es gibt viele Drähte im Inneren von Robbie.
ⓘ outside: draußen

**insist**[ɪn'sɪst] bestehen auf, nachdrücklich betonen

Troopie **insists** that the castle remains closed today.
Troopie **betont nachdrücklich**, dass das Schloss heute geschlossen bleibt.

**inspect**[ɪn'spekt] inspizieren, kontrollieren, prüfen

The commander will **inspect** the troops.
Der Kommandant wird die Truppen **inspizieren**.

A B C D E F G H I J K L M N O P Q R S T U V W X Y Z

**inspire**[ɪn'spaɪə(r)] inspirieren, (er)wecken, anregen

Holmes Hound's detective stories **inspire** Beaky to write a novel. Holmes Hounds Detektivgeschichten **inspirieren** Beaky, einen Roman zu schreiben.

**instance**['ɪnstəns] Beispiel, Fall

Bongo loves fruits; bananas for **instance**. Bongo liebt Obst wie zum **Beispiel** Bananen.

**instant**['ɪnstənt] Augenblick

Mrs Rhino wore so much makeup that her husband didn't recognize her the **instant** he happened to meet her. Mrs Rhino trug so viel Schminke, dass ihr Ehemann sie im ersten **Augenblick** gar nicht erkannte, als er sie zufällig traf.

**instead**[ɪn'sted] stattdessen

If you cannot go, let him go **instead**. Wenn du nicht gehen kannst, dann lass ihn **stattdessen** gehen. ⓘ instead of: statt, an Stelle von

**institute**['ɪnstɪtjuːt] Institut, Hochschule, Einrichtung

Bucktooth works at the **Institute** of Architects.
Bucktooth arbeitet an der **Hochschule** für Architektur.

**instructions** [ɪn'strʌkʃənz] Anweisungen, Gebrauchsanweisung

Before taking the medicine, Jumbo should read the **instructions** carefully. Bevor er die Medizin nimmt, sollte Jumbo sorgfältig die **Gebrauchsanweisung** lesen.

**instrument**['ɪnstrʊmənt] Instrument

Can you play any musical **instrument**? Kannst du irgendein Musik**instrument** spielen?

**interest**['ɪntrɪst] Interesse

The Captain has great **interest** in sailing.
Der Kapitän hat großes **Interesse** am Segeln.

**interesting**['ɪntrɪstɪŋ] interessant

What did the Captain find so **interesting**?
Was fand der Kapitän so **interessant**?

**international**[ˌɪntə'næʃnəl] international

English is an **international** language. Englisch ist eine **internationale** Sprache.

**internet**['ɪntənet] Internet

Teddy sent an e-mail to his friend through the **internet**.
Teddy hat seinem Freund eine E-Mail über das **Internet** geschickt.

**interpret**[ɪn'tɜːprɪt] dolmetschen, auslegen, interpretieren

"Could you **interpret** the English news for me?" Joe asked Mr Bunnikin.
"Könntest du mir die englischen Nachrichten **übersetzen**?", fragte Joe Mr Bunnikin.

**interrupt**[ˌɪntə'rʌpt] unterbrechen

Joe **interrupted** Mr Bunnikin to ask something.
Joe **unterbrach** Mr Bunnikin, um ihn etwas zu fragen.

**interview**['ɪntəvjuː] Interview, Gespräch

Jumbo comes too early for his job **interview** with Mr Piggles.
Jumbo kommt zu früh zu seinem Vorstellungs**gespräch** mit Mr Piggles. ⓘ a job interview: ein Vorstellungsgespräch

**intimate**
['ɪntɪmɪt] intim, vertraut

Jumbo has interrupted the **intimate** family dinner of the Piggles. Jumbo hat das **gemütliche** Abendessen der Familie Piggles unterbrochen.

**into**['ɪntə; 'ɪntʊ] hinein

Gerry's pair of pyjamas shrunk and now he can't get **into** them.
Gerrys Schlafanzug ist eingelaufen, und jetzt kommt er nicht mehr **hinein**.

**introduce**[ˌɪntrə'djuːs] vorstellen

Let me **introduce** myself. My name is Gerry.
Darf ich mich **vorstellen**. Mein Name ist Gerry.
ⓘ introduce ... to ...: mit ... bekannt machen

**invent**[ɪn'vent] erfinden

Spinner hopes he is going to **invent** a web to attract more bees.
Spinner hofft, dass es ihm gelingt, ein Netz zu **erfinden**, das mehr Bienen anzieht.

**invention**[ɪn'venʃən] Erfindung

Spinner will benefit from this **invention**.
Spinner wird aus dieser **Erfindung** Nutzen ziehen.

**inventor**[ɪn'ventə(r)] Erfinder

Edison was a great **inventor**. Electric light was invented by him.
Edison war ein großer **Erfinder**.
Er hat das elektrische Licht erfunden.

**investigate**[ɪn'vestɪgeɪt] untersuchen, ermitteln

Mr Rhino is **investigating** the source of the fire. Mr Rhino **untersucht** die Brandursache.

**invitation**[ˌɪnvɪ'teɪʃən] Einladung

Franz's friend would like to accept his **invitation**. Franz' Freund würde seine **Einladung** gerne annehmen.

**invite**[ɪn'vaɪt] einladen

Franz **invites** his friend to go sightseeing with him by plane.
Franz **lädt** seinen Freund zu einem Rundflug **ein**.

**iron**['aɪən] Eisen, Bügeleisen

It's dangerous to keep an **iron** electrified.
Es ist gefährlich, ein **Bügeleisen** angeschaltet zu lassen.

**is**[ɪz; z] ist

Robinson **is** a traveller.
Robinson **ist** Reisender.
☞ Anhang

**island**['aɪlənd] Insel

"Where's the ship to leave the **island**?" Robinson wonders. "They said it was down at the beach."
"Wo ist das Schiff, mit dem ich die **Insel** verlassen kann?", fragt sich Robinson. " Sie sagten, es sei unten am Strand."

**issue**['ɪʃuː] ausgeben, herausgeben

This magazine is **issued** once a month. Dieses Magazin erscheint einmal pro Monat.

**it**[ɪt] es

Flop got a bicycle. But how can he ride **it**? Flop hat ein Fahrrad bekommen. Aber wie kann er darauf fahren?

**Italian**[ɪ'tæljən] italienisch, Italiener

Can you speak **Italian**? Sprichst du **italienisch**?

**Italy**['ɪtəlɪ] Italien

"I come from **Italy** and I like playing football very much. This is our national flag," said Teddy.
"Ich komme aus **Italien** und spiele sehr gerne Fußball. Das ist unsere Nationalflagge", sagte Teddy.

**itch**[ɪtʃ] jucken

Flop is **itching** to ride a bicycle. Es reizt Flop, Fahrrad zu fahren.

**item**['aɪtəm] Artikel, Bericht, Meldung

There is an interesting **item** in today's newspaper.
Da steht ein interessanter **Artikel** in der heutigen Zeitung.

**its**[ɪts] sein(e), ihr(e), sein(e)

The ship is on **its** way home.
Das Schiff ist auf dem Nachhauseweg.

**itself**[ɪt'self] sich, selbst

The cat is scratching **itself**. Die Katze kratzt **sich**.

A B C D E F G H I J K L M N O P Q R S T U V W X Y Z

## jacket['dʒækɪt] Jacke

This **jacket** is too tight for Oscar.
It doesn't fit a penguin.
Diese **Jacke** ist zu eng für Oskar.
Sie passt einem Pinguin nicht.

## jail[dʒeɪl] Gefängnis

Bandit was put in **jail** because of robbery. Bandit wurde wegen Diebstahls ins **Gefängnis** gesteckt.
ⓘ go to jail: ins Gefängnis kommen, eingesperrt werden

## jam[dʒæm] Marmelade

Please give me some apple **jam**. Bitte gib mir etwas Apfel**marmelade**.
ⓘ a traffic jam: ein Verkehrsstau

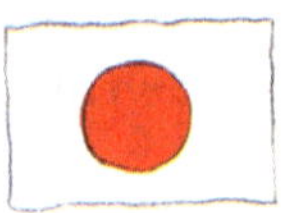

## January['dʒænjʊərɪ] Januar

**January** 1st is New Year's Day.
Der erste **Januar** ist Neujahr. ☞ calendar

## Japan[dʒə'pæn] Japan

"I come from **Japan** and I like travelling very much. Here is our national flag," says Teddy. "Ich komme aus **Japan** und reise sehr gerne. Hier ist unsere Nationalflagge", sagt Teddy.

## Japanese[ˌdʒæpə'niːz] japanisch, Japanisch, Japaner

Pan Pan can speak a little **Japanese**. Pan Pan spricht etwas **Japanisch**.

## jar[dʒɑː(r)] Glas, Topf, Gefäß, Krug

Teddy has just eaten a **jar** of honey. Teddy hat gerade einen **Topf** Honig gegessen.

**jazz**[dʒæz] Jazz (Musik)

The **jazz** played by the Ladybirds is quite wonderful.
Der **Jazz**, den die Marienkäfer spielen, ist wirklich schön.

**jealous**['dʒeləs] eifersüchtig, neidisch

Jim is **jealous** of Jumpie's new bicycle.
Jim ist **neidisch** auf Jumpies neues Fahrrad.

**jeans**[dʒiːnz] Jeans

How Oscar wishes he could wear **jeans** like others!
Wie sehr Oskar sich doch wünscht, er könnte **Jeans** tragen wie andere auch!

**jelly**['dʒelɪ] Gelee, Götterspeise, Wackelpeter

**Jelly** is a favourite dessert for Teddy.
**Wackelpeter** ist eine von Teddys Lieblingsnachspeisen.

**jet**[1][dʒet] schießen

Water is **jetting** from Bushytail's garden hose.
Wasser **schießt** aus Bushytails Gartenschlauch.

**jet**[2][dʒet] Jet, Düsenflugzeug

We plan to travel by **jet**. Wir haben vor, mit dem **Jet** zu fliegen.

**jewelry**['dʒuːəlrɪ] Schmuck

Skunk wants to select a necklace from the **jewelry**.
Skunk möchte sich von diesem **Schmuck** eine Halskette aussuchen.

**job**[dʒɒb] Job, Arbeit, Aufgabe

Lionstein asks Robbie to remember all of the numbers in the phone book. What a **job**!
Lionstein bittet Robbie, sich sämtliche Nummern aus dem Telefonbuch zu merken. Was für eine **Aufgabe**! ⓘ on the job: an/bei der Arbeit

A B C D E F G H I J K L M N O P Q R S T U V W X Y Z

**jog**[dʒɒg] joggen

Ken used to **jog** several kilometres every day for exercise.
Ken **joggte** früher täglich mehrere Kilometer, um fit zu bleiben.

**join**[dʒɔɪn] vereinen, verbinden

Jumbo and Meek **join** forces to launch the Captain's new boat.
Jumbo und Meek tun sich zusammen, um das neue Boot des Kapitäns vom Stapel zu lassen.
ⓘ join in: mitmachen, mitspielen, sich anschließen
join up: sich zusammentun, aufeinander stoßen, zum Militär gehen

**joint**[dʒɔɪnt] Gelenk

The shoulders, elbows, wrists, hips, knees and ankles are all **joints**.
Schultern, Ellenbogen, Handgelenke, Hüften, Knie und Fußknöchel sind alles **Gelenke**.

**joke**[1][dʒəʊk] Witz

Meek has just told a **joke** about elephants, but no one is laughing.
Meek hat gerade einen **Witz** über Elefanten erzählt, aber niemand lacht.

**joke**[2][dʒəʊk] Spaß machen

Meek was only **joking** just now. Meek hat gerade eben nur **Spaß gemacht**.

**journal**['dʒɜːnl] Zeitschrift, Zeitung

The Captain will write articles for a geography **journal** when he is out on the sea. Der Kapitän wird Artikel für eine Geografie**zeitschrift** schreiben, wenn er auf See ist.

**journey**['dʒɜːnɪ] Reise

They are making a **journey** by bike.
Sie machen eine **Reise** mit dem Fahrrad.

A B C D E F G H I J K L M N O P Q R S T U V W X Y Z

## **joy**[dʒɔɪ] Freude

Summer holidays at last! Flip and Flop jump for **joy** because they will have more time to play.
Endlich Sommerferien! Flip und Flop machen einen **Freuden**sprung, weil sie mehr Zeit zum Spielen haben werden.

## **judge[1]** [dʒʌdʒ] beurteilen, bewerten

Can you **judge** whether Teddy's answer is right or not? Kannst du **beurteilen**, ob Teddys Antwort richtig oder falsch ist?

## **judge[2]**[dʒʌdʒ] Richter(in)

The **judge** is beating his desk with a hammer, asking the defendant to speak the truth.
Der **Richter** schlägt mit dem Hammer auf seinen Tisch und fordert den Angeklagten auf, die Wahrheit zu sagen.

## **judgement** ['dʒʌdʒmənt] Urteil, Richterspruch

The **judgement** was against Mr Dollar. Das **Urteil** fiel zu Ungunsten von Mr Dollar aus.

## **jug**[dʒʌg] Kanne, Krug, Kännchen

Mrs Piggles keeps fresh milk in a **jug**.
Mrs Piggles bewahrt frische Milch in einer **Kanne** auf.

## **juice**[dʒuːs] Saft

Mrs Piggles makes **juice** from the fresh berries she picks in the garden.
Mrs Piggles macht **Saft** aus den frischen Beeren, die sie im Garten pflückt.

## **July**[ dʒuː'laɪ] Juli

Teddy's summer vacation began on **July** 1st.
Teddys Sommerferien haben am 1. **Juli** angefangen. ☞ calendar

**jump**[1][dʒʌmp] Sprung

Tip Tap needs to practise his long **jump**. Tip Tap muss den Weit**sprung** noch etwas üben.

**jump**[2][dʒʌmp] springen

Sniffy Mouse is a fantastic mover. He **jumped** over the parallel bars very easily. Sniffy Mouse kann phantastische Bewegungen machen. Er ist mühelos über den Barren **gesprungen**.

**June**[dʒuːn] Juni

In England **June** is mostly a lovely warm month. In England ist der **Juni** meistens ein schöner warmer Monat.

☞ calendar

**jungle**['dʒʌŋgl] Dschungel

There are many wild animals in the **jungle**. Im **Dschungel** leben viele wilde Tiere.

**junior**['dʒuːnɪə(r)] jünger

Flop and Flip are two years **junior** to Fluffy. Flop und Flip sind zwei Jahre **jünger** als Fluffy.

**just**[1][dʒʌst] nur, bloß

Gerry can't swim, so he bought several lifebelts **just** in case ... Gerry kann nicht schwimmen, deshalb hat er mehrere Rettungsringe gekauft, **nur** für den Fall ...

ⓘ just as: genauso, ebenso

just now: soeben, gerade erst

**just**[2][dʒʌst] gerecht

You have received a **just** reward.
Du hast eine **gerechte** Belohnung erhalten.

**justice**['dʒʌstɪs] Gerechtigkeit

Everyone should be treated with **justice**.
Jeder sollte gerecht behandelt werden.

**kangaroo**[ˌkæŋɡəˈruː] Känguru

Ken is showing off his ability again. "If someone else can do it," says Ken, "so can a **kangaroo**!"

Ken gibt mal wieder damit an, was er kann. "Wenn jemand anderes das kann", sagt Ken, "dann kann ein **Känguru** das auch!"

**kart**[kɑːt] Gokart

Piglet received a **kart** as a birthday present.
Piglet bekam ein **Gokart** zum Geburtstag.

**keen**[kiːn] begeistert sein von

Robinson is **keen** on hiking. He is sharing his experience with friends.
Robinson ist ein begeisterter Wanderer. Er teilt seine Erfahrungen mit Freunden.

**keep**[kiːp] halten, behalten

Ozzy's sickness **kept** him in hospital for six days. Ozzys Krankheit **hielt** ihn sechs Tage lang im Krankenhaus fest.

ⓘ keep away: wegbleiben, nicht näher kommen
keep up with: Schritt halten, mithalten ☞ Anhang

**kettle**['ketl] Kessel

The **kettle** is boiling. Mrs Piggles will make some tea for her guests.
Das Wasser kocht. Mrs Piggles wird Tee für ihre Gäste machen.

**key**[kiː] Schlüssel

Mr Rhino lost his **key** and had to stay outside.
Mr Rhino verlor seinen **Schlüssel** und musste draußen bleiben.

A B C D E F G H I J K L M N O P Q R S T U V W X Y Z

## **kick**[1] [kɪk] schießen, treten

Although Dorby can't **kick** the ball, he can be a goalkeeper.
Obwohl Dorby den Ball nicht **schießen** kann, kann er Torwart sein.

## **kick**[2] [kɪk] Schuss

What a great **kick**! Even Dorby who has eight arms couldn't stop the ball. Was für ein toller **Schuss**! Nicht einmal Dorby mit seinen acht Armen konnte den Ball aufhalten.

## **kid** [kɪd] Kind

Mrs Bunnikin has three **kids**. Mrs Bunnikin hat drei **Kinder**.

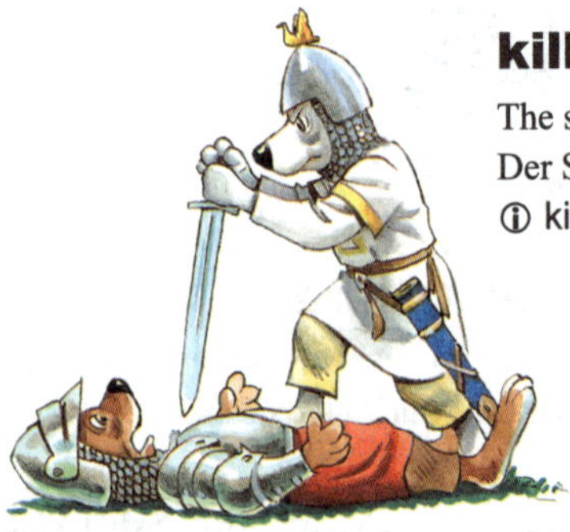

## **kill** [kɪl] töten

The soldier will **kill** the enemy with a sword.
Der Soldat wird den Feind mit einem Schwert **töten**.
ⓘ kill time: Zeit totschlagen

## **kilo** ['kiːləʊ] Kilo, Kilogramm

One **kilo** equals one thousand grams.
Ein **Kilo** sind eintausend Gramm.

## **kilogramme** ['kɪləgræm] Kilogramm

Jumbo weighs 5,000 **kilograms**. Jumbo wiegt 5000 **Kilogramm**.

## **kilometre** ['kɪləˌmiːtə(r)] Kilometer

Robinson's journey covered thousands of **kilometres**.
Robinson legte auf seiner Reise Tausende von **Kilometern** zurück.

## **kind**[1] [kaɪnd] nett, freundlich

Isn't it **kind** of Bongo to lighten Chimp's load? Ist es nicht **nett** von Bongo, dass er Chimps Ladung leichter macht?
ⓘ unkind, cruel: unfreundlich
It's really kind of you:
Das ist wirklich nett/lieb von dir;
das ist wirklich nett/lieb von Ihnen

**kind²**[kaɪnd] Art, Sorte

You can buy all **kinds** of flowers from this flower shop. In diesem Blumengeschäft kann man alle **Arten** von Blumen kaufen.
ⓘ a kind of: eine Art
all kinds of: alle Arten von

**kindergarten**
['kɪndəˌgɑːtn] Kindergarten

Teddy was sent to the **kindergarten** when he was five years old.
Teddy wurde in den **Kindergarten** geschickt, als er fünf Jahre alt war.

**kindly**['kaɪndlɪ]
freundlich, liebenswürdig

The stationmaster **kindly** shows Robinson's sister the way to platform 5.
Der Bahnhofsvorsteher zeigt Robinsons Schwester **freundlich** den Weg zu Bahnsteig 5.

**kindness**['kaɪndnɪs]
Freundlichkeit, Gefälligkeit

Could you do me a **kindness**?
Würden Sie mir eine **Gefälligkeit** erweisen?
ⓘ do sb. a kindness: jmd. einen Gefallen tun

**king**[kɪŋ] König

The lion is often called the **king** of the animals.
Der Löwe wird häufig der **König** der Tiere genannt.

**kingdom**['kɪŋdəm] Königreich

Lionstein wants to be the king of the science **kingdom**.
Lionstein wäre gerne der König des Reichs der Wissenschaft.
ⓘ the United Kingdom: das Vereinigte Königreich, Großbritannien und Nordirland

**kiss¹**[kɪs] küssen

The mother lifted her son and **kissed** him.
Die Mutter hob ihren Sohn hoch und **küsste** ihn.

**kiss²**[kɪs] Kuss

The mother gave her son a goodnight **kiss**.
Die Mutter gab ihrem Sohn einen Gutenacht**kuss**.

kitchen

## kitchen['kɪtʃɪn] Küche

The cooks are busy preparing the dinner in the **kitchen**.
Die Köche sind damit beschäftigt, in der **Küche** das Abendessen zuzubereiten.

## kite[kaɪt] Drachen

Spring is a good season to fly **kites**.
Der Frühling ist eine gute Jahreszeit, um **Drachen** steigen zu lassen.

## **kitten**['kɪtn] Kätzchen

This white **kitten** is very lovely. Dieses weiße **Kätzchen** ist sehr süß.

## **knack**[næk] Trick, Kniff, Talent, Geschick

Mr Dollar has the **knack** of making money. Mr Dollar hat ein besonderes **Talent** dafür, Geld zu machen.

## **knee**[niː] Knie

There are several holes on the **knees** of Rambler's trousers.
Auf den **Knien** von Ramblers Hose sind mehrere Löcher.

## **kneel**[niːl] knien

Violet **knelt** on the floor playing with a toy car. Violet **kniete** auf dem Boden und spielte mit einem Spielzeugauto.

☞ Anhang

## **knife**[naɪf] Messer

The north wind cuts like a **knife**.
Der Nordwind schneidet wie ein **Messer**.
ⓘ knives[naɪvz]: Messer (Plural)

## **knight**[naɪt] Ritter

Two **knights** were fighting ferociously.
Zwei **Ritter** kämpften heftig miteinander.

## **knit**[nɪt] stricken

Dorby is **knitting** his sweater. How funny the scene is!
Dorby **strickt** seinen Pullover. Wie lustig das aussieht!
☞ Anhang

## **knob**[nɒb] Griff, Knauf

The **knob** came off the kitchen door. Der **Griff** ging von der Küchentür ab.

**knock**[1][nɒk] klopfen

Mr Piggles doesn't know who is **knocking** on the wall. "Someone must be hanging up pictures," he thinks. Mr Piggles weiß nicht, wer an die Wand **klopft**. "Da hängt wohl jemand Bilder auf", denkt er.

**knock**[2][nɒk] Klopfen

There is a **knock** at the door.
Es klopft an der Tür.

**knot**[1][nɒt] einen Knoten machen, verknoten

While they were sleeping, Chimp **knotted** Ribbon's and Crock's tail together. Während sie schliefen, **verknotete** Chimp die Schwänze von Ribbon und Crock.

**knot**[2][nɒt] Knoten

Chimp made such a firm **knot** that he was curious to see whether Ribbon would get rid of it. Chimp machte einen derartig festen **Knoten**, dass er unbedingt wissen wollte, ob Ribbon ihn wieder lösen könnte.

**know**[nəʊ] kennen, wissen

Teddy is so polite that he always says "Good morning" to people he doesn't even **know**.
Teddy ist derart freundlich, dass er immer "Guten Morgen" zu Leuten sagt, die er gar nicht **kennt**.

☞ Anhang

**knowledge** ['nɒlɪdʒ] Wissen, Kenntnis

Lionstein often shows off his **knowledge** of maths.
Lionstein gibt oft mit seinen Mathematik**kenntnissen** an.

## **label**['leɪbl] Etikett, Aufschrift, Schild

There isn't any **label** on the bottle. Nobody knows what it contains.
Auf der Flasche ist kein **Etikett**. Niemand weiß, was sie enthält.

## **laboratory**[lə'bɒrətərɪ] Labor, Laboratorium

He worked out a new formula in the **laboratory**.
Er hat im **Labor** eine neue Formel ausgearbeitet.
ⓘ lab[læb] = laboratory (Kurzform)

## **labour**['leɪbə(r)] Arbeit, Anstrengung, Mühe

The ants' hard **labour** will be rewarded with a good harvest.
Die langen **Mühen** der Ameisen werden mit einer guten Ernte belohnt werden.
ⓘ AE labor['leɪbə]

## **lace**[leɪs] Spitze, Spitzenborte

Mrs Rhino's tablecloth has **lace** around the edge. Die Tischdecke von Mrs Rhino ist mit einer **Spitzenborte** besetzt.
ⓘ a pair of shoe laces: ein Paar Schnürsenkel

## **lack**[læk] Mangel

The plant died for **lack** of water.
Die Pflanze starb an Wasser**mangel**.
ⓘ plenty: Überfluss

## **ladder**['lædə(r)] Leiter

What is Sniffy Mouse going to do with the **ladder**? Was hat Meek mit der **Leiter** vor?

## **lady**['leɪdɪ] Dame

Will you please move your car, **lady**?
Würden Sie bitte Ihr Auto wegfahren, meine **Dame**?
ⓘ Ladies and gentlemen!:
Meine (sehr verehrten) Damen und Herren!

## **ladybird**['leɪdɪbɜːd] Marienkäfer

There are some little dots on the back of the **ladybirds**.
Auf dem Rücken der **Marienkäfer** befinden sich ein paar kleine Punkte.

## **lag**[læg] zurückbleiben

Joy **lagged** far behind the other walkers. Joy **blieb** weit hinter den anderen Spaziergängern **zurück**.

## **lake**[leɪk] See

A dish of water is a **lake** for Tip Tap.
Ein Teller mit Wasser ist für Tip Tap ein **See**.

## **lamb**[læm] Lamm

That poor **lamb** was eaten by a hungry wolf. Das arme **Lamm** wurde von einem hungrigen Wolf gefressen.

## **lamp**[læmp] Lampe

When Piglet plugged the **lamp**, the wire sparked and he was much frightened.
Als Piglet die **Lampe** anschloss, sprühten am Kabel Funken, und er erschreckte sich sehr.

## **land**[1][lænd] Land

Robinson saw **land** at last. Robinson sah endlich **Land**.

## **land**[2][lænd] landen

The plane hit a house when it **landed**. Das Flugzeug krachte in ein Haus, als es **landete**.

**landscape**['lændskeɪp] Landschaft

The lake and the green trees form a beautiful **landscape**.
Der See und die grünen Bäume bilden eine wunderschöne **Landschaft**.

**lane**[leɪn] Weg, Pfad

We used to walk down a winding **lane** to the lake.
Wir gingen immer einen **Weg**, der sich bis zum See hinunter windet.

**language**['læŋgwɪdʒ] Sprache

"What **language** is that, Robbie? It does not look like English."
"Welche **Sprache** ist das, Robbie? Es scheint nicht Englisch zu sein."

**large**[lɑːdʒ] groß

Jumbo is much **larger** than Sniffy Mouse. Jumbo ist viel **größer** als Sniffy Mouse.
ⓘ small: klein

**laser**['leɪzə(r)] Laser

When Teddy went to the dentist, he was treated with the new **laser** technique.
Als Teddy zum Zahnarzt ging, wurde er mit der neuen **Laser**technik behandelt.

**last**[1]['lɑːst] endlich

Robinson came back home at **last** after his long journey.
Robinson kehrte nach seiner langen Reise **endlich** nach Hause zurück.

**last**[2][lɑːst] letzte, -r, -s

Piglet is lucky. He won't have to climb the tree to get the **last** apple.
Piglet hat Glück. Er wird nicht auf den Baum klettern müssen, um den **letzten** Apfel zu pflücken.
ⓘ first: erste, -r, -s

**last**[3][lɑːst] zuletzt

When did you see Teddy **last**?
Wann hast du Teddy **zuletzt** gesehen?
ⓘ next: nächste, -r, -s

A B C D E F G H I J K L M N O P Q R S T U V W X Y Z

## **last**[4] [lɑ:st] dauern, anhalten

The storm will **last** three days. Der Sturm wird drei Tage lang **anhalten**.

## **late**[1] [leɪt] spät

Lionstein always works **late** at night. Lionstein arbeitet immer **spät** abends.

ⓘ early: früh
later: später
latest: am spätesten

## **late**[2] [leɪt] zu spät

Jumpie is **late** for school again.
Jumpie kommt schon wieder **zu spät** zur Schule.

## **lately** ['leɪtlɪ] in letzter Zeit

Lionstein has been very busy **lately**. Lionstein war **in letzter Zeit** sehr beschäftigt.

## **later** ['leɪtə(r)] später

I'll have a word with you **later**. Ich werde **später** mit dir reden.

## **laugh** [lɑ:f] lachen

The story is so funny that Tiger can't help **laughing**.
Die Geschichte ist so witzig, dass Tiger **lachen** muss.

ⓘ laugh at: jemanden auslachen, sich über jemanden lustig machen

## **law** [lɔ:] Gesetz

Bandit broke the **law** again.
Bandit hat wieder gegen das **Gesetz** verstoßen.

## **lawn** [lɔ:n] Rasen

Mr Piggles is mowing the **lawn**.
Mr Piggles mäht den **Rasen**.

## **lawyer**['lɔːjə(r)] Rechtsanwalt

Although Beaky doesn't believe Bandit's words, as his **lawyer**, Beaky's job is to keep him out of jail.
Obwohl Beaky Bandits Worten keinen Glauben schenkt, ist es seine Aufgabe als sein **Anwalt**, ihn vor dem Gefängnis zu bewahren.

## **lay**[leɪ] legen

Please **lay** the pen on the desk. Bitte **lege** den Füller auf den Tisch.
☞ Anhang

## **layer**['leɪə(r)] Schicht, Lage

There is a **layer** of dust on the furniture.
Auf den Möbeln liegt eine Staub**schicht**.

## **lazy**['leɪzɪ] faul

The **lazy** guy slept all day and finally lost his job.
Der faule Kerl schlief den ganzen Tag und verlor letztendlich seinen Job.
ⓘ diligent: fleißig

## **lead**[liːd] (an)führen

Teddy is **leading** the bunnies during the night march.
Teddy **führt** die Häschen auf der Nachtwanderung **an**.
ⓘ lead to: führen nach / zu
☞ Anhang

## **leader**['liːdə(r)] Anführer

Three bunnies caught up with their **leader** Teddy halfway in the march.
Nach halber Strecke holten drei Häschen ihren **Anführer** Teddy ein.

## **leading**['liːdɪŋ] führend

Teddy plays a **leading** role in the action.
Teddy spielt eine **führende** Rolle bei der Aktion.

A B C D E F G H I J K L M N O P Q R S T U V W X Y Z

## **leaf**[liːf] Blatt

The dewdrops on the **leaves** look like pearls.
Die Tautropfen auf den **Blättern** sehen wie Perlen aus.

ⓘ leaves[liːvz]: Blätter

## **league**[liːg] Liga, Verband

Their team will play in the football **league**. Ihre Mannschaft wird in der Fußball**liga** mitspielen.

ⓘ league member: Ligamitglied, Verbandsmitglied

## **lean**[liːn] lehnen, anlehnen, aufstützen

Teddy **leaned** his bike against the wall. Teddy **lehnte** sein Fahrrad gegen die Wand.

## **leap**[liːp] vorwärts springen

Everyone is rushing to the beach. Those who have no cars have to **leap** forward quickly.
Alle drängen zum Strand. Wer kein Auto hat, muss schnell **vorwärts springen**.

☞ Anhang

## **learn**[lɜːn] lernen

The students are quick to **learn** how aeroplanes fly.
Die Schüler **lernen** schnell wie Flugzeuge fliegen.

☞ Anhang

**learned**['lɜːnɪd] gelehrt

Wise Owl is a **learned** man. Wise Owl ist **gelehrt**.

**least**[liːst] geringste, -r, -s, wenigste, -r, -s

"Can't we at **least** stop and talk to Crock?" asks Fluffy.
"Können wir nicht wenigstens anhalten und mit Crock sprechen?", fragt Fluffy.
ⓘ most: meiste, -r, -s
at least: wenigstens

**leather**['leðə(r)] Leder

Crock's clothes are made of **leather**. Crocks Kleider sind aus **Leder**.

**leave**[liːv] verlassen, weggehen

After many days of suffering, Bandit **left** the prison at last. Nach vielen Tagen des Leids konnte Bandit das Gefängnis endlich **verlassen**.
☞ Anhang

**lecture**['lektʃə(r)] Vortrag, Vorlesung

Wise Owl will give the students a **lecture** on space tomorrow. Wise Owl wird den Schülern morgen einen **Vortrag** über das Weltall halten.

**left**[left] links

Robbie plays the drum with a stick in his **left** hand.
Robbie spielt die Trommel mit einem Stock in seiner **linken** Hand.
ⓘ right: rechts

A B C D E F G H I J K L M N O P Q R S T U V W X Y Z

## **leg**[leg] Bein

Bandit needs a pair of fast **legs** when he goes "shopping" for grapes. Bandit braucht schnelle **Beine**, wenn er Trauben "einkaufen" geht.

## **legal**['liːgl] legal, rechtskräftig, gesetzlich

Wise Owl knows a lot about **legal** matters. Wise Owl kennt sich sehr gut in rechtlichen Angelegenheiten aus. ⓘ illegal: illegal, unrechtmäßig, ungesetzlich

## **legend**['ledʒənd] Legende, Sage

Do you know the **legend** of the knights of the round table? Kennst du die **Sage** von den Rittern der Tafelrunde?

## **lend**[lend] leihen, verleihen

Teddy's friend wants to **lend** him a storybook. Teddys Freund möchte ihm ein Geschichtenbuch **leihen**.

ⓘ borrow: borgen, ausleihen

☞ Anhang

## **length**[leŋθ] Länge

Please help me measure the **length** of the wall. Bitte hilf mir, die **Länge** der Mauer zu messen.

## **lens**[lenz] Linse, Objektiv

Jumpie bought a new **lens** for his camera. Jumpie kaufte ein neues **Objektiv** für seine Kamera.

## **leopard**['lepəd] Leopard

I'm Dr Spotty. I'm a **leopard**. I run very fast, and I'm an amateur motorcycle racer. Ich bin Dr. Spotty. Ich bin ein **Leopard**. Ich renne sehr schnell, und ich bin Amateur-Motorradrennfahrer.

## **less**[1][les] weniger

"**Less** noise, please!" the teacher said to her pupils. "**Weniger** Lärm bitte!", sagte die Lehrerin zu ihren Schülern.

ⓘ more: mehr

## **less**[2][les] weniger, seltener

It rains **less** in Spain than in Ireland.
In Spanien regnet es **weniger** als in Irland.

ⓘ less than: weniger als

## **lesson**['lesn] Stunde, Lektion

The pupils are having an English **lesson** in the classroom.
Die Schüler haben eine Englisch**stunde** in ihrem Klassenzimmer.

ⓘ have lessons: Unterricht haben

## **let**[let] lassen

The mother wouldn't **let** her children go to the movies, because they hadn't finished their homework yet.
Die Mutter **ließ** ihre Kinder nicht ins Kino gehen, weil sie ihre Hausaufgaben noch nicht fertig hatten.

ⓘ let's=let us: Aufforderung, etwas zu tun
let in: hereinlassen, hineinlassen
let out: herauslassen, hinauslassen

☞ Anhang

## **letter**['letə(r)] Brief

Teddy's father is writing him a **letter**.
Teddys Vater schreibt ihm einen **Brief**.

## **level**['levl] Niveau, Ebene

Teddy's English rose to a higher **level**.
Teddys Englisch ist auf ein höheres **Niveau** gestiegen.

## **liberate**['lɪbəreɪt] befreien

The army **liberated** all the prisoners of war when it occupied the city.
Die Armee **befreite** alle Kriegsgefangenen, als sie die Stadt besetzte.

**liberty**['lɪbətɪ] Freiheit

Bandit was given his **liberty** after a year in prison. Nach einem Jahr im Gefängnis bekam Bandit seine **Freiheit** wieder.

**library**['laɪbrərɪ] Bibliothek, Bücherei

The librarian is reading an interesting book in the **library**. Der Bibliothekar liest ein interessantes Buch in der **Bibliothek**.

**licence**['laɪsəns] Genehmigung, Erlaubnis

The policeman stopped Zip and asked to see his driving **licence**. Der Polizist hielt Zip an und fragte ihn nach seinem Führerschein.

ⓘ AE license['laɪsns]

**lick**[lɪk] lecken, schlecken

**Licking** the plate is certainly not a good manner, but they just can't resist it. Den Teller **abzulecken** zeugt sicher nicht von gutem Benehmen, aber sie können einfach nicht widerstehen.

**lie**[1][laɪ] liegen

Flip and Flop are **lying** in the bed chatting. Flip und Flop **liegen** im Bett und unterhalten sich.

☞ Anhang

**lie**[2][laɪ] lügen

Pinocchio swears he won't **lie** again. Pinocchio schwört, dass er nicht mehr **lügen** wird.

☞ Anhang

**lie**[3][laɪ] Lüge

Pinocchio used to tell **lies**, but he has totally changed now. Pinocchio hat früher viele **Lügen** erzählt, aber jetzt hat er sich völlig geändert.

**life**[laɪf] Leben

Jumbo leads a happy **life** in the army. Jumbo führt ein glückliches **Leben** in der Armee.

ⓘ death: Tod

**lifetime**['laɪftaɪm] Lebenszeit, Lebensdauer

Jumbo considers this award the greatest honour in his **lifetime**.
Jumbo betrachtet diese Auszeichnung als die größte Ehre seines Lebens.

**lift¹**[lɪft] heben, hochheben

Jumbo has to **lift** the officer with his long nose to let him pin the medal on him.
Jumbo muss den Offizier mit seinem langen Rüssel **hochheben**, damit der ihm die Medaille anstecken kann.

**lift²**[lɪft] Aufzug, Fahrstuhl, Lift

They go up and down in the building by **lift**.
Sie fahren mit dem **Aufzug** im Gebäude auf und ab. ⓘ AE elevator['elɪveɪtə]

**light¹**[laɪt] anzünden, anmachen

**Lighting** fires in the park is forbidden.
Es ist verboten, im Park Feuer zu machen.
☞ Anhang

**light²**[laɪt]
Licht, Lampe

A beam of **light** suddenly shot through the darkness when Bandit was trying to open the safe.
Als Bandit den Tresor zu öffnen versuchte, schoss plötzlich ein **Lichtstrahl** durch das Dunkel.

**light³**[laɪt] leicht, hell

"This feather is so **light**," thinks Henry.
"Diese Feder ist so **leicht**", denkt Henry.
ⓘ heavy: schwer ⓘ dark: dunkel

Man is the only animal that blushes, or needs to. [M.Twain]





## **lighthouse**['laɪthaʊs] Leuchtturm

The **lighthouse** keeper lives in the **lighthouse** all year and makes it into a pleasant home.
Der **Leuchtturm**wärter lebt das ganze Jahr über im **Leuchtturm** und verwandelt ihn in ein gemütliches Zuhause.

## **lightly**['laɪtlɪ] leicht, geringfügig

Flip and Flop were punished only **lightly** for their mischief.
Flip und Flop erhielten für ihren Unfug nur eine **leichte** Strafe.

## **lightning**['laɪtnɪŋ] Blitz

Von Fox believes that his plane will fly faster with an image of **lightning** painted on it.
Von Fox glaubt, dass sein Flugzeug schneller fliegt, wenn ein Bild von einem **Blitz** darauf gemalt ist.

## **like**[1]['laɪk] ähnlich

Prickle thinks the lightning Painty has painted is quite **like**.
Prickle findet, dass der Blitz, den Painty gemalt hat, sehr gut getroffen ist.
ⓘ unlike: unähnlich, nicht ähnlich

## **like**[2][laɪk] mögen, lieben, gern haben

Henry **likes** eating cookies very much, even on the plane.
Henry isst sehr gerne Kekse, sogar, wenn er gerade im Flugzeug sitzt.
ⓘ dislike, hate: nicht mögen, verabscheuen

## **like**[3][laɪk] wie, so wie

Henry wishes he could sing **like** Violet. Henry wünscht, er könnte so singen **wie** Violet.

**likely**['laɪklɪ] wahrscheinlich

Franz is most **likely** to win out in the weight lifting competition.
Franz wird den Wettbewerb im Gewichtheben am Ende höchst**wahrscheinlich** doch gewinnen.

**limit**['lɪmɪt] Grenze, Beschränkung, Begrenzung

There should be a **limit** to the bananas Bongo eats every day.
Bongo sollte am Tag nur eine bestimmte Menge Bananen essen dürfen.

**limited**['lɪmɪtɪd] begrenzt, beschränkt

Piglet's knowledge of agriculture is very **limited**.
Piglet kennt sich kaum mit Landwirtschaft aus.

**limp**[lɪmp] hinken, humpeln

Mr Piggles was **limping** because he hit his toes with the hoe.
Mr Piggles **humpelte**, weil er sich mit der Rodehacke die Zehen verletzt hatte.

**line**[laɪn] Linie

Ribbon can make various poses: a straight **line** ... a wavy **line** ... or a zigzag.
Ribbon kann unterschiedliche Haltungen einnehmen: die linienförmige ... die wellenförmige ... oder die zickzackförmige.

ⓘ stand in a line: anstehen, Schlange stehen

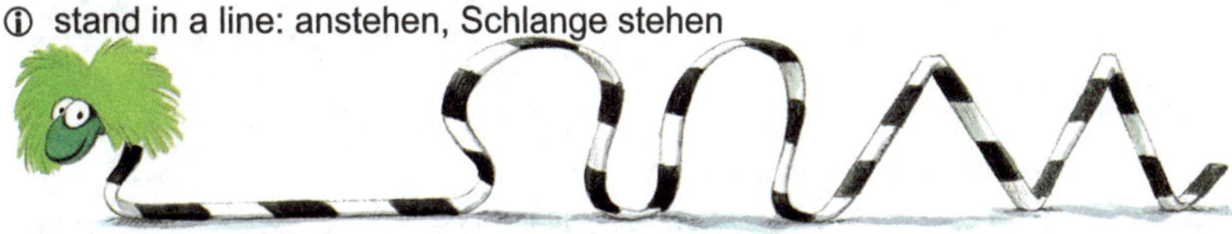

**linen**['lɪnɪn] Leinen

Piglet's clothes are made of **linen**. Piglets Kleider sind aus **Leinen**.

**link**[lɪŋk] verbinden

This road **links** all the new towns.
Diese Straße **verbindet** alle neuen Städte.

**lion**['laɪən] Löwe

For those small animals, the **lion** is very dangerous.
Für jene kleinen Tiere ist der **Löwe** sehr gefährlich.

**lip**[lɪp] Lippe

Bandit licked his **lips** when he saw grapes.
Bandit leckte sich die **Lippen**, als er Trauben sah.

## **lipstick**['lɪpstɪk] Lippenstift

Mrs Rhino is wearing bright red **lipstick**. Mrs Rhino trägt leuchtend roten **Lippenstift**.

## **liquid**['lɪkwɪd] Flüssigkeit

Water is a **liquid**. You can float in it.
Wasser ist eine **Flüssigkeit**.
Man kann darin schwimmen.

When the weather gets cold, water will turn into ice and become a solid.
Wenn es kalt wird, dann verwandelt sich das Wasser in Eis und wird zu einem festen Stoff.

When it gets warm again, ice will melt into water and become a **liquid**.
Wenn es wieder warm wird, schmilzt das Eis zu Wasser und wird zu einer **Flüssigkeit**.
ⓘ solid: fest, massiv, fester Stoff ; gas: Gas

## **liquor**['lɪkə(r)] Alkohol, Flüssigkeit

Chimp is fond of **liquor**.
Chimp trinkt gerne **Alkohol**.

## **list**[lɪst] Liste

Teddy will make a **list** of the books he needs.
Teddy wird eine **Liste** der Bücher aufstellen, die er braucht.

## **listen**['lɪsn] hören

Tiger is **listening** to the engine. Mr Rhino says his car has been making funny noises.
Tiger **hört** sich den Motor an. Mr Rhino sagt, sein Auto hätte komische Geräusche gemacht.
ⓘ listen to: zuhören, anhören

## **literature**['lɪtərɪtʃə(r)] Literatur

Teddy has read a vast amount of **literature** in the library.
Teddy hat in der Bibliothek eine Unmenge **Literatur** gelesen.

**litre**['liːtə(r)] Liter

Henry can drink ten **litres** of water at one time. Henry kann zehn **Liter** Wasser auf einmal trinken. ⓘ AE liter

**litter**['lɪtə(r)] (Abfall) wegwerfen

"Please don't **litter**," Sniffy Mouse said to Fluffy.
"Bitte **wirf** deinen Abfall nicht auf den Boden", sagte Sniffy Mouse zu Fluffy.

**little**[1]['lɪtl] wenig, ein bisschen

"I need only a **little**," thinks the rat.
"Ich brauche nur **wenig**", denkt die Ratte.
ⓘ a little: ein wenig

**little**[2]['lɪtl] etwas, wenig

The cake costs **little** more than three pounds.
Der Kuchen kostet etwas mehr als drei Euro.
ⓘ less[les] weniger, least[liːst] am wenigsten

**little**[3]['lɪtl] klein, jung

A small piece of cake is enough for you, **little** guy!
Ein kleines Stück Kuchen ist genug für dich, **junger** Mann!
ⓘ big: groß; old: alt

**live**[1][laɪv] lebendig

Everyone thinks Teddy is a **live** boy. Alle denken, Teddy ist ein **lebendiger** Junge.
ⓘ dead: tot

**live**[2][lɪv] leben, wohnen

This is where Tip Tap **lives**.
He calls it his castle.
Hier **wohnt** Tip Tap.
Er nennt es sein Schloss.
ⓘ die: sterben

**lively**['laɪvlɪ] lebhaft

Violet is a **lively** girl and popular with everyone.
Violet ist ein **lebhaftes** Mädchen und überall beliebt.

**load**[1][ləʊd]
Ladung, Last

Dunk thought the **load** was too heavy.
Dunk hielt die **Ladung** für zu schwer.

**load**[2][ləʊd] laden, beladen

The cart was fully **loaded** by Mr Piggles.
Der Karren wurde von Mr Piggles voll **beladen**.

ⓘ unload: entladen

**loaf**[ləʊf] Laib

Sniffy Mouse bought a **loaf** of bread. Sniffy Mouse kaufte einen **Laib** Brot.

**loan**[ləʊn] Darlehen

Slow is asking for a **loan** to buy a bigger house.
Slow möchte ein **Darlehen** aufnehmen, um ein größeres Haus zu kaufen.

**local**['ləʊkəl] örtlich

Teddy went to a **local** school.
Teddy ging auf eine **örtliche** Schule.

**locate**[ləʊ'keɪt] errichten, bauen

Teddy's school is **located** in the centre of the town.
Teddys Schule befindet sich in der Innenstadt.

**lock**[1][lɒk] Schloss

"No **lock** is too big when you want to protect your best things," thinks Jim.
"Kein **Schloss** ist zu groß, wenn man seine besten Sachen schützen will", denkt Jim.

**lock**[2][lɒk] schließen, verschließen, abschließen

Jim **locked** his cabinet.
Jim **schloss** seine Vitrine **ab**.

**log**[lɒg] Baumstamm, Block, Klotz

The Bunnikins live in a **log** cabin. Die Bunnikins leben in einem **Block**haus.

**lonely**['ləʊnlɪ] einsam

Without Flop, Flip feels so **lonely**.
Ohne Flop fühlt sich Flip so **einsam**.

**long**¹[lɒŋ] lang, lange

This afternoon is very **long** for Flip. Dieser Nachmittag dauert sehr **lange** für Flip.
ⓘ short: kurz

**long**²[lɒŋ] lang

Flip has been missing Flop all day **long**. Flip hat Flop den ganzen Tag **lang** vermisst.
ⓘ as long as: solange long ago, long before: vor langer Zeit, früher
no longer: nicht länger, nicht mehr

**long**³[lɒŋ] sich sehnen, herbeisehnen, kaum erwarten können

The children are **longing** for the holidays.
Die Kinder **können** die Ferien **kaum erwarten**.

**look**¹[lʊk] schauen, aufpassen, aussehen

Mrs Bunnikin asks her husband to **look** after the twins while she is out. Mrs Bunnikin bittet ihren Mann, auf die Zwillinge **aufzupassen**, während sie außer Haus ist.
ⓘ look after: sich kümmern um, aufpassen auf
look at: ansehen, anschauen
look for: suchen nach
look out: hinaussehen, aufpassen
look up: aufsehen, aufblicken, nachschlagen

**look**²[lʊk] Blick, Aussehen, Gesichtsausdruck

There is a curious **look** on Tiger's face. Tiger hat einen neugierigen **Gesichtsausdruck**.

**loose**[lu:s] lose, locker

"Tiger, will you make a careful examination of me? I feel many joints of mine are **loose** now."
"Tiger, kannst du mich bitte sorgfältig untersuchen? Ich spüre, dass bei mir viele Gelenke **locker** sind."
ⓘ tight: fest

lorry

**lorry**['lɒrɪ]
Lastwagen, Lkw, Laster

A **lorry** is needed to move Bucktooth's house.
Für Bucktooth' Umzug wird ein **Lastwagen** gebraucht.

**lose**[luːz] verlieren

Mr Piggles **lost** much wheat because there was a hole in his bag.
Mr Piggles **verlor** sehr viel Weizen, denn es war ein Loch im Sack.

ⓘ win: gewinnen
☞ Anhang

**loss**[lɒs] Verlust

The **loss** of my watch means I have to buy a new one.
Der **Verlust** meiner Uhr bedeutet, dass ich mir eine neue kaufen muss.

**lost**[lɒst]
verloren, vermisst, verirrt

Rambler got **lost** when coming to a strange place. Mr Piggles showed him the right way.
Rambler **verirrte** sich, als er in eine fremde Gegend kam. Mr Piggles zeigte ihm den richtigen Weg.

**lot**[lɒt] viel(e)

She has a **lot** of children.
Sie hat **viele** Kinder.

ⓘ a lot of: eine Menge

**loud**[laʊd] laut, lautstark

The cry of Dunk is very **loud**. Dunks Schrei ist sehr **laut**.

ⓘ low: leise

**loudly**['laʊdlɪ] laut, lautstark

The loudspeaker is sounding **loudly**.
Der Lautsprecher schallt **lautstark**.

**loudspeaker**[ˌlaʊd'spiːkə(r)] Lautsprecher

Rose was startled to hear the bad news from the **loudspeaker**.
Rose war entsetzt, als sie die schlechten Nachrichten aus dem **Lautsprecher** hörte.

**love**[1][lʌv] Liebe

**Love** is the greatest feeling in the world.
**Liebe** ist das großartigste Gefühl der Welt.

**love**[2][lʌv] lieben

Teddy's mother **loves** her children very much.
Teddys Mutter **liebt** ihre Kinder sehr.
ⓘ hate: hassen

**lovely**['lʌvlɪ] (wunder)schön, niedlich, reizend, nett

Teddy has a **lovely** little sister.
Teddy hat eine **niedliche** kleine Schwester.

**lover**['lʌvə(r)] Geliebte(r)

Meek bought his **lover** a bunch of flowers on Valentine's Day. Meek kaufte seiner **Geliebten** einen Strauß Blumen am Valentinstag.

**low**[ləʊ] tief, niedrig

The temperature was very **low** yesterday.
Gestern herrschten **niedrige** Temperaturen.
ⓘ high: hoch

**loyal**['lɔɪəl] loyal, treu

Holmes Hound is a **loyal** supporter of sports star Gerry. Holmes Hound ist ein **treuer** Fan von Sportass Gerry.

A B C D E F G H I J K L M N O P Q R S T U V W X Y Z

## luck[lʌk] Glück

Crock didn't win the long jump race by good **luck** only.
Crock hat den Wettbewerb im Weitsprung nicht nur durch einen glücklichen Zufall gewonnen.
ⓘ Good luck!: Viel Glück!
by good luck: durch einen glücklichen Zufall

## lucky['lʌkɪ] Glücks-, glücklich

Tip Tap is very **lucky** to find a gold coin on the ground.
Tip Tap hat viel Glück, dass er eine Goldmünze auf dem Boden findet.
ⓘ unlucky: unglücklich, vom Pech verfolgt

## luggage['lʌgɪdʒ] Gepäck

With all the **luggage** on top of their cars, they go camping in high spirits.
Mit all ihrem **Gepäck** auf ihren Autodächern, fahren sie in Hochstimmung zum Camping.
ⓘ AE baggage

## lump[lʌmp] Stück(chen), Klumpen

There are many **lumps** of sugar in the box.
In der Dose sind viele **Stückchen** Zucker.

## lunch[lʌntʃ] Mittagessen

They usually have **lunch** at about twelve.
Sie essen für gewöhnlich gegen zwölf zu Mittag.

## lung[lʌŋ] Lunge

Joe knows smoking is bad for his **lungs**, but he thinks he looks cool that way. Joe weiß, dass Rauchen schlecht für seine **Lunge** ist, aber er hält es für cool.

**machine**[mə'ʃiːn] Maschine

The automatic bathing **machine** designed by Mr Piggles is very interesting. Die automatische Bade**maschine**, die Mr Piggles entworfen hat, ist sehr interessant.

**mad**[mæd] verrückt

Zip thinks it is **mad** to invent such a machine.
Zip hält es für **verrückt**, solch eine Maschine zu erfinden.
ⓘ be mad with anger: vor Wut außer sich sein
be mad with joy: vor Freude außer sich sein

**madam**['mædəm] gnädige Frau

May I help you, **madam**? Darf ich Ihnen helfen, **gnädige Frau**?

**magazine**[ˌmægə'ziːn] Zeitschrift

Teddy would like to make his own **magazine**, but nobody else would join him. Teddy würde gerne seine eigene **Zeitschrift** herstellen, aber niemand sonst würde mitmachen.

**magic**['mædʒɪk] Zauberei

Joe can use **magic** to produce dozens of chicks from his hat.
Joe kann Dutzende von Küken aus seinem Hut zaubern.

**magician**[mə'dʒɪʃən] Zauberer

The **magician** waved his magic wand and an ice-cream appeared.
Der **Zauberer** machte eine Bewegung mit seinem Zauberstab, und ein Eiskremhörnchen erschien.

**magnet**['mægnɪt] Magnet

You can pick up the needles on the floor with a **magnet**.
Man kann die Nadeln auf dem Fußboden mit einem **Magneten** aufheben.

**magnify**['mægnɪfaɪ] vergrößern

You can use a magnifying glass to **magnify** the writing. Man kann ein Vergrößerungsglas benutzen, um die Schrift zu **vergrößern**.

**maid**[meɪd] Dienstmädchen, Hausangestellte

Mr Dollar has a **maid** in his house. Mr Dollar hat ein **Dienstmädchen** in seinem Haus.

**mail**[meɪl] Post

Mery and Merry are going to visit friends by air **mail**. Mery und Merry beabsichtigen, Freunde per Luft**post** zu besuchen.

**mailbox**['meɪlbɒks] Briefkasten

Zip's **mailbox** is filled with letters and postcards.
Zips **Briefkasten** ist voller Briefe und Postkarten.
ⓘ BE letterbox

**mailman**['meɪlmæn] Postbote

The **mailman** Mann delivered the mail to Zip on time. Der **Postbote** Mann lieferte die Postsendung pünktlich bei Meek ab.
ⓘ BE postman

**main**[meɪn] Haupt-

Could you tell me the **main** points of your speech? Könnten Sie mir die wichtigsten Punkte Ihrer Rede nennen?

**mainland**['meɪnlænd] Festland

It is more than 3,000 kilometres from Hawaii to the **mainland** of the USA.
Die Strecke von Hawaii bis zum **Festland** der USA beträgt mehr als 3000 Kilometer.

## **major**['meɪdʒə(r)] größer, bedeutend(er)

Pardy believes the model helicopter he has just finished will be a **major** success. Pardy glaubt, dass der Modellhubschrauber, den er gerade fertig gestellt hat, ein **bedeutender** Erfolg werden wird. ⓘ minor: unbedeutend, unwichtig

## **make**[meɪk] machen, tun

Flying a helicopter has been the dream of Pardy ever since he was little, so he likes **making** model helicopters very much. Seit er ein kleiner Junge war, träumt Pardy davon, einen Hubschrauber zu fliegen, deshalb baut er so gerne Modellhubschrauber.

ⓘ be made from: gemacht sein aus
be made in: hergestellt in
☞ Anhang

## **male**[meɪl] männlich

Is that horse a **male** or a female?
Ist das Pferd da **männlich** oder weiblich?

## **man**[mæn] Mann

This **man** is in a good mood. Dieser **Mann** hat gute Laune.
ⓘ men[men]: Männer
woman: Frau

## **manage**['mænɪdʒ] regeln, leiten

Gerry will **manage** the company when the manager is away.
Wenn der Manager abwesend ist, wird Gerry die Firma **leiten**.

## **manner**['mænə(r)] Art

"Mind your **manners**," Sevendot said to her sisters, "we have an honoured guest for dinner."
"Achtet auf euer Benehmen", sagte Sevendot zu ihren Schwestern, "ein Ehrengast isst heute mit uns zu Abend."

A B C D E F G H I J K L M N O P Q R S T U V W X Y Z

## **many**[1]['menɪ] viele

Teddy has many English words to learn today. Teddy muss heute viele englische Wörter lernen. ⓘ more[mɔː(r)] mehr, most[məʊst] am meisten

## **many**[2]['menɪ] eine ganze Menge/Reihe/Anzahl von

**Many** of Teddy's friends can speak English. Eine **ganze Reihe** von Teddys Freunden kann Englisch sprechen.

ⓘ few: wenige; a good/great many: ziemlich viele

## **map**[mæp] Karte

Mole couldn't believe it. The **map** led him to an empty treasure chest. Mole konnte es nicht glauben. Die **Karte** führte ihn zu einer leeren Schatzkiste.

## **march**[1][mɑːtʃ] marschieren

The soldiers **marched** against the enemy. Die Soldaten **marschierten** gegen den Feind.

## **March**[2][mɑːtʃ] März

In **March** spring begins. Im **März** beginnt der Frühling.

☞ calendar

## **mark**[1][mɑːk] Zeichen, Flecken

Mery always makes **marks** on Merry's dress. Mery malt immer **Zeichen** auf Merrys Kleid.

## **mark**[2][mɑːk] korrigieren, benoten

The teacher is **marking** the homework. Der Lehrer **korrigiert** die Hausaufgaben.

## **market**['mɑːkɪt] Markt

Pan Pan's vegetables sell very well at the **market**. Pan Pans Gemüse verkauft sich sehr gut auf dem **Markt**.

## **marriage**['mærɪdʒ] Ehe

Mr Piggles' **marriage** is a very happy one. Mr Piggles führt eine glückliche **Ehe**.

## **married**['mærɪd] verheiratet

Mr Piggles is thirty-two, **married** with one son. Mr Piggles ist zweiunddreißig Jahre alt, **verheiratet** und hat einen Sohn.

## **marry**['mærɪ] heiraten

Will you **marry** me? Willst du mich **heiraten**?

## **marvellous**['mɑːvələs] wunderbar, phantastisch, fabelhaft

The house built by the Ladybirds is **marvellous**.
Das Haus, das die Marienkäfer gebaut haben, ist **phantastisch**.

## **mask**[mɑːsk] Maske

At the ball, it is difficult to recognize each other because everyone wears a **mask**. Auf dem Ball ist es schwierig, sich gegenseitig zu erkennen, weil jeder eine **Maske** trägt.

## **mass**[mæs] Masse

Before the rain, the sky was a **mass** of dark clouds. Vor dem Regen bestand der Himmel aus einer **Masse** dunkler Wolken.

## **master**[1]['mɑːstə(r)] Meister

Painty considers himself a **master** of painting. Painty hält sich für einen **Meister** der Malerei.

## **master**[2]['mɑːstə(r)] bewältigen

Teddy studies hard to **master** English. Teddy lernt eifrig, um die englische Sprache zu beherrschen.

## **match**[1][mætʃ] Streichholz

**Matches** are the best material for the Ladybirds to build their house. **Streichhölzer** sind für die Marienkäfer das beste Baumaterial für ihr Haus.

A B C D E F G H I J K L M N O P Q R S T U V W X Y Z

## match²[mætʃ] (Wett-)Kampf

Bongo defeated Chimp easily in the boxing **match**. Bongo besiegte Chimp mühelos im Box**kampf.**

## match³[mætʃ] passen zu

This tie **matches** Mr Dollar's suit. Diese Krawatte **passt zu** Mr Dollars Anzug.

## material[mə'tɪərɪəl] Material, Stoff

Teddy is collecting **material** for a book. Teddy sammelt **Stoff** für ein Buch.

## mathematics [ˌmæθə'mætɪks] Mathematik

Teddy is really bad at **mathematics**. Teddy ist wirklich schlecht in **Mathematik**.

## matter['mætə(r)] Sache, Angelegenheit

There is an important **matter** I have to talk to you about. Ich muss mit dir über eine wichtige **Angelegenheit** sprechen.

ⓘ What's the matter?: Was ist los?

## may[meɪ] dürfen

"**May** I take a seat?" "Yes, you **may**." "**Darf** ich mich setzen?" - "Ja, du **darfst**."

## May[meɪ] Mai

Tiger will take **May** Day off. Tiger wird sich den **Maifeiertag** freinehmen.

☞ calendar

## maybe['meɪbiː] vielleicht

Dorby is looking for a tennis partner. **Maybe** he will have trouble finding one. Dorby sucht einen Tennispartner. **Vielleicht** wird er Probleme haben, einen zu finden.

**maze**[meɪz] Labyrinth, Irrgarten

Can you help Flip find his way through the **maze** and reach Flop? Kannst du Flip helfen, einen Weg durch das **Labyrinth** zu finden und zu Flop zu gelangen?

**me**[miː] ich, mir, mich

"Give **me** the doggie. I like it and it likes **me**," she said. "Gib **mir** das Hündchen. Ich mag es, und es mag **mich**", sagte sie.

**meal**[miːl] Mahlzeit, Essen

Henry enjoyed an excellent **meal** tonight. Henry hat heute ausgezeichnet zu Abend gegessen.

**mean**[miːn] bedeuten

Dorby has many arms. That **means** he can play tennis with many opponents at one time. Dorby hat viele Arme. Das **bedeutet**, dass er mit vielen Gegnern gleichzeitig Tennis spielen kann.

☞ Anhang

**meaning**['miːnɪŋ] Bedeutung, Sinn

What is the **meaning** of his speech? Was will er mit seiner Rede sagen?

**meanwhile**['miːnwaɪl] inzwischen

Flip got lost in the woods; **meanwhile**, Flop was looking for him. Flip hatte sich im Wald verirrt; **inzwischen** suchte Flop nach ihm.

**measure**['meʒə(r)] Maß nehmen

The tailor is **measuring** his customer for a new suit. Der Schneider **nimmt** bei seinem Kunden **Maß** für einen neuen Anzug.

A B C D E F G H I J K L M N O P Q R S T U V W X Y Z

**meat**[miːt] Fleisch

Pan Pan prefers bamboo to **meat**.
Pan Pan mag lieber Bambus als **Fleisch**.

**mechanic**[mɪ'kænɪk] Mechaniker

Tiger is a skilled automobile **mechanic**.
Tiger ist ein ausgebildeter Auto**mechaniker**.

**medal**['medl] Medaille

Jumbo won the **medal** in the diving competition. Jumbo hat die **Medaille** im Tauchwettbewerb gewonnen.

**medicine**['medsɪn] Arznei

The doctor is helping the patient take his **medicine**. Der Doktor hilft dem Patienten dabei, seine **Arznei** einzunehmen.

ⓘ take one's medicine:
seine Arznei einnehmen,
in den sauren Apfel beißen

**meet¹**[miːt] treffen

Violet **met** Funny Wolf in the forest.
Violet **traf** Funny Wolf im Wald.
☞ Anhang

**meet²**[miːt] Sportfest

Everyone has gone to the track **meet** today.
Alle sind heute beim Leichtathletikwettkampf.

**meeting**['miːtɪŋ] Sitzung, Versammlung

The **meeting** will begin at two o'clock this afternoon. Die **Sitzung** beginnt heute Nachmittag um 2 Uhr.

ⓘ have a meeting: zu einem Gespräch/zu einer Unterredung zusammentreffen
hold a meeting: eine Sitzung abhalten

**melon**['melən] Melone

"Bongo, that's not the way to choose ripe **melons**!" "Bongo, so sucht man doch keine reifen **Melonen** aus!"

**melt**[melt] schmelzen

The ice is **melting** in the warmth of spring.
Das Eis **schmilzt** in der Wärme des Frühlings.
ⓘ freeze: (ge)frieren, zufrieren, einfrieren

**member**['membə(r)] Mitglied

Chimp is a **member** of the football club. Chimp ist **Mitglied** des Fußballvereins.

**memory**['memərɪ] Erinnerung

Violet has a pleasant childhood **memory**. Violet hat eine schöne **Erinnerung** an ihre Kindheit.

**mend**[mend] ausbessern

Apparently, the road needs to be **mended**. Anscheinend muss die Straße **ausgebessert** werden.

ⓘ break: brechen
mend clothes: Kleidung ausbessern

**mention**['menʃən] erwähnen

Teddy **mentioned** to his friends he was planning to write a book in English. Teddy hat seinen Freunden gegenüber **erwähnt**, dass er plant, ein Buch in Englisch zu schreiben.

**menu**['menju:] Speisekarte, Speisezettel

Let's see what is on Henry's **menu** today.
Schauen wir mal, was heute auf Henrys **Speisezettel** steht.

**merchant**['mɜ:tʃənt] Händler, Kaufmann

Chimp would like to be a banana **merchant**. Chimp wäre gerne Bananen**händler**.

**merely**['mɪəlɪ] lediglich, bloß, nur

Chimp **merely** wants to eat as many bananas as he likes.
Chimp möchte **bloß** so viele Bananen essen, wie er will.

**merry**['merɪ] fröhlich, vergnügt, lustig

We had a **merry** time at the party. Wir hatten eine tolle Zeit auf der Party.

ⓘ Merry Christmas!: Frohe Weihnachten!

**mess**[mes] Durcheinander

Bongo's room is in a total **mess**.
In Bongos Zimmer herrscht ein völliges **Durcheinander**.

**message**['mesɪdʒ] Nachricht

The Captain is sending a **message** for help.
Der Kapitän sendet einen Hilferuf.

ⓘ take a message for s.b. : jemandem etw. ausrichten

**metal**['metl] Metall

Poor boy! He can only resist the violence with a helmet made of **metal**.
Armer Junge! Er kann der Gewalt nur mit einem Stahlhelm trotzen.

**method**['meθəd] Methode

Teddy hopes to learn the **method** of doing sums in his head. Teddy hofft, dass er lernt, wie man im Kopf summiert.

**metre**['miːtə(r)] Meter

The river is twenty **metres** across. Der Fluss ist zwanzig **Meter** breit.
ⓘ AE meter['miːtə]

**microphone**['maɪkrəfəʊn] Mikrofon

Henry is singing aloud with a **microphone**.
Henry singt laut mithilfe eines **Mikrofons**.

**middle**['mɪdl] Mitte

Henry is performing in the **middle** of the stage.
Henry spielt mitten auf der Bühne.
ⓘ in the middle of: mitten auf, in der Mitte

**mighty**['maɪtɪ] mächtig

Henry wants to be a **mighty** singer. Henry möchte ein toller Sänger sein.

**mile**[maɪl] Meile

Zip drives about a hundred **miles** every day to transport goods.
Zip fährt jeden Tag rund einhundert **Meilen**, um Güter zu transportieren.

**military**['mɪlɪtərɪ] Militär

Zip makes deliveries to the **military** at present. Zip liefert gegenwärtig Sachen an das **Militär**.

**milk**[mɪlk] Milch

Zip is waiting for someone to unload the huge cans of **milk**. Zip wartet darauf, dass jemand die riesigen **Milch**kannen ablädt.

## **mill**[mɪl] Mühle

The **mill** on Mr Piggles' farm supplies fine flour to the baker's.
Die **Mühle** auf Mr Piggles' Farm liefert feines Mehl für den Bäcker.

## **million**['mɪljən] Million

Mr Dollar made a **million** euros in the stock market.
Mr Dollar hat eine **Million** Euro an der Börse gemacht.

## **mind**¹[maɪnd] Geist, Kopf, Denkweise

Wise Owl has a very good **mind**. Wise Owl ist ein sehr heller **Kopf**.
ⓘ make up one's mind: sich entschließen

## **mind**²[maɪnd] sich kümmern um, etw. haben gegen

Crock doesn't **mind** Dr Spotty examining Jumbo's tusk first. He is embarrassed about having bitten his own tongue. Crock **hat** nichts **dagegen**, dass Dr. Spotty Jumbos Stoßzahn zuerst untersucht. Es ist ihm peinlich, dass er sich in die Zunge gebissen hat.
ⓘ never mind: macht nichts

## **mine**¹[maɪn] meine, -r, -s

Von Fox said, "Your motorcycle is almost the same as **mine**."
Von Fox sagte: "Dein Motorrad ist fast das gleiche wie **meins**."

## **mine**²[maɪn] Mine

Scientists discovered a gold **mine**.
Wissenschaftler entdeckten eine Gold**mine**.

## **mineral**['mɪnərəl] Mineral

Dr Spotty believes **mineral** water is good for one's health. Dr. Spotty ist der Ansicht, dass **Mineral**wasser gut für die Gesundheit ist.

## **minute**['mɪnɪt] Minute

Robbie will be full of energy in a **minute.**
Robbie wird gleich voller Energie stecken.
ⓘ in a minute: gleich, sofort wait a minute: (einen) Augenblick/Moment (mal)

A B C D E F G H I J K L M N O P Q R S T U V W X Y Z

## **miracle**['mɪrəkəl] Wunder

The doctor said his recovery was a **miracle**. Der Doktor sagte, dass seine Genesung ein **Wunder** sei.

## **mirror**['mɪrə(r)] Spiegel

Mrs Rhino enjoys looking at herself in the **mirror**. Mrs Rhino betrachtet sich gerne im **Spiegel**.

## **miss**[1][mɪs] verpassen, vermissen

Teddy arrived too late and **missed** the train. Teddy kam zu spät und **verpasste** den Zug.
Teddy **missed** his family very much.Teddy **vermisste** seine Familie sehr.

## **miss**[2][mɪs] Fräulein

**Miss** Smith is our English teacher. **Fräulein** Smith ist unsere Englischlehrerin.

## **mist**[mɪst] Nebel, Dunst

The hill is covered in **mist**. Der Hügel ist von **Nebel** umhüllt.

## **mistake**[mɪs'teɪk] Fehler

"Be brave, girl!" Threedot encouraged Twodot to admit the silly **mistake** she just made. "Sei tapfer, Mädchen!" Threedot ermutigte Twodot, den dummen **Fehler**, den sie gerade gemacht hatte, zuzugeben.

ⓘ by mistake: aus Versehen, versehentlich

## **mix**[mɪks] mischen

Robbie **mixes** salt, tea, sugar, milk, and coffee together to make a drink.
Robbie **mischt** Salz, Tee, Zucker, Milch und Kaffe miteinander, um daraus ein Getränk zu machen.

ⓘ mix up: vermischen, verrühren

## **mixture**['mɪkstʃə(r)] Mischung

What a bad **mixture**! Is this Robbie's idea of helping in the kitchen?
Was für eine furchtbare **Mischung**! Sieht so Robbies Hilfe in der Küche aus?

## **model**['mɒdl] Modell

The engineer made a **model** for the reservoir he was designing. Der Ingenieur fertigte ein **Modell** des Sammelbeckens an, das er gerade entwarf.

## **modern**['mɒdən] modern

Nina loves **modern** hats. Nina liebt **moderne** Hüte.

## **moment**['məʊmənt] Augenblick

Please wait a **moment**. Bitte warte einen **Augenblick**.
ⓘ just a moment: nur einen Augenblick
the moment ...: in dem Augenblick

## **Monday**['mʌnde] Montag

Teddy has no classes on **Monday**. Teddy hat montags keine Schule.

## **money**['mʌnɪ] Geld

Time is **money**. Zeit ist **Geld**.
ⓘ make money: Geld verdienen

## **monitor**['mɒnɪtə(r)] Klassensprecher

Pan Pan is a class **monitor** in the school. Pan Pan ist **Klassensprecher** in der Schule.

## **monk**[mʌŋk] Mönch

Fifty-five **monks** live in the monastery. Im Kloster leben 55 **Mönche**.

## **monkey**['mʌŋkɪ] Affe

**Monkeys** are clever animals. **Affen** sind schlaue Tiere.

## **monster**['mɒnstə(r)] Monster, Ungeheuer

Guzzler is furious because everyone keeps telling him he is a **monster**. Maybe it is true. Guzzler ist wütend, weil jeder ihm immer wieder sagt, er sei ein **Monster**. Vielleicht ist es ja wahr.

## **month**[mʌnθ] Monat

A year is divided into twelve **months**.
Ein Jahr ist in zwölf **Monate** unterteilt.
☞ calendar

## **mood**[muːd] Laune, Stimmung

Jumbo broke his leg while skiing. Now he is in a terrible **mood**. Jumbo hat sich beim Skifahren ein Bein gebrochen. Jetzt hat er eine schreckliche **Laune**.
ⓘ in a good (bad) mood: gut (schlecht) gelaunt

## **moon**[muːn] Mond

There was a full **moon** last night. Letzte Nacht war Voll**mond**.

## **moonlight**['muːnlaɪt] Mondlicht, Mondschein

The **moonlight** on the sea is twinkling like stars.
Das **Mondlicht** funkelt auf dem Meer gleich Sternen.

## **moral**['mɒrəl] moralisch

In the eyes of the public, Bandit is not a **moral** person. In den Augen der Öffentlichkeit ist Bandit keine **moralische** Person.

## **more**[1][mɔː(r)] mehr

Crock has eaten many fried eggs, but he still wants **more** eggs. Crock hat schon viele Spiegeleier gegessen, aber er will noch **mehr** Eier.
ⓘ less, fewer: weniger

## **more**[2][mɔː(r)] mehr

If you are not sure who weighs **more**, a seesaw will help you find out. Wenn man nicht sicher ist, wer **mehr** wiegt, dann kann man das mithilfe einer Wippe herausfinden.

**moreover**[mɔː'rəʊvə(r)] überdies, zudem, außerdem

Jumbo won't ski anymore; **moreover**, he won't even walk on ice again.
Jumbo wird nie wieder Ski fahren, **außerdem** wird er nie mehr Eis betreten.

**morning**['mɔːnɪŋ] Morgen

Dorby has a hearty breakfast every **morning**. Dorby isst jeden **Morgen** ein kräftiges Frühstück.

**mosque**[mɒsk] Moschee

A **mosque** is common in the Arab countries.
Eine **Moschee** ist in arabischen Ländern nichts Ungewöhnliches.

**mosquito**[məs'kiːtəʊ] Moskito

A **mosquito** is annoying, for it sucks blood.
Ein **Moskito** nervt, weil er Blut saugt.

**most**[məʊst] die meisten

PC Stop is not like **most** policemen.
His shoulders need to be oiled with motor oil.
PC Stop ist nicht so wie die **meisten** Polizisten.
Seine Schultern müssen mit Motorenöl geschmiert werden.
ⓘ least: geringste, -r, -s, wenigste, -r, -s

**moth**[mɒθ] Motte

There are **moths** flying round the lamp.
**Motten** fliegen um die Lampe herum.

**mother**['mʌðə(r)] Mutter

Failure is the **mother** of success. Der Fehlschlag ist die **Mutter** des Erfolges.
ⓘ mum, ma, mummy: Mama, Mutti, Mami

**motion**['məʊʃən] Bewegung

PC Stop made a **motion** with his hand to show us the way.
PC Stop machte eine **Bewegung** mit der Hand, um uns den Weg zu zeigen.

**motor**['məʊtə(r)] Motor

Tiger suggests changing the **motor** of Zip's car.
Tiger schlägt vor, den **Motor** in Zips Wagen zu wechseln.

## **motorcycle**['məʊtəˌsaɪkl] Motorrad

What a tense **motorcycle** race!
Was für ein spannendes **Motorrad**rennen!

## **mount**[maʊnt] hinaufsteigen

Mrs Rhino **mounts** the steps with great difficulty. Mrs Rhino kann nur mühsam die Treppe **hinaufsteigen**.

ⓘ mount a horse:
ein Pferd besteigen
mount a motorcycle:
ein Motorrad besteigen

## **mountain**['maʊntɪn] Berg

Billy Goat enjoys the **mountain** air very much. Billy Goat mag die **Berg**luft sehr gerne.

## **mourn**[mɔːn] (be)trauern

Chimp **mourned** the rotten bananas. Chimp **trauerte** um die verdorbenen Bananen.

## **mouse**[maʊs] Maus

Sniffy **Mouse** was trying to slip away when Tough Cat caught him by the ear. What a poor **mouse**!
Sniffy Mouse versuchte sich wegzuschleichen, als Tough Cat ihn am Ohr packte. Was für eine arme **Maus**!

## **moustache**[mə'stɑːʃ] Schnurrbart

How Sniffy Mouse wishes he could pull off Tough Cat's **moustache** some day!
Wie sehr sich Sniffy Mouse doch wünscht, eines Tages Tough Cats **Schnurrbart** abreißen zu können!

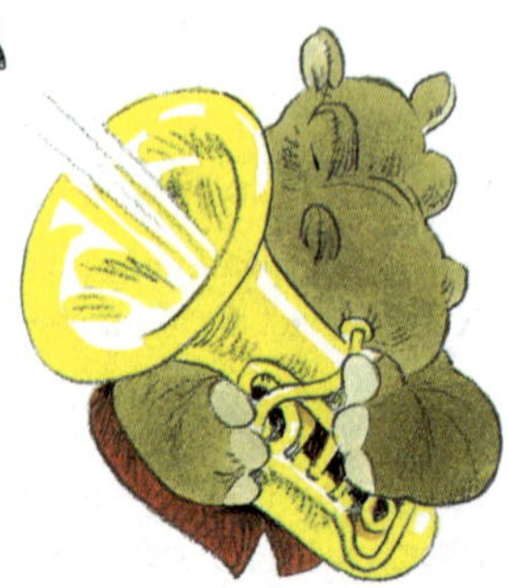

## **mouth**[maʊθ] Mund

A lodger flew out of the **mouth** of Henry's tuba.
Ein Untermieter flog aus der Öffnung von Henrys Tuba.

**move**[muːv] bewegen

The air hostess wants to **move** Crock's tail away. Die Stewardess möchte Crocks Schwanz weg**bewegen**.

**movie**['muːvɪ] Film

I enjoyed that interesting **movie**. Der interessante **Film** hat mir gefallen.
ⓘ go to the movies: ins Kino gehen

**Mr**['mɪstə(r)] Herr

Fireman is very tired because **Mr** Piggles and his wife are such a burden for him. Fireman ist sehr müde, weil **Herr** und Frau Piggles eine solch schwere Last für ihn sind.

**Mrs**['mɪsɪz] Frau

**Mrs** Piggles is very satisfied with such a vehicle. **Frau** Piggles ist sehr zufrieden mit solch einem Fahrzeug.

**Ms**[mɪz] Fräulein

**Ms** Stone is a surgery doctor. **Fräulein** Stone ist Chirurgin.

**much**[mʌtʃ] viel,sehr

Bushytail loves nuts so **much** that he even sleeps in a heap of nuts. Bushytail liebt Nüsse so **sehr**, dass er sogar in einem Haufen Nüsse schläft.
ⓘ how much: wie viel
more[mɔː(r)] mehr, most[məʊst] am meisten

**mud**[mʌd] Schlamm

In this match every player is covered all over with **mud**. In diesem Spiel ist jeder Spieler völlig mit **Schlamm** bedeckt.

**murder**['mɜːdə(r)] Mord

"Who on earth **murdered** the chicken?" Holmes Hound keeps asking himself. "Wer in aller Welt hat das Huhn ermordet?", fragt sich Holmes Hound immer wieder.

A B C D E F G H I J K L M N O P Q R S T U V W X Y Z

## **muscle**['mʌsl] Muskel

Jumpie has developed his leg **muscles** by jumping.
Jumpie hat durch Springen seine Bein**muskeln** trainiert.

## **museum**[mjuː'zɪəm] Museum

Teddy will go to the **museum** with his classmates this Sunday. Teddy geht diesen Sonntag mit seinen Mitschülern ins **Museum**.

## **mushroom**['mʌʃruːm] Pilz

Meek has to take shelter under a **mushroom** in the rain. Meek muss während des Regens unter einem **Pilz** Schutz suchen.

## **music**['mjuːzɪk] Musik

The **music** played by nature is so wonderful that they can't help dancing to it. Die **Musik**, die von der Natur gespielt wird, ist so schön, dass sie einfach dazu tanzen müssen.

## **must**[mʌst] müssen

Robinson **must** be tired after his long walk.
Robinson **muss** nach seinem langen Spaziergang müde sein.
ⓘ You must work harder!: Du musst dir mehr Mühe geben!

## **my**[maɪ] mein

Do you know what **my** ideal is? Weißt du, was **mein** Ideal ist?

## **myself**[maɪ'self] mir, mich, ich (selbst)

I hurt **myself** because of carelessness.
Ich habe **mich** aus Sorglosigkeit verletzt.

## **mysterious**[mɪ'stɪərɪəs] merkwürdig

Holmes Hound met the most **mysterious** case in his career. Holmes Hound wurde mit dem **merkwürdigsten** Fall seiner Karriere konfrontiert.

## **mystery**['mɪstərɪ] Geheimnis, Rätsel

Holmes Hound solved the **mystery**. Holmes Hound löste das **Rätsel**.

**nail**[neɪl] Nagel

Franz fell off the ladder when he was hammering **nails** into the wall. Franz fiel von der Leiter, als er **Nägel** in die Wand schlug.

**naked**['neɪkɪd] nackt

Tommy is as **naked** as the day he was born. Tommy ist splitterfaser**nackt**.

**name¹**[neɪm] Name

"What's your **name**?"
"Wie ist dein **Name**?"
"My **name** is Teddy."
"Mein **Name** ist Teddy."

**name²**[neɪm] nennen

The Bunnikin couple **named** their sons Fluffy, Flip, and Flop. Das Ehepaar Bunnikin **nannte** ihre Söhne Fluffy, Flip und Flop.

**nameless**['neɪmləs] unbekannt, namenlos

There are many **nameless** stars in the sky. Am Himmel gibt es viele **unbekannte** Sterne.

**nap**[næp] Nickerchen

The opera house is a perfect place for Drowsy to take a **nap**. Die Oper ist genau der richtige Ort für Drowsy, um ein **Nickerchen** zu machen.

**narrow**['nærəʊ] eng

The gap in the fence is too **narrow** for Tommy.
Das Loch im Zaun ist zu **eng** für Tommy.
ⓘ wide: weit

**nasty**['nɑːstɪ] ekelhaft, widerlich

Skunk has a **nasty** smell. Skunk riecht **ekelhaft**.

**nation**['neɪʃən] Nation

Teddy loves his **nation**. Teddy liebt sein Land.

**national**['næʃənəl] national

Teddy is in the **national** dress of his mother country.
Teddy trägt die **nationale** Tracht seines Heimatlandes.

**nationality**[ˌnæʃə'nælɪtɪ] Staatsangehörigkeit

"What is your **nationality**?" "Spanish. I'm a bullfighter."
"Welche **Staatsangehörigkeit** hast du?"
"Die spanische. Ich bin Stierkämpfer."

**native**['neɪtɪv] einheimisch

"The cherries are all **native**."
"Die Kirschen stammen alle aus diesem Land."

**natural**['nætʃrəl] natürlich

Thunder is a **natural** phenomenon.
Der Donner ist ein Naturereignis.
ⓘ unnatural[ʌn'nætʃrəl]: unnatürlich

**naturally**['nætʃrəlɪ] von Natur aus

Violet is a **naturally** gifted singer. Violet ist eine begabte Sängerin.

**nature**['neɪtʃə(r)] Natur

Violet loves **nature**, so she never picks flowers. Violet liebt die **Natur** und pflückt daher niemals Blumen.

## **naughty**['nɔːtɪ] frech

After Bongo fell asleep, **naughty** Chimp took one of his bananas. Chimp thought Bongo wouldn't notice it.
Als Bongo eingeschlafen war, nahm sich der **freche** Chimp eine seiner Bananen. Chimp dachte, Bongo würde es nicht merken.

## **navy**['neɪvɪ] Marine

The **navy** is going to test their new warship.
Die **Marine** will ihr neues Kriegsschiff testen.

## **near**[1][nɪə(r)] nahe, bei

Our house is **near** the river.
Unser Haus liegt in der Nähe des Flusses.

## **near**[2][nɪə(r)] nahe

"Captain, we are coming **near** enough to the enemy!" "Kapitän, wir kommen **nahe** genug an den Feind heran."

## **near**[3][nɪə(r)] nah

The railway station is very **near** to my house.
Bis zum Bahnhof ist es von meinem Haus aus nur ein Sprung.

## **nearby**[ˌnɪə'baɪ] nahe gelegen, in der Nähe

Violet lives **nearby**. Violet wohnt **in der Nähe**.

## **nearly**['nɪəlɪ] fast

Flip and Flop were sick. But it looks as if they are **nearly** well now!
Flip und Flop waren krank. Aber es sieht so aus, als ob sie **fast** schon wieder gesund sind!

## **neat**[niːt] ordentlich

Teddy's bedroom is very **neat**.
Teddys Schlafzimmer ist sehr **ordentlich**.
ⓘ untidy: unordentlich

## **necessary**['nesɪsərɪ] notwendig

Bananas are **necessary** for Bongo. Bongo braucht unbedingt Bananen.

**necessity**[nɪ'sesɪtɪ] Notwendigkeit

Mrs Bunnikin buys daily **necessities** in the supermarket.
Mrs Bunnikin kauft die Sachen für den täglichen Bedarf im Supermarkt.

**neck**[nek] Hals

When Gerry's **neck** is hurt, he needs a long bandage and a long straw to take the medicine.
Wenn Gerrys **Hals** verletzt ist, braucht er einen langen Verband und einen langen Strohhalm für seine Arznei.

**necklace**['neklɪs] (Hals-)Kette

Teddy's mother received a pearl **necklace** as a birthday present.
Teddys Mutter bekam eine Perlen**kette** zum Geburtstag.

**need[1]**[ni:d] Notwendigkeit

Mole feels the **need** to wear glasses.
Mole stellt fest, dass er unbedingt eine Brille braucht.
ⓘ in need of: brauchen

**need[2]**[ni:d] brauchen

It seems Mole **needs** glasses indeed!
Es scheint, als ob Mole tatsächlich eine Brille **braucht**!

**needle**['ni:dl] Nadel

We use a **needle** in sewing.
Beim Nähen benutzen wir eine **Nadel**.

**neighbour**['neɪbə(r)] Nachbar

My **neighbour** is a kind-hearted old man. Mein **Nachbar** ist ein gutherziger alter Mann.
ⓘ AE neighbor

**neither**['naɪðə(r)] weder

**Neither** Chimp nor Bongo will lose interest in bananas.
**Weder** Chimp noch Bongo werden ihr Interesse an Bananen verlieren.
ⓘ neither ... nor: weder ... noch

## **nephew**['nefjuː] Neffe

Mrs Piggles treats her **nephew** as her son. Mrs Piggles behandelt ihren **Neffen** wie ihren eigenen Sohn. ☞ niece: Nichte

## **nervous**['nɜːvəs] nervös

The athletes are **nervous** before the gun is sounded. Die Athleten sind **nervös**, bevor der Startschuss fällt.

## **nest**[nest] Nest

Blackwing builds his **nest** in the tree. Blackwing baut sein **Nest** in dem Baum.

## **net**[net] Netz

Spinner had thought a large **net** would catch more flies, but it was Guzzler he caught in the end. Spinner hatte gedacht, mit einem großen **Netz** würde er mehr Fliegen fangen, aber dann fing er Guzzler.

## **never**['nevə(r)] nie, niemals

"I don't understand," thinks the Captain, " my ships **never** sink in the bathtub." "Ich verstehe nicht, warum meine Schiffe in der Badewanne **nie** sinken", denkt der Kapitän.
ⓘ always: immer

## **nevertheless**[ˌnevəðə'les] trotzdem

Robinson travels a lot, but he misses his hometown **nevertheless**. Robinson reist viel, aber **trotzdem** vermisst er seine Heimatstadt.
ⓘ nonetheless: trotzdem

A B C D E F G H I J K L M N O P Q R S T U V W X Y Z

**new**[njuː] neu

At long last, Robinson returned from his travels. "What's **new**?" he asked. "Your home ...," said Zip. Schließlich und endlich kehrte Robinson von seinen Reisen zurück. "Was gibt's **Neues**?", fragte er.
"Dein Zuhause ...", sagte Zip.
ⓘ old: alt

**news**[njuːz] Nachricht(en)

The **news** that his home was burnt out made Robinson really sad.
Die **Nachricht**, dass sein Haus abgebrannt war, machte Robinson richtig traurig.
ⓘ a piece of news: eine Neuigkeit

**newspaper**['njuːzˌpeɪpə(r)] Zeitung

Jim has a habit of reading **newspapers** every day. Jim hat die Angewohnheit, jeden Tag **Zeitung** zu lesen.

**next**[1][nekst] nächste, -r, -s

Meek missed the bus, so he was hurrying to the **next** stop. Meek hatte den Bus verpasst, also raste er zur **nächsten** Haltestelle.
ⓘ next door: nebenan

**next**[2][nekst] dann, danach

Meek is going to take the train **next**. Meek nimmt **danach** den Zug.

**nice**[naɪs] nett, schön, gut, lecker

"Have a **nice** lunch!"
"**Guten** Appetit!"
"Thanks! The same to you!"
"Danke, ebenso!"

**niece**[niːs] Nichte

Jim's **niece** is a close friend of Sniffy Mouse.
Jims **Nichte** ist eine gute Freundin von Sniffy Mouse.

**night**[naɪt] Nacht

Franz slept very well last **night**.
Franz hat letzte **Nacht** sehr gut geschlafen.
ⓘ day: Tag
at night: nachts, abends
Good night!: Gute Nacht!

**no**[nəʊ] nein

The bird said to Franz, "**No** hunting!"
Der Vogel sagte zu Franz: "Jagen verboten!"

**noble**['nəʊbl] edel

Fireman is looked upon as a man of **noble** mind.
Alle halten Fireman für einen Mann mit **edlem** Charakter.

**nobody**['nəʊbədɪ] niemand

**Nobody** is allowed to smoke in the cinema. But Joe knows it too late.
**Niemand** darf im Kino rauchen. Doch Joe hat das vorher nicht gewusst.

**nod**[nɒd] nicken

Fireman asked Joe not to smoke in the cinema anymore and Joe **nodded**.
Fireman bat Joe, nicht mehr im Kino zu rauchen, und Joe **nickte**.

**noise**[nɔɪz] Krach

These bunnies make so much **noise**. Diese Häschen machen so viel **Krach**.
ⓘ make a noise: Krach machen

**none**[nʌn] keine, -r, -s

**None** of the bunnies would stop their funs and games. **Keines** der Häschen hörte auf herumzutollen.

## **nonsense**['nɒnsəns] Unsinn

"Henry makes the best noodles," says Meek. "You are talking **nonsense**!" says Nina.
"Henry macht die besten Nudeln", sagt Meek. "Du redest **Unsinn**!", sagt Nina.

## **noodle**['nu:dl] Nudel

Meek is helping the Mouse Sisters making **noodles**.
Meek hilft den Mäuseschwestern dabei, **Nudeln** zu machen.

## **noon**[nu:n] Mittag

The sun bakes the ground at **noon** in summer.
Im Sommer dörrt die Sonne den Boden um die Mittagsstunde aus.

ⓘ at noon(time): um die Mittagsstunde

## **nor**[nɔ:(r)] noch

I have neither time **nor** money.
Ich habe weder Zeit **noch** Geld.

## **normal**['nɔ:məl] normal

The **normal** temperature of the human body is 36.5°C ~37°C.
Die **normale** Temperatur des menschlichen Körpers beträgt 36,5~37 Grad Celsius.

## **north**[nɔ:θ] Norden

Sam and Wally pop out of the water, "Fancy meeting you at the **North** Pole! "Sam und Wally tauchen aus dem Wasser auf: "Wer hätte gedacht, dass wir uns am Nordpol treffen!"

ⓘ south: Süden

## **northern**['nɔ:ðən] nördlich

Both Sam and Wally are **northern** people. Sam und Wally stammen beide aus dem Norden. ⓘ southern: südlich

**nose**[nəʊz] Nase

Whenever Pinocchio lies, his **nose** will grow immediately. Immer wenn Pinocchio lügt, wächst sogleich seine **Nase**.

**not**[nɒt] nicht

**Not** even a band could awake Drowsy. **Nicht** einmal eine Musikkapelle konnte Drowsy wecken.

**note**[nəʊt] Notiz, Anmerkung

Wise Owl often takes **notes** while reading. Wise Owl macht beim Lesen oft **Notizen**.

**notebook**['nəʊtbʊk] Notizbuch

Teddy's grandpa gets very forgetful. He has to write everything down in his **notebook**. Teddys Opa wird langsam vergesslich. Er muss alles in seinem **Notizbuch** aufschreiben.

**nothing**['nʌθɪŋ] nichts

Jim had always thought that **nothing** would ever frighten him. Jim hatte immer gedacht, dass **nichts** ihn je erschrecken könnte.

ⓘ have nothing to do with: nichts mit etwas zu tun haben

**notice¹**['nəʊtɪs] Bekanntmachung, Schild

There is a "No smoking" **notice** here. Hier steht "Rauchen verboten" auf dem **Schild**.

**notice²**['nəʊtɪs] bemerken, sehen

Oh, it's too late! Crock didn't **notice** the "Wet paint!" sign. Oh, schon zu spät! Crock hat das Schild mit der Aufschrift "Frisch gestrichen" nicht **gesehen**.

**Poverty is no shame, but being ashamed of it is.** [B.Franklin]



A B C D E F G H I J K L M N O P Q R S T U V W X Y Z

## **nought**[nɔːt] Null

One divided by ten is **nought** point one.
Eins geteilt durch zehn ist **null** Komma eins.
A thousand has three **noughts**. Die Zahl 1000 hat drei **Nullen**.
Our team won the game five nil.
Unsere Mannschaft hat das Spiel mit fünf zu **null** gewonnen.
ⓘ zero['zɪərəʊ]: Null

## **novel**['nɒvəl] Roman

Mrs Piggles is reading a **novel** to Piglet. But the **novel** is so dull that they both fall asleep.
Mrs Piggles liest Piglet einen **Roman** vor. Der **Roman** ist aber so langweilig, dass beide einschlafen.

## **November**[nəʊ'vembə(r)] November

**November** is the eleventh month of the year.
Der **November** ist der elfte Monat im Jahr.
☞ calendar

## **now**[naʊ] jetzt

They are shooting a film in the studio **now**. Sie drehen gerade einen Film im Studio.
ⓘ from now on: von jetzt an
now and then:
ab und zu, hin und wieder

## **nowadays**['naʊədeɪz] heutzutage

**Nowadays**, people watch too much television. **Heutzutage** sehen die Leute zu viel Fernsehen.

## **nowhere**['nəʊweə(r)] nirgendwo(hin)

Flop goes **nowhere** when his brothers are not with him. Flop geht ohne seine Brüder **nirgendwohin**.

## **nuclear**['nju:klɪə(r)] nuklear, Kern-, Atom-

**Nuclear** weapons are very dangerous. **Kern**waffen sind sehr gefährlich.

## **number**['nʌmbə(r)] Nummer

Who is that **number** eight? He is such a great batter! Wer trägt die **Nummer** acht? Er ist wirklich ein guter Schlagmann!

ⓘ a number of: eine (ganze) Anzahl von

## **numeral**['nju:mərəl] Ziffer

1, 2, 3, 4, etc. are Arabic **numerals**. 1, 2, 3, 4, etc. sind arabische **Ziffern**.

## **numerous**['nju:mərəs] zahlreich

This great batter has **numerous** fans.
Dieser großartige Schlagmann hat **zahlreiche** Fans.

## **nun**[nʌn] Nonne

Teddy is staying in a hospital under the charge of **nuns**. Teddy ist in einem Krankenhaus, das von **Nonnen** geleitet wird.

## **nurse**[nɜ:s] Krankenschwester

The **nurse** is looking after her patient.
Die **Krankenschwester** sieht nach ihrem Patienten.

## **nursery**['nɜ:sərɪ] Säuglingssaal

There are twenty babies in the **nursery**.
Im **Säuglingssaal** sind zwanzig Babys.

ⓘ nursery school: Kindergarten

## **nut**[nʌt] Nuss

"What **nuts** are you toasting, Piglet?"
"Chestnuts."
"Was für **Nüsse** röstest du da, Piglet?"
"Kastanien."

**oar**[ɔː(r)] Ruder

Bucktooth made a small **oar** from a log.
Bucktooth hat aus einem Baumstamm ein kleines **Ruder** gemacht.

**oat**[əʊt] Hafer

The **oats** in the fields are ready for harvesting.
Der **Hafer** auf den Feldern ist reif für die Ernte.

**obedient**[ə'biːdɪənt] gehorsam

Teddy is an **obedient** child. Teddy ist ein **gehorsames** Kind.
ⓘ disobedient: ungehorsam

**obey**[ə'beɪ] gehorchen

Teddy is **obeying** the doctor's advice. He is rubbing the ointment on the spot where he hit his head.
Teddy **gehorcht** der Anweisung des Doktors. Er reibt die Salbe auf die Stelle, wo er sich den Kopf gestoßen hat.
ⓘ disobey: nicht gehorchen

**object**['ɒbdʒɪkt] Ding

What is that **object** on the table?
Was ist das **Ding** auf dem Tisch?

**observe**[əb'zɜːv] beobachten

Guzzler is **observing** the candle. He will eat it as soon as it goes out. Guzzler **beobachtet** die Kerze. Sobald sie erlischt, wird er sie essen.

**obtain**[əb'teɪn] erwerben

"Reading is the best way to **obtain** knowledge," said Wise Owl.
"Lesen ist der beste Weg, Wissen zu **erwerben**", sagte Wise Owl.

**obvious**['ɒbvɪəs] klar, offenkundig

"It is **obvious** that you will not change," said the judge." Forty days without bubble gum!" "Es ist **offenkundig**, dass du dich nicht ändern wirst", sagte der Richter. "Vierzig Tage ohne Kaugummi!"

**occasion**[ə'keɪʒən] Anlass

She wears jewellery only on great **occasions**. Sie trägt Schmuck nur zu besonderen **Anlässen**.

ⓘ on occasion: gelegentlich

**occupation**[ˌɒkjʊ'peɪʃən] Beruf

"What's your **occupation**, Bandit?" asked the judge. "I'm a ... a porter," he answered. "Was bist du von **Beruf**, Bandit?", fragte der Richter. "Ich b ... bin Pförtner", antwortete er.

**occupy**['ɒkjʊpaɪ] besetzen

"Be careful, Henry! These two seats are **occupied**!" "Achtung, Henry! Diese zwei Plätze sind **besetzt**!"

**occur**[ə'kɜː(r)] vorkommen

Sandstorms often **occur** here in spring. Im Frühling gibt es hier oft Sandstürme.

**ocean**['əʊʃən] Ozean

The Atlantic **Ocean** is huge. Der Atlantische **Ozean** ist riesig.

**Oceania**[ˌəʊʃɪ'eɪnɪə] Ozeanien

The kangaroo is an animal unique to the **Oceania**. Das Känguru ist ein Tier, das es nur in **Ozeanien** gibt.

**o'clock**[ə'klɒk] Uhr

Teddy goes to bed before nine **o'clock** every night. Teddy geht jeden Abend vor 9 **Uhr** zu Bett.

## **October**[ɒk'təʊbə(r)] Oktober

**October** 31st is Halloween. On this day, the Ladybirds will hollow out pumpkins and carve them into ghost faces. Am 31. **Oktober** ist Halloween. An diesem Tag höhlen die Marienkäfer Kürbisse aus und schneiden Geistergesichter hinein. ☞ calendar

## **odd**[ɒd] merkwürdig

Funny Wolf wears rather **odd** clothes.
Funny Wolf trägt ziemlich **merkwürdige** Kleidung.

## **of**[ɒv; əv] von

Jumpie wants to visit the rivers and oceans **of** the world in a hot-air balloon.
Jumpie möchte die Flüsse und Ozeane der Welt in einem Heißluftballon besuchen.

## **off**[ɒf] hinunter, herunter

The hot-air balloon burst. Jumpie fell **off** and hurt his legs.
Der Heißluftballon platzte.
Jumpie fiel **hinunter** und verletzte sich die Beine.

## **offer**['ɒfə(r)] anbieten

Mole **offered** Jumpie a piece of good advice. Mole **bot** Jumpie einen guten Ratschlag **an**.

## **office**['ɒfɪs] Büro

Mr Dollar's **office** in the bank is well-equipped.
Das **Büro** von Mr Dollar in der Bank ist gut ausgestattet.

**officer**['ɒfɪsə(r)] Offizier

The soldiers salute the **officer** when they meet him.
Die Soldaten salutieren vor dem **Offizier**, als sie ihn sehen.

**official**[ə'fɪʃəl] amtlich

This is an **official** letter.
Dies ist ein **amtliches** Schreiben.

**often**['ɒfn] oft

Humpback **often** goes to the seashore for a vacation. Humpback macht **oft** Urlaub an der See.

**oh**[əʊ] Oh!

"**Oh**, my God!
The bell is ringing!
I'm late!" "**Oh** mein Gott!
Es klingelt! Ich bin spät dran!"

**oil**[ɔɪl] Öl

Humpback discovered an **oil** well, and he kept it such a big secret ... but now he can't find it anymore.
Humpback hat eine Ölquelle entdeckt und es völlig geheim gehalten ..., aber jetzt kann er sie nicht mehr finden.

**OK**[ˌəʊ'keɪ] okay

"Today I did **OK** but I 'd better have a good rest now," thinks Humpback.
"Heute lief alles ganz **okay**, aber jetzt ruhe ich mich lieber aus", denkt Humpback.

## **old**[əʊld] alt

Sleeping under a starry sky is an **old** habit of Robinson. Unter sternklarem Himmel zu schlafen ist eine **alte** Angewohnheit von Robinson.
ⓘ new: neu; young: jung
older, elder['eldə], oldest, eldest['eldɪst]

## **Olympic**[əʊ'lɪmpɪk] olympisch

The **Olympic** Games of 2008 will be held in Beijing. Die **Olympischen** Spiele 2008 finden in Peking statt.

## **on**$^{1}$[ɒn] auf

Tip Tap is dancing **on** his top hat. Tip Tap tanzt **auf** seinem Zylinder.

## **on**$^{2}$[ɒn] weiter

Tip Tap wants the band to play **on**. Tip Tap möchte, dass die Band **weiter**spielt.
ⓘ and so on: und so weiter; on and on: immer weiter

## **once**[wʌns] einmal

The Rhinos go to the cinema **once** a week. Die Rhinos gehen **einmal** pro Woche ins Kino. ⓘ at once: sofort; once upon a time: es war einmal

## **oneself**[wʌn'self] sich, sich selbst

To teach oneself English is not an easy task.
**Sich selbst** Englisch beizubringen, ist keine leichte Aufgabe.

## **only**$^{1}$['əʊnlɪ] nur

Drowsy was awake **only** one day this week.
Drowsy war diese Woche **nur** an einem Tag wach.
ⓘ not only ... but also: nicht nur ..., sondern auch ...

## **only**$^{2}$['əʊnlɪ] einzige, -r, -s

This is the **only** apple left on the tree.
Das ist der **einzige** Apfel, der noch am Baum hängt.

## **onto**['ɒntʊ] auf

Mr Piggles carries baskets of apples **onto** the truck.
Mr Piggles trägt Körbe voller Äpfel **auf** den Lastwagen.

**open**[1]['əʊpən] offen, geöffnet

The shop is **open** now. Das Geschäft ist jetzt **geöffnet**.
ⓘ closed: geschlossen

**open**[2]['əʊpən] öffnen

Piglet **opened** the door suddenly while Painty was painting it. Piglet **öffnete** plötzlich die Tür, während Painty sie strich.
ⓘ close, shut: schließen

**opera**['ɒpərə] Oper

Henry often goes to the **opera**.
Henry geht oft in die **Oper**.

**operate**['ɒpəreɪt] in Betrieb sein

The machine **operates** night and day. Die Maschine **ist** Tag und Nacht **in Betrieb**.

**operation**[ˌɒpə'reɪʃən] Operation

Fireman needs an **operation** on his head.
Fireman muss am Kopf operiert werden.

**opinion**[ə'pɪnjən] Meinung

Mr Rhino has just given Painty his **opinion** on his portrait.
Mr Rhino hat Painty gerade spüren lassen, was er von seinem Porträt hält.

**opportunity**[ˌɒpə'tju:nɪtɪ] Gelegenheit

As soon as Bongo got his new hammer, he took the **opportunity** to test Fireman's helmet.
Sobald Bongo seinen neuen Hammer hatte, nutzte er die **Gelegenheit**, Firemans Helm zu testen.

**oppose**[ə'pəʊz] ablehnen

Fireman **opposes** violence.
Fireman **lehnt** Gewalt **ab**.
ⓘ support: unterstützen

## **opposite**['ɒpəzɪt] entgegengesetzt

Mr Rhino is riding in the **opposite** direction to the others.
Mr Rhino fährt in die **entgegengesetzte** Richtung zu den anderen.
ⓘ same: gleiche, -r, -s

## **or**[ɔ:(r)] oder

Is Mr Rhino right **or** wrong?
Hat Mr Rhino Recht **oder** Unrecht?

## **orange**['ɒrɪndʒ] Apfelsine

Every child got an **orange** for dessert during lunch today.
Jedes Kind bekam heute beim Mittagessen eine **Apfelsine** als Nachtisch.

## **order**[1]['ɔ:də(r)] damit

Pan Pan drew a detour in **order** to save the tree. Pan Pan zeichnete einen Bogen, **damit** der Baum gerettet wird.
ⓘ keep in order: unter Kontrolle halten

## **order**[2]['ɔ:də(r)] bestellen

They **ordered** a very comfortable yacht.
Sie **bestellten** eine äußerst komfortable Yacht.

## **ordinary**['ɔ:dnrɪ] gewöhnlich

That isn't an **ordinary** yacht.
Das ist keine **gewöhnliche** Yacht.

## **organization**[ˌɔ:gənaɪ'zeɪʃən] Organisation

Lionstein works in a research **organization**.
Lionstein arbeitet für eine Forschungs**organisation**.

## **original**[ə'rɪdʒənl] ursprünglich

Meek thinks the new design of the yacht is better than the **original** one.
Meek hält das neue Design der Yacht für besser als das **ursprüngliche**.

## **orphan**['ɔːfən] Waise

Bandit has been an **orphan** since he was little. Bandit ist seit seiner frühen Kindheit **Waise**.

## **other**[1]['ʌðə(r)] andere, -r , -s

If Bandit wins at chess, will he get to the **other** side of the bars? Wird Bandit auf die **andere** Seite des Gitters gelangen, wenn er das Schachspiel gewinnt?

## **other**[2]['ʌðə(r)] andere, -r, -s

One player is Bandit, the **other** is PC Stop.
Bandit ist der eine Spieler, der **andere** ist PC Stop.

## **otherwise**['ʌðəwaɪz] sonst, andernfalls

"Let me win, **otherwise** you'll be in trouble," PC Stop said to Bandit.
"Lass mich gewinnen, **sonst** bekommst du Ärger", sagte PC Stop zu Bandit.

## **ought**[ɔːt] sollte, müsste

The barber thinks Lionstein **ought** to have visited him much earlier.
Der Friseur meint, Lionstein hätte viel früher zu ihm kommen **sollen**.

## **ounce**[aʊns] Unze

The necklace is made of half an **ounce** of gold.
Die Halskette besteht aus einer halben **Unze** Gold.

## **our**['aʊə(r)] unser, -e, -s

**Our** activity this weekend will be cycling.
**Unsere** Freizeitbeschäftigung an diesem Wochenende wird das Radfahren sein.

## **ours**['aʊəz] unsere, -r, -s

"This extraordinary bicycle is **ours**, " Piglet said proudly.
"Dieses außergewöhnliche Fahrrad gehört **uns**", sagte Piglet stolz.

## **ourselves**[ˌaʊə'selvz] selbst

We can do the work by **ourselves**. Wir können diese Arbeit **selbst** erledigen.

## **out**[aʊt] hinaus

Prickle is sure that he could go inside Joy's house, but he doubts that he could get **out**. Prickle ist sich sicher, dass er in Joys Haus hineingehen könnte, aber er bezweifelt, dass er **hinaus** käme.

ⓘ in: hinein

## **outdoors**['aʊt'dɔːz] draußen

Prickle spends most of his time playing **outdoors**. Prickle verbringt die meiste Zeit damit, **draußen** zu spielen. ⓘ indoors: drinnen

## **outside**[1]['aʊt'saɪd] draußen

The milkman puts milk bottles **outside** the door of Teddy's home every early morning. Jeden Morgen ganz früh stellt der Milchmann Milchflaschen **draußen** vor die Tür von Teddys Haus. ⓘ inside: drinnen

## **outside**[2]['aʊt'saɪd] draußen

"Please go **outside** and take the milk bottles, Teddy." "Bitte geh nach **draußen** und bring die Milchflaschen rein, Teddy." ⓘ inside: drinnen

## **oven**['ʌvn] Ofen

Teddy loves to bake chicken in an **oven**. Teddy brät unwahrscheinlich gerne Hähnchen im **Ofen**.

ⓘ microwave oven: Mikrowelle

## **over**[1]['əʊvə(r)] über

The plane is flying **over** the bridge. Das Flugzeug fliegt **über** die Brücke.

## **over**[2]['əʊvə(r)] über

Zip's car turned **over** on the highway. Zips Auto hat sich auf der Autobahn **über**schlagen.

ⓘ over and over again: immer wieder; over there: dort drüben

**overturn**[ˌəʊvə'tɜːn] umkippen, umstürzen

Jumpie was curious to know how the car had **overturned** and whether Zip was all right.
Jumpie wollte unbedingt wissen, wie das Auto **umgekippt** war und ob mit Zip alles in Ordnung war.

**owe**[əʊ] schulden

Blackwing **owes** a lot of money to Mr Dollar. Blackwing **schuldet** Mr Dollar eine Menge Geld.

**owl**[aʊl] Eule

"I am Wise Owl. I am an **owl**. I teach arithmetic in a school."
"Ich bin Wise Owl. Ich bin eine **Eule**. Ich unterrichte Rechnen in einer Schule."

**own**[1][əʊn] besitzen

Flip **owns** a new motorcycle, but he doesn't know how to ride it.
Flip **besitzt** ein neues Motorrad, aber er weiß nicht, wie man darauf fährt.

**own**[2][əʊn] eigene, -r, -s

Flip sits on his **own** helmet. Flip sitzt auf seinem **eigenen** Helm.

**owner**['əʊnə(r)] Besitzer

Jumpie is the **owner** of this new-fashioned bicycle.
Jumpie ist der **Besitzer** dieses modernen Fahrrades.

**ox**[ɒks] Ochse

An **ox** can't live without grass.
Ein **Ochse** kann ohne Gras nicht leben.
ⓘ oxen['ɒksən]: Ochsen

**oxygen**['ɒksɪdʒən] Sauerstoff

Jumpie will spend some time out of water whenever he feels like breathing more **oxygen**.
Jumpie hält sich immer dann an Land auf, wenn er mehr **Sauerstoff** tanken möchte.

A B C D E F G H I J K L M N O P Q R S T U V W X Y Z

**pace**[peɪs] Tempo

Joy slowed down his **pace** to let Slow keep up with him.
Joy verlangsamte sein **Tempo**, damit Slow mit ihm mithalten konnte.

**Pacific**[pə'sɪfɪk] Pazifik

The **Pacific** is the largest ocean on the earth. Der **Pazifik** ist der größte Ozean der Erde.

**pack**[1][pæk] packen

On the way to the parade, all were **packed** into one bus.
Auf dem Weg zur Parade waren alle in einen Bus **gepackt**.
ⓘ unpack: auspacken

**pack**[2][pæk] Schachtel, Packung

Joe paid one dollar for a **pack** of cigarettes.
Joe bezahlte einen Dollar für eine **Schachtel** Zigaretten.

**package**['pækɪdʒ] Paket

Today I received a large **package** from home.
Heute habe ich ein großes **Paket** von zu Hause bekommen.

**page**[peɪdʒ] Seite

Guzzler was so hungry. He tore a **page** out of a book and began to eat it. Guzzler war sehr hungrig. Er riss eine **Seite** aus einem Buch und aß sie.

**pain**[peɪn] Schmerz

After hugging Prickle, Dorby got such an awful **pain** that he was in tears. Nachdem er Prickle umarmt hatte, hatte Dorby solch furchtbare **Schmerzen**, dass er weinen musste.

**painful**['peɪnfʊl] schmerzhaft

Hugging Prickle is really a **painful** experience.
Prickle zu umarmen, ist wirklich eine **schmerzhafte** Angelegenheit.

**paint**[1][peɪnt] streichen

Painty and Piglet are **painting** the roof of the cowshed. Painty und Piglet **streichen** das Dach des Kuhstalls.

**paint**[2][peɪnt] Farbe

It was careless of Painty to pour the **paint** over a cow.
Es war unachtsam von Painty, die **Farbe** über eine Kuh zu kippen.

**painting**['peɪntɪŋ] Gemälde

The **painting** on the wall is a famous one in the world.
Das **Gemälde** an der Wand ist weltberühmt.

**pair**[peə(r)] Paar

"I thought you would bring water," says Jumbo. "But I thought you would bring water," says Chimp. What a fine **pair** they are! "Ich dachte, du holst Wasser", sagt Jumbo. "Aber ich dachte, du holst Wasser", sagt Chimp. Die beiden sind ja ein tolles Gespann!

**palace**['pælɪs] Palast

Jumbo and Chimp are searching for a legendary ancient **palace** in the desert. Jumbo und Chimp suchen nach einem legendären alten **Palast** in der Wüste.

A B C D E F G H I J K L M N O P Q R S T U V W X Y Z

## pale[peɪl] blass

Pan Pan's face looks so **pale**; he should see a doctor.
Pan Pans Gesicht sieht so **blass** aus; er sollte einen Arzt aufsuchen.

## palm[pɑːm] Handfläche

Jumbo's **palms** are much larger than Pan Pan's. Jumbos **Handflächen** sind viel größer als die von Pan Pan.

## panda['pændə] Panda

The **panda** is very unlucky, for his customer is Jumbo. Der **Panda** hat wirklich Pech, denn er hat Jumbo als Kunden.

## panic['pænɪk] Panik

Bandit feels **panic** whenever he sees PC Stop. Jedes Mal, wenn Bandit PC Stop sieht, überkommt ihn ein Gefühl der **Panik**.

## pants[pænts] Hose

Fluffy and his brothers all like wearing **pants**. Fluffy und seine Brüder tragen alle gerne **Hosen**.

## paper['peɪpə(r)] Zeitung

Mr Bunnikin can't get a bit of peace and quiet to read his **paper**.
Mr Bunnikin bekommt auch nicht einen Hauch von Ruhe und Frieden, um seine **Zeitung** lesen zu können.

## parachute['pærəʃuːt] Fallschirm

Pardy uses a **parachute** in the race to land safely from high places. Pardy verwendet einen **Fallschirm** im Rennen, um sicher zu landen, wenn er Anhöhen hinabfährt.

## parcel['pɑːsl] Paket

Mann went to the Arctic to deliver a **parcel** to Wally. Mann ging in die Arktis, um Wally ein **Paket** zuzustellen.

## **pardon**['pɑːdn] Verzeihung

I beg your **pardon** for interrupting you. Verzeihen Sie bitte, dass ich Sie unterbreche.
ⓘ I beg your pardon!: Ich bitte um Verzeihung!

## **parents**['peərənts] Eltern

All **parents** love their children.
Alle **Eltern** lieben ihre Kinder.
ⓘ parent: Elternteil

## **park**[1]['pɑːk] Park

The children are enjoying themselves in the **park**.
Die Kinder amüsieren sich im **Park**.

## **park**[2]['pɑːk] parken, abstellen

You can't **park** your car everywhere. Du kannst dein Auto nicht überall **abstellen**.
ⓘ park a car: ein Auto parken, abstellen; No parking!: Parken verboten!

## **parrot**['pærət] Papagei

The **parrot** wants to have a chat with Teddy.
Der **Papagei** möchte mit Teddy plauschen.

## **part**[pɑːt] Teil

Teddy doesn't like this **part** of the story.
Teddy mag diesen **Teil** der Geschichte nicht.
ⓘ take part in: teilnehmen an

## **particular**[pə'tɪkjʊlə(r)] besondere, -r, -s

The **particular** part Teddy likes is Chapter 2.
Der spezielle Teil, der Teddy gefällt, ist das Kapitel 2.

## **particularly**[pə'tɪkjʊləlɪ] besonders, vor allem

Teddy dislikes maths **particularly**.
Teddy mag **besonders** Mathematik nicht.

## **parting**['pɑːtɪŋ] Abschied

Jumbo cried at **parting**. Jumbo weinte beim **Abschied**.

**partly**['pɑːtlɪ] teilweise

Zip was only **partly** responsible for the accident. Zip war nur **teilweise** für den Unfall verantwortlich.

**partner**['pɑːtnə(r)] Partner

Flip and Flop are most of the time good **partners**. Flip und Flop sind die meiste Zeit gute **Partner**.

**party**['pɑːtɪ] Party

Beaky is sure that he'll be the most elegant guest at the **party**. Beaky ist sich sicher, dass er der eleganteste Gast auf der **Party** sein wird.

ⓘ birthday party: Geburtstagsparty

**pass**[pɑːs] vorbeifahren, bestehen

The bus **passes** the post office. Der Bus **fährt** an der Post **vorbei**.
Flip didn't **pass** the exam. His father was very angry. Flip hat die Prüfung nicht **bestanden**. Sein Vater war sehr verärgert.

ⓘ fail: durchfallen pass the exam: die Prüfung bestehen
pass by: vorbeigehen, vorbeifahren, vergehen

**passage**['pæsɪdʒ] Durchfahrt

The **passage** of taxis is forbidden here, Henry! Taxis dürfen hier nicht durchfahren, Henry!

**passenger**['pæsɪndʒə(r)] Fahrgast

Henry is an extraordinary **passenger** for the taxi driver. Henry ist ein außergewöhnlicher **Fahrgast** für den Taxifahrer.

**passion**['pæʃən] Vorliebe

Holmes Hound has a **passion** for detective stories.
Holmes Hound hat eine **Vorliebe** für Detektivgeschichten.

**passport**['pɑːspɔːt] Reisepass, Pass

Teddy has a British **passport**. Teddy hat einen britischen **Pass**.

**past¹**[pɑːst] vergangene, -r, -s

Jumbo has not been feeling well in the **past** few days.
Jumbo hat sich während der **vergangenen** paar Tage nicht wohl gefühlt.

**past²**[pɑːst] nach

The last bus sets off at twenty **past** eight.
Der letzte Bus fährt um zwanzig **nach** acht ab.

**past³**[pɑːst] Vergangenheit

Mr Dollar was once a bank clerk in the **past**.
Mr Dollar war in der **Vergangenheit** einmal Bankangestellter.
ⓘ future: Zukunft

**paste¹**[peɪst] kleben

Bongo nearly **pasted** himself onto the wall. Bongo hat sich fast selber an die Wand **geklebt**.

**paste²**[peɪst] Kleister

Bongo used too much **paste** to stick the poster well. Bongo hat zu viel **Kleister** benutzt, um das Plakat richtig anzukleben.

**path**[pɑːθ] Pfad, Weg

There is a **path** through the forest. Ein **Pfad** führt durch den Wald.

**patient¹**['peɪʃənt] geduldig

If you would be a little patient, the doctor will come soon.
Nur noch einen Augenblick **Geduld**. Der Doktor kommt gleich.
ⓘ impatient: ungeduldig

**patient²**['peɪʃənt] Patient

Dr Spotty looked after his **patient** very carefully. Dr. Spotty kümmerte sich sehr sorgfältig um seinen **Patienten**.

Friendship is love without his wings. [G.Byron]



## pattern['pætən] Muster

Teddy wears a shirt with a flower **pattern**.
Teddy trägt ein Hemd mit einem Blumen**muster**.

## pause[pɔːz] Pause

Lionstein keeps on calculating without a **pause**. Lionstein rechnet ohne **Pause** weiter.

## paw[pɔː] Pfote

"Take your dirty **paws** off me!" Jimmy shouted to Tommy.
"Nimm deine dreckigen **Pfoten** von mir!", schrie Jimmy Tommy an.

## pay[peɪ] (be)zahlen

I **paid** five euros for that book. Ich habe fünf Euro für das Buch **bezahlt**.
ⓘ pay for sth.: etw. (be)zahlen
pay off: sich auszahlen, etw. abbezahlen
☞ Anhang

## peace[piːs] Frieden

Troopie loves **peace**.
Troopie liebt den **Frieden**.

## peanut['piːnʌt] Erdnuss

Teddy loves **peanut** butter.
Teddy liebt **Erdnuss**butter.

## pearl[pɜːl] Perle

**Pearls** form inside the shells of some shellfish.
**Perlen** entstehen im Schaleninneren einiger Schaltiere.

## peasant['pezənt] Bauer

**Peasants** are very busy in the harvest season.
**Bauern** sind während der Erntezeit sehr beschäftigt.

**peck**[pek] picken

The bird **pecks** at Teddy's window, begging for food. Der Vogel **pickt** an Teddys Fenster und bettelt um Futter.

**pedal**['pedl] Pedal

Tiger has made a bicycle by himself, but it has no **pedals** or brakes. Tiger hat selbst ein Fahrrad gebaut, aber es hat weder **Pedale** noch Bremsen.

**pen**[pen] Füller

Teddy writes with a **pen**. Teddy schreibt mit einem **Füller**.

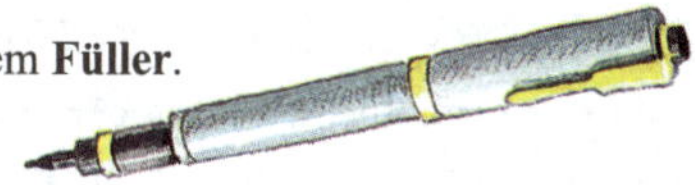

**pencil**['pensl] Bleistift

Teddy sketches with a **pencil**. Teddy macht mit einem **Bleistift** Skizzen.

**penny**['penɪ] Penny

These pencils cost thirty **pennies** each. Diese Bleistifte kosten dreißig **Pennys** das Stück.

**people**['pi:pl] Leute

Oscar held a party and a lot of **people** came. Oscar gab eine Party und viele **Leute** kamen.

**per**[pɜ:(r)] pro

Piglet is driving his car at 160 kilometres **per** hour.
Piglet fährt sein Auto mit einer Geschwindigkeit von 160 Kilometer **pro** Stunde.

**per cent**[pə'sent] Prozent

The crop on Mr Piggles' farm has in-creased by twenty **per cent** this year.
Der Ernteertrag auf Mr Piggles' Farm ist in diesem Jahr um zwanzig **Prozent** gestiegen.
ⓘ AE percent: Prozent

**perfect**['pɜ:fɪkt] perfekt

Piglet can't believe it. What a **perfect** shot! Piglet kann es nicht glauben. Was für ein **perfekter** Schuss!

**If you do not learn to think when you are young, you may never.** [T.Edison]



## perfectly['pɜːfɪktlɪ] perfekt, vollendet

The sculptor finished his work **perfectly**. Now he has time to make a snowman with children. Der Bildhauer hat seine Arbeit meisterhaft vollendet. Jetzt hat er Zeit, mit den Kindern einen Schneemann zu bauen.

## perform[pə'fɔːm] verrichten, erfüllen

PC Stop **performs** many tasks. PC Stop **verrichtet** viele Aufgaben.

## perfume['pɜːfjuːm] Parfüm

"I'd like a big bottle of **perfume**, please!" says Skunk. "Ich hätte gern eine große Flasche **Parfüm**!", sagt Skunk.

## perhaps[pə'hæps] vielleicht

"Do you think perfume can cover your smell, Skunk?" "**Perhaps**." "Glaubst du, dass Parfüm deinen Gestank unterdrücken kann, Skunk?" "**Vielleicht**."

## period['pɪərɪəd] Zeitraum

The airport will close down for a **period** of two weeks. Der Flughafen wird für einen **Zeitraum** von zwei Wochen schließen.

## permit[pə'mɪt] erlauben

"Hunting is not **permitted** here!" said the bird. "Das Jagen ist hier nicht **erlaubt**!", sagte der Vogel.

## person['pɜːsn] Person, Mensch

You are just the **person** I want to see. Du kommst wie gerufen.

## personal['pɜːsənl] persönlich

Bandit needs a **personal** lawyer. Bandit braucht einen **persönlichen** Rechtsanwalt.

**persuade**[pə'sweɪd] überreden, überzeugen

Could anybody **persuade** Bandit not to steal anymore?
Könnte irgendjemand Bandit dazu **überreden**, nicht mehr zu stehlen?

**pet**[pet] Haustier

Violet keeps a cat as a **pet**. Violet hält eine Katze als **Haustier**.

**petrol**['petrəl] Benzin

Bongo works at a **petrol** station.
Bongo arbeitet an einer Tankstelle.
ⓘ AE gasoline['gæsəliːn]

**phone**[fəʊn] Telefon

Teddy's father is busy operating the traffic on the **phone**. Teddys Vater ist damit beschäftigt, den Verkehr über das **Telefon** zu regeln.
☞ telephone

**photo**['fəʊtəʊ] Foto

Teddy has some old **photos** of his family. Teddy hat ein paar alte Familien**fotos**.
ⓘ take a photo: ein Foto machen

**physical**['fɪzɪkl] körperlich

Teddy does **physical** exercises every day.
Teddy treibt jeden Tag Sport.

**physics**['fɪzɪks] Physik

Teddy's mother teaches **physics** in a private school. Teddys Mutter unterrichtet **Physik** in einer Privatschule.

**piano**['pjænəʊ] Klavier

Teddy's sister is dancing to the **piano** music played by her mother.
Teddys Schwester tanzt zu der **Klavier**musik ihrer Mutter.

## **pick**[pɪk] pflücken

Buzz hates those people who **pick** flowers. Buzz hasst Menschen, die Blumen **pflücken.**
ⓘ pick out: aussuchen; pick up: aufheben

## **picnic**[1]['pɪknɪk] Picknick

Everyone enjoys the **picnic** on the grass very much. Alle genießen das **Picknick** auf dem Gras sehr.

## **picnic**[2]['pɪknɪk] picknicken

Bim, Bam, Boom, and the Mouse Sisters are going to **picnic** by the river. But they find nobody has brought food when they want to begin eating. Bim, Bam, Boom und die Mäuseschwestern wollen am Fluss **picknicken**. Als sie mit dem Essen beginnen wollen, stellen sie fest, dass niemand etwas mitgebracht hat.

## **picture**['pɪktʃə(r)] Bild

The reporters are taking **pictures** of the winners. Die Reporter fotografieren die Sieger.
ⓘ take a picture: fotografieren, ein Foto machen

## **pie**[paɪ] Pastete, Obstkuchen

Piglet can eat up five apple **pies** at one time. Piglet kann fünf gedeckte Apfel**kuchen** auf einmal essen.

## **piece**[piːs] Stück

Guzzler gets so angry; he bites the plate into **pieces**. Guzzler wird so wütend, dass er den Teller in **Stücke** beißt. ⓘ a piece of: ein Stück

## **pig**[pɪg] Schwein

Piglet has always been saying that **pigs** are cleverer than most other animals. Piglet hat schon immer gesagt, dass **Schweine** klüger sind als die meisten anderen Tiere.

## **pigeon**['pɪdʒɪn] Taube

Mrs Piggles plans to raise some **pigeons** on her farm.
Mrs Piggles will ein paar **Tauben** auf ihrer Farm aufziehen.

## **pile**[paɪl] Haufen, Stoß, Stapel Menge, Masse

Henry and Jumbo have just finished their lunch. The Ladybirds have a **pile** of dishes to wash now. Henry und Jumbo sind gerade mit dem Mittagessen fertig. Die Marienkäfer müssen jetzt einen ganzen **Stapel** Teller abwaschen.

## **pill**[pɪl] Tablette

Jumbo has to take six **pills** a day to cure his cold.
Jumbo muss jeden Tag sechs **Tabletten** gegen seine Erkältung nehmen.

## **pillow**['pɪləʊ] (Kopf-)Kissen

To prevent from being hurt, they bind a **pillow** onto the back while skating. Um Verletzungen vorzubeugen, binden sie sich zum Eislaufen ein **Kissen** auf den Rücken.

## **pilot**['paɪlət] Pilot

The **pilot** said to his assistant, "Pay attention! The plane is landing."
Der **Pilot** sagte zu seinem Copiloten: "Passen Sie auf! Das Flugzeug landet."

## **pin**[pɪn] Stecknadel

Wise Owl used a **pin** to fasten the file.
Wise Owl benutzte eine **Stecknadel**, um die Akte zu befestigen.

## **pine**[paɪn] Kiefer

Mr Piggles is carrying a big **pine** tree to his farm. Mr Piggles transportiert eine große **Kiefer** zu seiner Farm.

## **ping-pong**['pɪŋpɒŋ] Tischtennis

Flip often plays **ping-pong** with Flop. Flip spielt oft **Tischtennis** mit Flop.
ⓘ ping-pong = table tennis

A B C D E F G H I J K L M N O P Q R S T U V W X Y Z

**pink**[pɪŋk] rosa

The colour of Piglet's skin is like a **pink** rose. Piglets Haut gleicht einer **rosa**farbenen Rose.

**pioneer**[ˌpaɪə'nɪə(r)] Pionier

The pirates praise themselves **pioneers** on the sea. Die Piraten loben sich als die **Pioniere** der See.

**pipe**[paɪp] Rohr

The water flows along a **pipe** to the field. Das Wasser fließt durch ein **Rohr** auf das Feld.

**pirate**['paɪərɪt] Pirat

The **pirates** are very surprised to find so much treasure when they open the chest. Als die **Piraten** die Truhe öffnen, wundern sie sich darüber, einen so großen Schatz zu finden.

**pistol**['pɪstl] Pistole

Each of the pirates takes a **pistol** with him. Jeder der Piraten nimmt eine **Pistole** mit.

**pit**[pɪt] Grube

Von Fox fell into a **pit** in his carelessness. Dank seiner Unvorsichtigkeit fiel von Fox in eine **Grube**.

**pity**['pɪtɪ] Mitleid

People feel no **pity** for Bandit when he goes to prison. Die Leute haben kein **Mitleid** mit Bandit, als er ins Gefängnis geht.

ⓘ What a pity!: Wie schade!

**place¹**[pleɪs] Ort

Mother's pouch is a comfortable **place** for the baby kangaroo. Der Beutel der Mutter ist ein bequemer **Ort** für das Baby-Känguru.

ⓘ take place: stattfinden

take the place of: jdn./etw. ersetzen

**place²**[pleɪs] setzen, stellen, legen

Where to **place** her baby is not a problem for a mother kangaroo. Für eine Kangurumutter stellt es kein Problem dar, wo sie ihr Baby unterbringen soll.

## **plain**[pleɪn] (ganz) einfach

Teddy wrote a poem in **plain** English.
Teddy hat ein Gedicht in **ganz einfachem** Englisch geschrieben.

## **plan**[1][plæn] planen

The navy is **planning** to build a new submarine this year. Die Marine beabsichtigt, dieses Jahr ein neues U-Boot zu bauen.

## **plan**[2][plæn] Plan

Ken's **plan** for his summer holidays is to go travelling in Scandinavia.
Ken hat vor, in seinen Sommerferien Skandinavien zu bereisen.

## **plane**[pleɪn] Flugzeug

Ken's holiday plans are realized. He is boarding the **plane** to Oslo. Kens Ferienpläne sind verwirklicht. Er besteigt das **Flugzeug** nach Oslo.

## **planet**['plænɪt] Planet

There are nine **planets** in the solar system. They move around the sun. Es gibt neun **Planeten** im Sonnensystem. Sie bewegen sich um die Sonne.

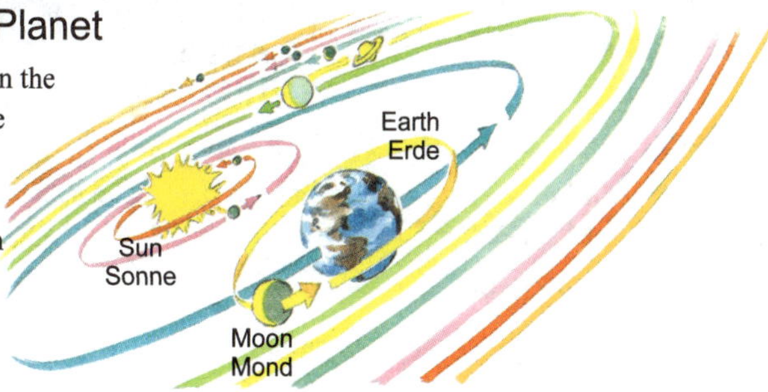


## **plant**[1][plɑːnt] Pflanze

All **plants** need water and light. Alle **Pflanzen** brauchen Wasser und Licht.
☞ botany

## **plant**[2][plɑːnt] pflanzen

Teddy decides to **plant** a tree on his birthday.
Teddy will an seinem Geburtstag einen Baum **pflanzen**.

## **plaster**['plɑːstə(r)] Pflaster

Teddy has put a **plaster** on the sore. Teddy hat ein **Pflaster** auf die Wunde geklebt.

## **plastic**[1]['plæstɪk] Plastik

"If the plates had been made of **plastic**, they wouldn't have broken!" Flip thought.
"Wären die Teller aus **Plastik** gewesen, wären sie nicht zerbrochen!", dachte Flip.

## **plastic**[2]['plæstɪk] Plastik

Mrs Bunnikin will replace all her plates with **plastic** ones.
Mrs Bunnikin wird alle ihre Teller durch **Plastik**teller ersetzen.

## **plasticine**['plæstɪsiːn] Plastilin

Pardy is making a model plane with **plasticine**.
Pardy fertigt ein Modellflugzeug aus **Plastilin** an.

## **plate**[pleɪt] Teller

Flip is stepping on a roller skate. All the **plates** break into pieces.
Flip tritt auf einen Rollschuh. Alle **Teller** zerbrechen.

## **platform**['plætfɔːm] Bahnsteig

The train is moving as Prickle hurries to the **platform**.
Der Zug fährt schon, als Prickle auf den **Bahnsteig** rennt.

## **play**[1][pleɪ] spielen

The pupils will **play** a new game after class. Die Schüler werden nach dem Unterricht ein neues Spiel **spielen**.

## **play**[2][pleɪ] Spiel

They are happy at **play**. Sie spielen fröhlich.

## **playground** ['pleɪgraʊnd] Spielplatz

They are playing Rugby on the **playground** in spite of the heavy rain.
Sie spielen trotz des starken Regens Rugby auf dem **Spielplatz**.

## **pleasant**['pleznt] angenehm

It's **pleasant** to have an ice-cream on a hot summer day.
Es ist **angenehm**, an einem heißen Sommertag ein Eis zu essen.
ⓘ unpleasant, nasty: unangenehm, scheußlich, widerlich

## **please**[pli:z] bitte

"This way, **please**!" Fluffy said to his mother.
"Hier entlang, **bitte**!", sagte Fluffy zu seiner Mutter.

## **pleased**[pli:zd] zufrieden

Wally is very **pleased** with these beautiful flowers.
Wally ist mit diesen schönen Blumen sehr **zufrieden**.

## **pleasure**['pleʒə(r)] Freude

It gives Wally great **pleasure** to receive flowers.
Wally verspürt große **Freude**, wenn er Blumen erhält.
ⓘ My pleasure; it's a pleasure: Gern geschehen!

## **plenty**['plentɪ] eine Menge

Beaky read **plenty** of poems, but he made no progress.
Beaky hat **eine Menge** Gedichte gelesen, aber er hat keine Fortschritte gemacht.

## **pocket**['pɒkɪt] Hosentasche

There is often a poetry book in Beaky's **pocket**.
Beaky hat oft einen Gedichtband in der **Hosentasche**.

## **poem**['pəʊɪm] Gedicht

Beaky is reading his long **poem** aloud, and Wise Owl is almost bored to death. Beaky liest sein langes **Gedicht** laut vor, und Wise Owl ist fast zu Tode gelangweilt.

A B C D E F G H I J K L M N O P Q R S T U V W X Y Z

**poet**['pəʊɪt] Dichter

Beaky's ideal is to become a great **poet**.
Beaky träumt davon, ein großer **Dichter** zu werden.
ⓘ poetess['pəʊɪtɪs]: Dichterin

**point**[1][pɔɪnt] zeigen

Chimp, the naughty boy, likes to **point** out the way like this.
Chimp, der freche Bengel, **zeigt** den Weg gerne so.
ⓘ point at: zeigen auf
point out: aufmerksam machen, hinweisen auf

**point**[2][pɔɪnt] Spitze

The **point** of this colour pencil needs to be sharpened.
Dieser Buntstift muss angespitzt werden.
ⓘ Zero point five (0.5) kilogram: Null komma fünf (0,5) Kilogramm

**poison**['pɔɪzn] Gift

Rat **poison** doesn't work on Sniffy Mouse. Ratten**gift** wirkt bei Sniffy Mouse nicht.

**pole**[pəʊl] Mast, Stange, Pol

Tough Cat has climbed up the **pole**. But he is afraid of coming down. Pardy will rescue him anyway.
Tough Cat ist den **Mast** hinaufgeklettert. Aber er hat Angst herunterzukommen. Pardy wird ihn sowieso retten.
Wally's home is at the North **Pole**.
Wally ist am Nord**pol** zu Hause.

**police**[pə'liːs] Polizei

The **police** are patrolling the street. Die **Polizei** macht ihre Runde in der Straße.
ⓘ policeman: Polizist; policewoman: Polizistin
police station: Polizeiwache

**polish**['pɒlɪʃ] polieren

Fireman always **polishes** his helmet before he goes to work.
Fireman **poliert** immer seinen Helm, bevor er zur Arbeit geht.

## **polite**[pə'laɪt] höflich

It's not **polite** to point to somebody. Es ist nicht **höflich**, mit dem Finger auf jemanden zu zeigen.

ⓘ impolite, rude: unhöflich

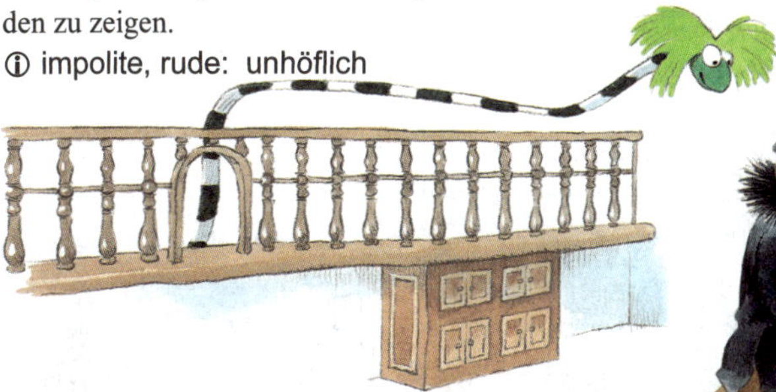

## **politician**[ˌpɒlɪ'tɪʃən] Politiker

Mr Dollar would love to make friends with **politicians**.
Mr Dollar würde sich sehr gerne mit **Politikern** anfreunden.

## **politics**['pɒlɪtɪks] Politik

Mr Dollar has great interest in **politics**. Mr Dollar interessiert sich sehr für **Politik**.

## **pollute**[pə'lu:t] verschmutzen

The river is heavily **polluted**.
Der Fluss ist stark **verschmutzt**.

## **pollution**[pə'lu:ʃən] Verschmutzung

**Pollution** in the river killed lots of fish. Die **Verschmutzung** des Flusses hat zu einem gewaltigen Fischsterben geführt.

## **pond**[pɒnd] Teich

Poor Holmes Hound! It was the third time he hit the golf ball into the **pond** today. Armer Holmes Hound! Das war das dritte Mal, dass er den Golfball heute in den **Teich** geschlagen hat.

## **pool**[pu:l] Becken

When Jumbo climbed out of the swimming **pool** after diving, there was not much water left in the **pool**. Als Jumbo nach dem Tauchen aus dem Schwimm**becken** kletterte, war nicht mehr viel Wasser im **Becken**.

## **poor**[pʊə(r)] arm

Rambler is so **poor** that he hasn't any decent dress. Rambler ist so **arm**, dass er keine anständige Kleidung hat. ⓘ rich: reich

## **pop**[pɒp] Pop

In such a small village, they could count as a **pop** group.
In so einem kleinen Dorf könnten sie als **Pop**gruppe durchgehen.
ⓘ pop group: Popgruppe
pop music: Popmusik
pop star: Popstar

## **popcorn** ['pɒpkɔːn] Popcorn

Teddy often eats **popcorn** when watching a movie.
Teddy isst oft **Popcorn**, wenn er einen Film sieht.

## **popular**['pɒpjʊlə(r)] beliebt

Bim, Bam, and Boom are performing a **popular** tune.
Bim, Bam und Boom spielen eine **beliebte** Melodie.
ⓘ unpopular: unbeliebt

## **population**[ˌpɒpjʊ'leɪʃən] Bevölkerung

China has the largest **population** in the world.
China hat die größte **Bevölkerung** der Welt.

## **pork**[pɔːk] Schweinefleisch

As Piglet's friend, Teddy never eats **pork**.
Da Teddy Piglets Freund ist, isst er nie **Schweinefleisch**.

## **port**[pɔːt] Hafen

This is a busy **port**. In diesem **Hafen** ist viel los.

## **portion**['pɔːʃən] Portion

A small **portion** of food can make the ladybirds full. Eine kleine **Portion** genügt, um die Marienkäfer satt zu machen.

## **portrait**['pɔːtrɪt] Porträt

Painty will paint a **portrait** for Merry. Painty wird für Merry ein **Porträt** malen.

## **pose**[pəʊz] posieren

The winner **poses** for the camera. Der Gewinner **posiert** für die Kamera.

## **position**[pə'zɪʃən] Position

Meek and his guests are in **position**. Meek und seine Gäste sind in **Position**.

## **possess**[pə'zes] besitzen

Meek **possesses** a beautiful candlestick. Meek **besitzt** einen schönen Kerzenhalter.

## **possible**['pɒsəbl] möglich

Space travel is now **possible**. Die Raumfahrt ist heute **möglich**.

ⓘ impossible: unmöglich

## **possibly**['pɒsəblɪ] möglicherweise

**Possibly** you are right. **Möglicherweise** hast du Recht.

## **post**[1]['pəʊst] mit der Post schicken, aufgeben, einwerfen

"Could you **post** this fish for me?" "Könntest du diesen Fisch für mich **mit der Post schicken**?"
The name of the winner will be **posted** today. Der Name des Gewinners wird heute **abgeschickt**.

## **post**[2][pəʊst] Post

Mann can deliver **post** to any place. Mann kann **Post** an jeden Ort zustellen.

ⓘ post office: Postamt

A B C D E F G H I J K L M N O P Q R S T U V W X Y Z

**post**[3][pəʊst] Pfosten

Mr Rhino's shot was bounced off by the gate **post**. Der Tor**pfosten** ließ Mr Rhinos Schuss abprallen.

**postbox**['pəʊstbɒks] Briefkasten

Mann clears the **postboxes** every day. Mann leert täglich die **Briefkästen**.

**postcard**['pəʊstkɑːd] Postkarte

Mole received many **postcards**. Mole bekam viele **Postkarten**.

**poster**['pəʊstə(r)] Poster

Piglet has a **poster** of the little football star Teddy.
Piglet hat ein **Poster** von dem kleinen Fußballstar Teddy.

**postman**['pəʊstmən] Briefträger

Do you think Mann is a speedy **postman**?
Glaubst du, Mann ist ein schneller **Briefträger**?

**pot**[pɒt] Topf

Henry took some soup from the **pot** and tasted it.
Henry probierte etwas Suppe aus dem **Topf**.

**potato**[pə'teɪtəʊ] Kartoffel

"This is the most awful **potato** soup I have ever tasted!" cried Henry. "Das ist die schlechteste **Kartoffel**suppe, die ich je probiert habe!", rief Henry.

**pound**[paʊnd] Pfund

"Wouldn't it be nice to lose a few **pounds**?" sighs Mrs Rhino. "Wäre es nicht schön, wenn man ein paar **Pfunde** loswürde?", seufzt Mrs Rhino.
Mrs Rhino spends fifty **pounds** or so every month on losing weight. Mrs Rhino gibt jeden Monat um die fünfzig **Pfund** aus, um abzunehmen.

**pour**[pɔː(r)] gießen

The ladybirds **pour** the water onto the ground because they can't drink from the jug directly.
Die Marienkäfer **gießen** das Wasser auf den Boden, weil sie nicht direkt aus dem Krug trinken können.

**powder**['paʊdə(r)] Pulver

Mrs Bunnikin washes clothes with soap **powder**.
Mrs Bunnikin wäscht die Kleidung mit Wasch**pulver**.

**power**['paʊə(r)] Kraft, Macht

Sevendot claims to have the **power** to see into the future.
Sevendot behauptet, er habe wahrsagerische **Kräfte**.

**powerful**['paʊəfʊl] stark

This cannon is very **powerful**.
Diese Kanone ist sehr **stark**.
ⓘ powerless: kraftlos, machtlos

**practice**['præktɪs] Übung

It takes a lot of **practice** to aim perfectly. Man braucht viel **Übung**, um hundertprozentig zielen zu können.
ⓘ Practice makes perfect!: Übung macht den Meister!

**practise**['præktɪs] üben

They are **practising** hard on gymnastics.
Sie **üben** sehr viel an den Turngeräten.

**praise**[1][preɪz] loben

The coach will **praise** them for their efforts.
Der Trainer wird sie für ihre Anstrengungen **loben**.

**praise**[2][preɪz] Lob

Chimp received **praise** from his teammates for winning the match. Chimp erhielt von seiner Mannschaft **Lob** dafür, dass er das Spiel gewonnen hatte.

**pray**[preɪ] beten

She **prayed** silently for her son's safety.
Sie **betete** still um die Sicherheit ihres Sohnes.

**precious**['preʃəs] kostbar, wertvoll

Flowers are very **precious** to Buzz. Blumen sind für Buzz etwas sehr **Kostbares**.

**prefer**[prɪ'fɜː(r)] vorziehen

"I'd **prefer** sitting on the grass rather than on the flowers!" says Buzz.
"Ich sitze lieber auf dem Gras als auf den Blumen!", sagt Buzz.

**prepare**[prɪ'peə(r)] zubereiten

Teddy's mother is **preparing** a heart-shaped cake for his birthday. Teddys Mutter backt einen herzförmigen Kuchen zu seinem Geburtstag.

**presence**['prezns] Gegenwart

Teddy is very glad to have Jumbo's **presence** at his birthday party.
Teddy ist sehr froh darüber, dass Jumbo zu seiner Geburtstagsparty kommt.

A
B
C
D
E
F
G
H
I
J
K
L
M
N
O
P
Q
R
S
T
U
V
W
X
Y
Z

**present**[1]['preznt] anwesend

Only Bandit isn't **present** at Teddy's birthday party.
Nur Bandit fehlt auf Teddys Geburtstagsparty.
ⓘ absent: abwesend

**present**[2]['preznt] Geschenk

A bathrobe is a wonderful **present** for Mery.
Ein Bademantel ist ein wunderbares **Geschenk** für Mery.
ⓘ at present: jetzt

**preserve**[prɪ'zɜːv] erhalten

We should **preserve** forests. Wir sollten die Wälder **erhalten**.

**president**['prezɪdənt] Präsident, Aufsichtsratsvorsitzender

Mr Dollar is the **president** of this bank. Mr Dollar ist der **Aufsichtsratsvorsitzende** dieser Bank.

**press**[pres] drücken

Mann has to **press** the doorbell with a long stick. Mann muss die Klingel mit einem langen Stock **drücken**.

**pressure**['preʃə(r)] Druck

The **pressure** of work is too high for Mr Dollar. Der Arbeits**druck** ist für Mr Dollar zu groß.

**pretend**[prɪ'tend] vorgeben

Jumbo is **pretending** to be a zebra, but he won't fool anyone. Jumbo **gibt vor**, ein Zebra zu sein, aber damit legt er niemanden rein.

 **No emperor has the power to dictate to the heart.** [J.F. v. Schiller]



## **pretty**['prɪtɪ] hübsch

Mrs Rhino looks much **prettier** in her new evening dress.
Mrs Rhino sieht in ihrem neuen Abendkleid viel **hübscher** aus.
ⓘ ugly: hässlich

## **prevent**[prɪ'vent] verhindern

The river **prevented** the racers from crossing.
Der Fluss hinderte die Rennfahrer daran, auf die andere Seite zu gelangen.

## **price**[praɪs] Preis

"What's the **price** of this present?"
"It's twenty Euro."
"Was kostet dieses Geschenk?"
"Es kostet zwanzig Euro."

## **pride**[praɪd] Stolz

The three sons are the **pride** of Mrs Bunnikin.
Die drei Söhne sind der **Stolz** von Mrs Bunnikin.

## **primary**['praɪmərɪ] wesentlich, primär

Losing weight is of **primary** importance in Mrs Rhino's life. Gewicht zu verlieren ist von **wesentlicher** Bedeutung in Mrs Rhinos Leben.
ⓘ primary school: Grundschule

## **prince**[prɪns] Prinz

Jumpie dreams of becoming the Frog **Prince** one day.
Jumpy träumt davon, eines Tages der Froschkönig zu werden.

## **princess**[ˌprɪn'ses] Prinzessin

Jumpie hopes to find a true **princess**. Jumpie hofft, eine echte **Prinzessin** zu finden.

## **principle**['prɪnsəpl] Prinzip

These clocks work on the same **principle**.
Diese Uhren arbeiten nach demselben **Prinzip**.

## **print**[prɪnt] drucken

Teddy and his friends are delighted, because their dictionary has just been **printed**. Teddy und seine Freunde freuen sich sehr, denn ihr Wörterbuch ist gerade **gedruckt** worden.

## **prison**['prɪzn] Gefängnis

**Prison** is the other home of Bandit.
Das **Gefängnis** ist Bandits zweites Zuhause.

## **prisoner**['prɪznə(r)] Gefangener

Now Bandit becomes a **prisoner** again.
Jetzt wird Bandit wieder zum **Gefangenen**.

## **private**['praɪvɪt] privat

Teddy studies at a **private** school. Teddy lernt an einer **Privat**schule.

## **prize**[praɪz] Preis

Pardy won the first **prize** in the air show.
Pardy hat den ersten **Preis** bei der Flugschau gewonnen.
ⓘ Nobel Prize: Nobelpreis

## **probably**['prɒbəblɪ] wahrscheinlich

"Dear, we **probably** have to walk home." "Du meine Güte! Wir müssen **wahrscheinlich** zu Fuß nach Hause gehen."

## **problem**['prɒbləm] Problem

The president of a large company, Mr Dollar for example, has to deal with many **problems** every day. Der Aufsichtsratsvorsitzende eines großen Unternehmens, wie zum Beispiel Mr Dollar, muss jeden Tag mit vielen **Problemen** fertig werden.
ⓘ No problem!: Kein Problem!

## **proceed** [prə'siːd] weiterfahren, weitergehen

They **proceed** slowly along the road.
Sie **fahren** langsam **weiter** die Straße entlang.

## **process**['prəʊses] Prozess

The road is still in the **process** of construction. Die Straße befindet sich noch im Bau.

**produce**[prə'djuːs] herstellen

This factory **produces** paper. Diese Fabrik **stellt** Papier **her**.

**product**['prɒdʌkt] Produkt

The **products** of this factory are of good quality.
Die **Produkte** dieser Fabrik sind von guter Qualität.

**production**
[prə'dʌkʃən]
Herstellung

Timber can be used in the **production** of paper. Holz kann zur Papier**herstellung** benutzt werden.

**professor**[prə'fesə(r)] Professor

Wise Owl's brother is a famous **professor** of law. Wise Owls Bruder ist ein berühmter Jura**professor**.

**profit**['prɒfɪt] Gewinn, Profit

Wise Owl made no **profit** in helping Bandit. Wise Owl hat nicht davon **profitiert**, dass sie Bandit geholfen hat.

**programme**['prəʊgræm]
Programm

There is no interesting **programme** on television tonight. Heute Abend läuft nichts Interessantes im Fernsehen.

**progress**['prəʊgres]
Fortschritt

Wise Owl encouraged Bandit, "Bandit, you have made big **progress**. I hope you can do better." Wise Owl ermutigte Bandit: "Bandit, du hast große **Fortschritte** gemacht. Ich hoffe, das war nicht alles."

**project**['prɒdʒekt] Vorhaben

They are discussing the **project** of building a holiday inn.
Sie besprechen den Bau eines Gasthauses mit Fremdenzimmern.

**promise**[1]['prɒmɪs] versprechen

"The medicine isn't bitter at all, I **promise** you," Dr Spotty said to Ozzy. "Die Arznei schmeckt überhaupt nicht bitter, das **verspreche** ich dir", sagte Dr. Spotty zu Ozzy.

**promise**[2]['prɒmɪs] Versprechen

It is important to keep a **promise**.
Es ist wichtig, ein **Versprechen** zu halten.
ⓘ make a promise:
ein Versprechen geben

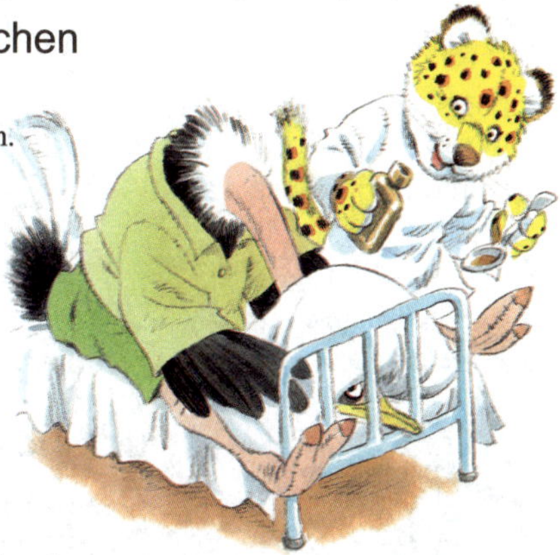

**pronounce**[prə'naʊns] aussprechen

How shall I **pronounce** this word?
Wie soll ich dieses Wort **aussprechen**?

**proof**[pruːf] Beweis

The police had **proof** that Bandit had stolen the money.
Die Polizei hatte **Beweise** dafür, dass Bandit das Geld gestohlen hatte.

**proper**['prɒpə(r)] geeignet

It isn't the **proper** moment to disturb Jumpie.
Es ist nicht der **geeignete** Augenblick, Jumpie zu stören.

**property**['prɒpətɪ] Eigentum

The cabin on the water is Jumpie's **property**.
Die Hütte auf dem Wasser ist Jumpies **Eigentum**.

**proposal**[prə'pəʊzl] Vorschlag

Jumpie finally accepted Rambler's **proposal** to abandon the cabin - his home. Jumpie nahm schließlich Ramblers **Vorschlag** an, die Hütte - sein Zuhause - zu verlassen.

**propose**[prə'pəʊz] vorschlagen

Rambler **proposed** that they should sleep together to keep warm. Rambler **schlug vor**, zusammen zu schlafen, um einander warm zu halten.

**protect**[prə'tekt] schützen

Rambler found a blanket to **protect** them from catching a cold. Rambler fand eine Decke, die sie vor einer Erkältung **schützen** sollte.

**protest**[prəʊ'test] protestieren

Fluffy is **protesting** because his slice is the smallest.
Fluffy **protestiert**, da sein Stück das kleinste ist.

**proud**[praʊd] stolz

Mrs Bunnikin is **proud** of her sons.
Mrs Bunnikin ist **stolz** auf ihre Söhne.
ⓘ be proud of: stolz sein auf

**prove**[pru:v] beweisen

"Bandit, can you **prove** that the honey is yours?"
"Bandit, kannst du **beweisen**, dass der Honig dir gehört?"

**provide**[prə'vaɪd] liefern, sorgen für

"Sheep should **provide** us with wool," Chimp says.
"Schafe sollten uns Wolle **liefern**", sagt Chimp.

**public**['pʌblɪk] öffentlich

This is a **public** telephone.
Dies ist ein **öffentliches** Telefon.
ⓘ private: privat

**publish**['pʌblɪʃ] veröffentlichen

This book will be **published** next month.
Dieses Buch wird nächsten Monat **veröffentlicht**.
ⓘ publishing house: Verlagshaus

**publisher**['pʌblɪʃə(r)] Verleger

Teddy would like to be a great **publisher** when he is grown up.
Teddy möchte ein großer **Verleger** werden, wenn er erwachsen ist.

**pull**[pʊl] ziehen

Dr Spotty usually **pulls** teeth. But this time he has to **pull** the patient from under the chair!
Dr. Spotty **zieht** für gewöhnlich Zähne. Aber diesmal muss er den Patienten unter dem Stuhl hervor**ziehen**!
ⓘ push: drängeln, schieben, stoßen

## pump[1] [pʌmp] Pumpe

Mr Piggles got water from the well with a **pump**. Mr Piggles holte mithilfe einer **Pumpe** Wasser aus dem Brunnen.

## pump[2] [pʌmp] pumpen

"Stop **pumping**! Stop!" yells Zip. "I want to drive my car, not fly it!" "Hör auf zu **pumpen**! Hör auf!", schreit Zip. "Ich will mit meinem Auto fahren und nicht fliegen!"

## punish ['pʌnɪʃ] bestrafen

Peter was **punished** by staying in the bathroom, but he seemed to be enjoying it very much. Peter wurde damit **bestraft**, dass er im Badezimmer bleiben musste. Er schien es aber sehr zu genießen.

## pupil ['pjuːpl] Schüler

Some **pupils** are listening to the teacher, but others are not. Einige **Schüler** hören dem Lehrer zu, andere aber nicht.

## purchase ['pɜːtʃəs] kaufen

Mr Piggles plans to **purchase** a new house. Mr Piggles beabsichtigt, ein neues Haus zu **kaufen**.

☞ buy

## pure [pjʊə(r)] rein

The air is very **pure** in the forest. Die Luft ist sehr **rein** im Wald.

## purple ['pɜːpl] lila

Chimp looks very handsome in his **purple** dungarees. Chimp sieht sehr gut aus in seiner **lila** Latzhose.

**purpose**['pɜːpəs] Absicht, Zweck

They crowded here with the **purpose** of taking the best seats. Sie drängten sich hier, weil sie die besten Sitze haben wollten.

**push**[pʊʃ] drängeln, schieben, schubsen

Mr Rhino **pushed** others over to get ahead of the line. Mr Rhino hat andere zur Seite **geschubst**, um sich vorzudrängeln.

**put**[pʊt] stellen, setzen, legen

Zip has **put** on Henry's boots to keep his feet dry. Zip hat Henrys Stiefel angezogen, damit seine Füße trocken bleiben.

ⓘ put away: weglegen
put on: anziehen
put sth. down: etw. abstellen
put up: aufhängen
☞Anhang

**puzzle**['pʌzl] Rätsel

Crossword **puzzles** are very easy for Teddy. Kreuzwort**rätsel** findet Teddy sehr leicht.

**pyjamas**[pə'dʒɑːməz] Schlafanzug

Flip is trying on a pair of Dad's **pyjamas**. Flip probiert einen **Schlafanzug** von Papa an.

**pyramid**['pɪrəmɪd] Pyramide

Crock wants to find out the answers to the secrets of the **pyramids**. Crock möchte herausfinden, was sich hinter den Geheimnissen der **Pyramiden** verbirgt.

**quality**['kwɒlɪtɪ] Qualität

"Is the **quality** of the sandbag too bad, or is Henry's strength too big?" Franz wondered. "Ist die **Qualität** des Sandsackes zu schlecht oder ist Henry zu stark?", fragte sich Franz.

**quantity**['kwɒntɪtɪ] Menge

Henry eats a large **quantity** of food every day. Henry isst jeden Tag Unmengen.

**quarrel**[1]['kwɒrəl] sich zanken, sich streiten

Flip and Flop often **quarrel** over toys. Flip und Flop **zanken sich** oft um Spielsachen.

**quarrel**[2]['kwɒrəl] Streit

All of Mr Rhino's ancestors liked to have a **quarrel** with others. Sämtliche Vorfahren von Mr Rhino hatten gern **Streit** mit anderen.

**quarter**['kwɔ:tə(r)] Viertel

Mrs Bunnikin cut the orange into **quarters**. Mrs Bunnikin hat die Orange geviertelt.

ⓘ three quarters: drei Viertel

**queen**[kwi:n] Königin

The **queen**'s new clothes look very beautiful. Die neuen Kleider der **Königin** sind sehr schön.

A B C D E F G H I J K L M N O P Q R S T U V W X Y Z

A B C D E F G H I J K L M N O P Q R S T U V W X Y Z

## queer[kwɪə(r)] seltsam

Guzzler looks ugly and acts in a **queer** way. Guzzler sieht hässlich aus und verhält sich **seltsam**.

## question[1]['kwestʃən] Frage

"May I come in?" asked von Fox. The Mouse Sisters were astonished when they heard the **question**. "Darf ich hereinkommen?", fragte von Fox. Die Mäuseschwestern waren erstaunt, als sie die **Frage** hörten.

ⓘ answer: Antwort; reply: Erwiderung, Antwort (schriftlich)
question mark: Fragezeichen; without question: ohne Frage, zweifellos
out of the question: unmöglich, nicht in Frage kommen

## question[2]['kwestʃən] ausfragen

The Mouse Sisters **questioned** von Fox about what had happened to his plane. Die Mäuseschwestern **fragten** von Fox darüber **aus**, was mit seinem Flugzeug passiert war.

ⓘ answer, reply: Antwort, Erwiderung

## queue[kjuː] Schlange

The Ladybirds are standing in a **queue**. Painty is going to make them look brand-new. Die Marienkäfer stehen **Schlange**. Painty wird sie wie nagelneu aussehen lassen.

## quick[kwɪk] schnell

Von Fox must do a **quick** repair to the undercarriage before landing. Von Fox muss das Fahrgestell vor der Landung **schnell** reparieren.

ⓘ slow: langsam

A B C D E F G H I J K L M N O P Q R S T U V W X Y Z

**quickly**['kwɪklɪ] schnell

Pinocchio's nose grows **quickly** with every lie he tells. Mit jeder Lüge, die Pinocchio erzählt, wächst seine Nase **schnell**.

**quiet**['kwaɪət] still, ruhig

"Be **quiet**! A great show will be on," whispers Jumpie.
"Seid **still**! Gleich gibt's was Tolles zu sehen", flüstert Jumpie.
ⓘ noisy: laut
Be quiet!: Sei(d) still!

**quietly**['kwaɪətlɪ] leise

They hid themselves behind the sofa **quietly**. Sie versteckten sich **leise** hinter dem Sofa.

**quilt**[kwɪlt] Federbett

In the winter, Piglet sleeps under a big and thick **quilt**. Im Winter schläft Piglet unter einem großen und dicken **Federbett**.

**quit**[kwɪt] verlassen, aufgeben, kündigen

Troopie has never thought of **quitting** the army.
Troopie hat nie daran gedacht, die Armee zu **verlassen**.
☞ Anhang

**quite**[kwaɪt] ganz, völlig, ziemlich

"You have to stay **quite** quiet. You have to stay **quite** still. You have to stand **quite** tall when you stand guard in the sentry box," the officer says to Troopie. "Du musst **ganz** leise sein. Du musst **ganz** reglos dastehen. Du musst **ganz** aufrecht stehen, wenn du in dem Wachhäuschen Wache hältst", sagt der Offizier zu Troopie.

**quiz**[kwɪz] Prüfung

Today we had a short **quiz**. Heute hatten wir eine kurze **Prüfung**.

## **rabbit**['ræbɪt] Kaninchen

The **rabbit** runs very fast, so he often laughs at the tortoise who moves slowly.
Das **Kaninchen** rennt sehr schnell, deshalb macht es sich oft über die Schildkröte lustig, die sich langsam fortbewegt.

## **race$^{1}$**[reɪs] um die Wette laufen

The tortoise is very unhappy and has decided to **race** with the rabbit.
Die Schildkröte ist sehr traurig und hat beschlossen, mit dem Kaninchen **um die Wette zu laufen**.

## **race$^{2}$**[reɪs] Wettlauf, Rasse

In such an unequal **race**, the tortoise will win, because ...
Bei so einem ungleichen **Wettlauf** wird die Schildkröte gewinnen, denn ...
Most Europeans belong to the white **race**. Die meisten Europäer gehören zur weißen **Rasse**.
ⓘ the human race: die Menschheit

## **racket**['rækɪt] Schläger

Dorby has at least eight tennis **rackets**. Dorby hat mindestens acht Tennis**schläger**.

## **radar**['reɪdɑː(r)] Radar

Von Fox's plane is equipped with a **radar**. Von Fox' Flugzeug ist mit einem **Radar** ausgestattet.

## **radio**[1]['reɪdɪəʊ] funken

The telephonist is still **radioing** for help when all the other sailors have abandoned the ship. Der Funker gibt per Funk immer noch einen Hilferuf durch, als alle anderen Matrosen das Schiff schon längst verlassen haben.

## **radio**[2]['reɪdɪəʊ] Radio

Robinson has a **radio**, which is his best friend when he is wandering on the sea. Robinson hat ein **Radio**. Es ist sein bester Freund, wenn er über die Meere segelt.

## **raft**[rɑːft] Floß

Robinson made a **raft** to get away from the desert island. Robinson hat ein **Floß** gebaut, das ihn von der einsamen Insel wegbringen soll.

## **rag**[ræg] Lappen

Ribbon fell into the river. Bucktooth is drying him like wringing a wet **rag**. Ribbon ist in den Fluss gefallen. Bucktooth trocknet ihn, als wränge er einen nassen **Lappen** aus.

## **rail**[reɪl] Schiene, Gleis

A train runs on two **rails**. Ein Zug fährt auf zwei **Schienen**.

railway

## railway['reɪlweɪ] Eisenbahn

Though it is still early morning, the **railway** station has already been quite busy.
Obwohl es noch früh am Morgen ist, ist am Bahnhof schon viel los.
ⓘ railway station: Bahnhof

## rain¹[reɪn] regnen

It **rained** heavily last night, but everything went well as usual at the railway station.
Es hat letzte Nacht stark **geregnet**, aber am Bahnhof ist alles, wie üblich, glatt gegangen.

**rain**[2][reɪn] Regen

When the **rain** stopped, Jumpie took down his umbrella, hopped into the pond and swam the day away. Als es aufhörte zu regnen, nahm Jumpie seinen Regenschirm runter, sprang in den Teich und schwamm den lieben langen Tag.

**rainbow**['reɪnbəʊ] Regenbogen

Painty is painting a **rainbow** on the wall. Has he painted all the colours?
Painty malt einen **Regenbogen** an die Wand. Hat er alle Farben gemalt?

**raincoat**['reɪnkəʊt] Regenmantel

The rain was so heavy that Meek had to wear a **raincoat**.
Es regnete so stark, dass Meek einen **Regenmantel** tragen musste.

**rainy**['reɪnɪ] regnerisch

"What's the weather like today?" "It's **rainy**."
"Wie ist das Wetter heute?" "Es ist **regnerisch**."
ⓘ sunny: sonnig

**raise**[reɪz] erhöhen

Ozzy has found a great way to **raise** some extra money.
Ozzy hat einen prima Weg gefunden, um die Kasse etwas aufzubessern.
ⓘ lower: senken

**range**[reɪndʒ] Reihe, Kette

Mount Everest is part of the Himalayan **range**.
Der Mount Everest ist Teil des Himalaya-Gebirges.

**rank**[ræŋk] Rang

The Captain is above Troopie in **rank**. Der Kapitän hat einen höheren **Rang** als Troopie.

A B C D E F G H I J K L M N O P Q R S T U V W X Y Z

**rapid**['ræpɪd] schnell

Mr Rhino was too **rapid** when he went downstairs, so ...
Mr Rhino lief zu **schnell** die Treppe herunter, also ...

**rare**[reə(r)] selten

Snow is **rare** in Bongo's hometown. In Bongos Heimatstadt schneit es **selten**.
ⓘ common: häufig, weit verbreitet

**rat**[ræt] Ratte

Sniffy Mouse thinks his **rat** friends are very strong.
Sniffy Mouse hält seine Freunde, die **Ratten**, für sehr stark.

**rate**[reɪt] Tempo

Robinson walks at a **rate** of six kilometres an hour.
Robinson geht mit einem **Tempo** von sechs Kilometer pro Stunde.

**rather**['rɑːðə(r)] lieber

"I would **rather** die than surrender," Troopie thought.
"Ich würde **lieber** sterben als aufgeben", dachte Troopie.

**ray**[reɪ] Strahl

They found their own X-**rays** in the data cabinet of Dr Spotty.
Sie fanden ihre eigenen Röntgenbilder in Dr. Spottys Aktenschrank.
ⓘ a ray of sunlight:
ein Sonnenstrahl

**reach**[riːtʃ] erreichen

The Captain's ship **reached** the shore.
Das Schiff des Kapitäns **erreichte** das Ufer.
☞ arrive

**read**[riːd] (vor)lesen

When Billy Goat **reads** his long poetry, his audience falls asleep.
Als Billy Goat sein langes Gedicht vorträgt, schläft sein Publikum ein.
☞ Anhang

A B C D E F G H I J K L M N O P Q R S T U V W X Y Z

## **reader**['riːdə(r)] Leser

Beaky was very excited when he finally found a **reader** of his.
Beaky war sehr aufgeregt, als er endlich einen seiner **Leser** fand.

## **ready**['redɪ] fertig

Piglet asks Flip, "Are you **ready**? We'll start out for a motorcycle race!"
Piglet fragt Flip: "Bist du **fertig**? Wir brechen zu einem Motorrad-rennen auf!"

ⓘ Are you ready?: Bist du fertig?
be/get ready(for): für etwas bereit sein/machen

## **real**[rɪəl] echt

"A **real** snake can't type," that's what people say. But Ribbon is a writer, and he types every day.
"Eine **echte** Schlange kann nicht tippen", sagen die Leute. Aber Ribbon ist ein Schrift-steller und tippt jeden Tag.

## **realize**['rɪəlaɪz] verwirklichen

Ribbon **realized** his dream of becoming a writer. Ribbon hat seinen Traum, Schrift-steller zu werden, **verwirklicht**.

## **really**['rɪəlɪ] wirklich

Ribbon **really** likes this novel. Ribbon mag diesen Roman **wirklich**.

## **rear**[rɪə(r)] hinterer Teil

Gerry doesn't like to sit at the **rear** of the classroom.
Gerry sitzt im Klassenzimmer nicht gerne hinten.

## **reason**['riːzn] Grund

Henry is overweight. That is the **reason** why he failed the match.
Henry ist übergewichtig. Aus diesem **Grund** hat er den Wett-kampf verloren.

A B C D E F G H I J K L M N O P Q R S T U V W X Y Z

**receive**[rɪ'siːv] erhalten

Teddy is very happy to **receive** a cream cake from his friends as a birthday present.
Teddy freut sich sehr über die Sahnetorte, die ihm seine Freunde zum Geburtstag schenken.
ⓘ give: geben send: schicken

**recent**['riːsnt] neueste, -r, -s

The Captain has some **recent** news of Robinson. Der Kapitän weiß Neues von Robinson.

**recently**['riːsntlɪ] neulich, vor kurzem

The road has been closed **recently**. It is under construction.
Die Straße **ist seit kurzem** gesperrt. Es finden Bauarbeiten statt.

**recite**[rɪ'saɪt] vortragen, aufzählen

Teddy can **recite** the text fluently. Teddy kann den Text fließend **vortragen**.

**recognize**['rekəgnaɪz] erkennen

I can **recognize** Teddy whatever he wears. Ich kann Teddy **erkennen**, egal was er trägt.

**record[1]**[rɪ'kɔːd] protokollieren

Teddy is asked to **record** the class meeting. Teddy soll das Klassentreffen **protokollieren**.

**record[2]**['rekɔːd] Rekord

Tiger broke the **record** in the shot put.
Tiger hat den **Rekord** im Kugelstoßen gebrochen.

**recover**[rɪ'kʌvə(r)] sich erholen

Under the care of Dr Spotty, Henry soon **recovered** from his bad cold.
In der Obhut von Dr. Spotty **erholte** Henry **sich** schnell von seiner schweren Erkältung.

**red[1]**[red] Rot

You mix **red** and yellow to make orange. Man mischt **Rot** und Gelb, um Orange zu bekommen.

## **red**[2] [red] rot

Don't go swimming when the **red** flag is up on the beach. Geh nicht schwimmen, wenn am Strand die **rote** Fahne aufgezogen ist.

## **reduce** [rɪ'djuːs] verringern, reduzieren

This medicine can **reduce** pain. Diese Arznei kann Schmerzen lindern.

## **reel** [riːl] taumeln

Oscar was **reeling** after being hit by a flowerpot on the head, again! Oscar **taumelte**, nachdem er schon wieder einen Blumentopf auf den Kopf bekommen hatte.

## **refer** [rɪ'fɜː(r)] sprechen von

"Don't **refer** to any flowerpot again!"
"Ich will nie wieder das Wort 'Blumentopf' hören!"

## **refrigerator** [rɪ'frɪdʒəreɪtə(r)] Kühlschrank

It's too hot today. Meek has to sleep in his **refrigerator**. Es ist zu heiß heute. Meek muss in seinem **Kühlschrank** schlafen.

## **refuse** [rɪ'fjuːz] ablehnen

Joe **refused** to go fishing with Jim. Joe **lehnte** es **ab**, mit Jim angeln zu gehen.

ⓘ agree: zustimmen

## **regards** [rɪ'gɑːdz] Gruß

Please give your parents my warmest **regards**. Bitte grüße deine Eltern recht herzlich von mir.

## **region** ['riːdʒən] Gegend, Gebiet, Region

Ozzy lives in a tropical **region**.
Ozzy lebt in einem tropischen **Gebiet**.

## **regret** [rɪ'gret] bereuen

"If you don't get up to sing with me, you'll **regret** it," said Tip Tap.
"Wenn du nicht aufstehst und mit mir singst, dann wirst du es **bereuen**", sagte Tip Tap.

## **regular** ['regjʊlə(r)] regelmäßig

Tip Tap is Mole's **regular** caller. Tip Tap besucht Mole **regelmäßig**.

A B C D E F G H I J K L M N O P Q R S T U V W X Y Z

**relation**[rɪ'leɪʃən] Beziehung, Verhältnis

Mrs Piggles has built up good **relations** with her neighbours.
Mrs Piggles hat ein gutes **Verhältnis** zu ihren Nachbarn aufgebaut.

**religion**[rɪ'lɪdʒən] Religion

"What's your **religion**, Mr Dollar?" "Making money is a **religion** to me."
"Welcher **Religion** gehören Sie an, Mr Dollar?" "Das Geldverdienen ist meine **Religion**."

**rely**[rɪ'laɪ] angewiesen sein auf, sich verlassen auf

The Captain can always **rely on** his sailors. They are very reliable.
Der Kapitän kann **sich** immer **auf** seine Matrosen **verlassen**. Sie sind sehr zuverlässig.

**remain**[rɪ'meɪn] bleiben

"You can't **remain** here, Winnie. You're blocking the harbour!" shouted Piglet.
"Du kannst hier nicht **bleiben**, Winnie. Du blockierst den Hafen!", rief Piglet.

**remember**[rɪ'membə(r)] denken an

Bushytail should have **remembered** to shake the bottle before taking his medicine.
Bushytail hätte **daran denken** sollen, die Flasche zu schütteln, bevor er seine Arznei nimmt.

ⓘ forget: vergessen

**remind**[rɪ'maɪnd] erinnern

Piglet **reminds** Rambler to wash his ears, and Fluffy **reminds** him to brush his teeth. Piglet **erinnert** Rambler daran, seine Ohren zu waschen, und Fluffy **erinnert** ihn daran, seine Zähne zu putzen.

**remove**[rɪ'mu:v] umziehen, entfernen

Mr Dollar **removed** his family to the seaside.
Mr Dollar zog mit seiner Familie ans Meer.
Mr Dollar was **removed** from his position as president. Mr Dollar wurde aus seiner Stellung als Vorstandsvorsitzender **entfernt**.

**renew**[rɪ'nju:] erneuern

Zip will soon **renew** the tyres of his car.
Zip wird bald die Reifen an seinem Auto **erneuern**.

**rent**[1][rent] vermieten

Nobody would **rent** a room to Rambler.
Niemand wollte Rambler ein Zimmer **vermieten**.

**rent**[2][rent] Miete

Rambler couldn't afford his **rent** and became homeless.
Rambler konnte seine **Miete** nicht bezahlen und wurde obdachlos.

**repair**[1][rɪ'peə(r)] reparieren

It seems that Rambler's umbrella needs **repairing**.
Anscheinend muss Ramblers Regenschirm **repariert** werden.

**repair**[2][rɪ'peə(r)] Reparatur

Robbie needs a lot of **repairs**.
An Robbie müssen eine Menge **Reparaturen** vorgenommen werden.

**repeat**[rɪ'pi:t] wiederholen

Would you please **repeat** what he just said? Würdest du bitte **wiederholen**, was er gerade gesagt hat?

## replace[rɪ'pleɪs] ersetzen

When Bandit was in prison, he realized that nothing could **replace** his freedom.
Als Bandit im Gefängnis war, erkannte er, dass nichts seine Freiheit **ersetzen** könnte.

## reply[1][rɪ'plaɪ] Antwort

She made no **reply** to the question. Sie gab keine **Antwort** auf die Frage.
ⓘ question: Frage

## reply[2][rɪ'plaɪ] antworten

"The bottle is half empty, isn't it?" asks Meek. "No, it's half full!" **replies** Rambler.
"Die Flasche ist doch halb leer, oder?", fragt Meek. "Nein, sie ist halb voll!", **antwortet** Rambler.
ⓘ ask: fragen

## report[1][rɪ'pɔːt] Bericht

PC Stop made a **report** on traffic safety. PC Stop schrieb einen **Bericht** zum Thema Verkehrssicherheit.

## report[2][rɪ'pɔːt] melden

PC Stop **reports** the number of traffic accidents at the police station every week.
PC Stop **meldet** der Polizeiwache jede Woche die Zahl der Verkehrsunfälle.

## reporter[rɪ'pɔːtə(r)] Reporter, Berichterstatter

The **reporters** are reporting on the air show. Die **Reporter** berichten über die Flugschau.

## represent[ˌreprɪ'zent] symbolisieren

Roses **represent** love. Rosen **symbolisieren** die Liebe.

## republic[rɪ'pʌblɪk] Republik

There is neither a king nor a queen in a **republic**.
In einer **Republik** gibt es weder einen König noch eine Königin.

## request[rɪ'kwest] bitten, ersuchen

He **requests** of her to watch the show with him. Er **bittet** sie, die Show mit ihm anzusehen.

**require**[rɪ'kwaɪə(r)] verlangen

All passengers are **required** to show their air tickets. Alle Passagiere müssen ihre Flugtickets zeigen.

**rescue**['reskjuː] retten

PC Stop **rescued** Bandit who was in danger. PC Stop **rettete** Bandit, der sich in Gefahr befand.

**research**[1][rɪ'sɜːtʃ] Forschung

Dr Spotty is engaged in doing **research** on AIDS. Dr. Spotty ist in der AIDS-**Forschung** tätig.

**research**[2][rɪ'sɜːtʃ] forschen

Dr Spotty has been **researching** for five years with no result.
Dr. Spotty **forscht** seit fünf Jahren ohne Ergebnis.

**reserve**[rɪ'zɜːv] reservieren

They **reserve** a room for Bandit in the prison. Im Gefängnis **reservieren** sie einen Raum für Bandit.

**respect**[rɪ'spekt] respektieren

We should **respect** the ideas of others. Wir sollten die Ideen anderer **respektieren**.

**rest**[1][rest] Rest

"Where's the **rest** of my pancake?" Mrs Wowo asked angrily. "Calm down. You need a good **rest**," said Mr Wowo. "Wo ist der **Rest** von meinem Pfannkuchen?", fragte Mrs Wowo verärgert. "Beruhige dich. Ruh dich erst einmal ordentlich aus", sagte Mr Wowo.

ⓘ take/have a rest:
(sich) ausruhen, (eine) Pause machen

**rest**[2][rest] (sich) ausruhen, ruhen

Mrs Wowo won't **rest** until she finds her pancake.
Mrs Wowo wird nicht eher **ruhen**, bis sie ihren Pfannkuchen gefunden hat.

**restaurant**['restrɒnt] Restaurant

Tommy, Timmy, and Jimmy opened the first dog **restaurant.** Tommy, Timmy und Jimmy haben das erste **Restaurant** für Hunde eröffnet.

**result**[rɪ'zʌlt] Ergebnis

The **result** of the game was three to one. Das Spiel endete drei zu eins.

ⓘ as a result: folglich

**retire**[rɪ'taɪə(r)] in den Ruhestand treten

Teddy's grandpa **retired** two years ago.
Teddys Opa ist vor zwei Jahren **in den Ruhestand getreten**.

**return**[rɪ'tɜːn] zurückbringen, zurückgeben

Please **return** the books to the library tomorrow.
Bitte **bring** die Bücher morgen in die Bibliothek **zurück**.

**reveal**[rɪ'viːl] enthüllen

Nobody will **reveal** their military secrets, but ... Niemand wird ihre militärischen Geheimnisse **enthüllen**, aber ...

**review**[rɪ'vjuː] nochmals prüfen, erneut prüfen, überprüfen

Let's **review** our attacking plan.
**Überprüfen** wir unseren Angriffsplan.

**reward**[rɪ'wɔːd] Belohnung

The general gave the spy a **reward** for the information. Der General gab dem Spion eine **Belohnung** für die Information.

**rhythm**['rɪðəm] Rhythmus

Violet is dancing to the **rhythm** of the music. Violet tanzt zum **Rhythmus** der Musik.

**ribbon**['rɪbən] Band

The blue **ribbon** in Violet's hair is very beautiful.
Das blaue **Band** in Violets Haar ist sehr schön.

## **rice**[raɪs] Reis

**Rice** is Pan Pan's favourite food after bamboo.
**Reis** ist nach Bambus Pan Pans Lieblingsspeise.

## **rich**[rɪtʃ] reich

Mr Dollar is a **rich** man. Mr Dollar ist ein **reicher** Mann. ⓘ poor: arm

## **ride**[raɪd] reiten

Teddy is **riding** on his white rocking-horse.
Teddy **reitet** auf seinem weißen Schaukelpferd.
☞ Anhang

## **right**[1][raɪt] richtig

Oscar seldom stays in the **right** place.
Oscar bleibt selten am **richtigen** Ort.
ⓘ wrong: falsch
All right!: In Ordnung!
right away, right now: sofort

## **right**[2][raɪt] genau

Poor Oscar! It seems that anytime anyone drops something, he's **right** underneath.
Armer Oscar! Es scheint, dass er immer und überall **genau** darunter steht, wenn jemand etwas fallen lässt.

## **right**[3][raɪt] rechts

Please turn to the **right** and look around.
Bitte bieg nach **rechts** ab, und sieh dich um.
ⓘ left: links

## **ring**[1][rɪŋ] klingeln

The alarm clock began to **ring** when it fell onto the ground.
Der Wecker fing an zu **klingeln**, als er auf den Boden fiel.
ⓘ ring back: zurückrufen; ring off: auflegen; ring up: anrufen
☞ Anhang

A
B
C
D
E
F
G
H
I
J
K
L
M
N
O
P
Q
R
S
T
U
V
W
X
Y
Z

## ring²[rɪŋ] (Jahres-)Ring

You can tell the age of a tree by counting its **rings**.
Man kann das Alter eines Baumes bestimmen, indem man seine **Jahresringe** zählt.

## ripe[raɪp] reif

In the autumn, the fruits on Mr Piggles' farm are all **ripe**. Im Herbst sind alle Früchte auf Mr Piggles' Farm **reif**.

## rise[raɪz] aufgehen

Bushytail is so excited to see the sun **rising** above the sea. Bushytail ist ganz aufgeregt, als er sieht, wie die Sonne über dem Meer **aufgeht**.
ⓘ set: untergehen
☞ Anhang

## risk[rɪsk] Risiko

If you drive carefully, there won't be much **risk** of being fined. Wenn man vorsichtig fährt, ist das **Risiko**, eine Strafe zahlen zu müssen, gering.
ⓘ take a risk: ein Risiko eingehen

## river['rɪvə(r)] Fluss

Henry is travelling in his canoe on the **river**. Henry fährt mit seinem Kanu auf dem **Fluss**.

## **road**[rəʊd] Straße

Don't cross the **road** when the traffic light is red. Geh nicht über die **Straße**, wenn die Ampel auf Rot steht.

## **roar**[rɔː(r)] brüllen

Tiger **roared** with anger when he found his lunch had been stolen by Bandit. Tiger **brüllte** vor Zorn, als er feststellte, dass Bandit sein Mittagessen gestohlen hatte.

## **roast**[rəʊst] braten

Henry will **roast** some meat and potatoes in the oven for supper. Henry wird etwas Fleisch mit Kartoffeln für das Abendessen im Backofen **braten**.

## **rob**[rɒb] (be)rauben

Pinocchio is not conscious at all of the danger he is in. Someone will **rob** him of the gold coins on the road. Pinocchio ist sich überhaupt nicht bewusst, in welcher Gefahr er sich befindet. Jemand wird ihn auf der Straße seiner Goldmünzen **berauben**.

ⓘ rob sb. of sth.: jmdn. einer Sache berauben, jmdm. etwas rauben

## **robber**['rɒbə(r)] Räuber

Who are these two **robbers**? You can tell by their tails. Wer sind diese beiden **Räuber**? Man kann es an ihren Schwänzen erkennen.

## **robbery**['rɒbərɪ] Raub

This is a well-planned **robbery**. Dies ist ein gut geplanter **Raub**.

## **robot**['rəʊbɒt] Roboter

A **robot** can easily do two jobs at the same time. Ein **Roboter** kann mühelos zwei Dinge gleichzeitig tun.

**rock**[rɒk] Felsen

Franz and Pan Pan are climbing the **rock** with great difficulty. Franz und Pan Pan haben große Schwierigkeiten dabei, den **Felsen** hochzuklettern.

ⓘ rock climbing: Klettern

**rocket**['rɒkɪt] Rakete

Von Fox is designing a **rocket** which can carry him to outer space.
Von Fox entwirft eine **Rakete**, die ihn in den äußeren Weltraum bringen kann.

**role**[rəʊl] Rolle

As a cox, Zip plays an important **role** in the rowing race. Als Steuermann spielt Zip eine wichtige **Rolle** beim Wettrudern.

**roll[1]**[rəʊl] rollen

It will be dangerous if a rock **rolls** down from the top of the hill.
Es wird gefährlich, wenn ein Stein von der Spitze des Hügels hinunter**rollt**.

**roll[2]**[rəʊl] Rolle

Jumpie wants to buy a **roll** of film.
Jumpie möchte eine **Rolle** Film kaufen.

**roof**[ruːf] Dach

They help Jumpie repair his **roof**.
Sie helfen Jumpie dabei, sein **Dach** zu reparieren.

**room**[ruːm] Zimmer

Jumpie's house is in the pond. There's only one **room** inside.
Jumpies Haus steht im Teich. Es besteht aus nur einem **Zimmer**.

ⓘ make room for: Platz machen für

**root**[ruːt] Wurzel

Jumpie can eat lotus **roots** at any time.
Jumpie kann jederzeit Lotus**wurzeln** essen.

## **rope**[rəʊp] Seil

"Zip ought to take a **rope** next time," thinks Ribbon.
"Zip sollte das nächste Mal besser ein **Seil** nehmen", denkt Ribbon.

## **rose**[rəʊz] Rose

Meek decorated his new house with many **roses**. Meek schmückte sein neues Haus mit vielen **Rosen**.

## **rotten**['rɒtn] verdorben

Mrs Bunnikin threw the **rotten** carrots away.
Mrs Bunnikin warf die **verdorbenen** Möhren weg.

## **rough**[rʌf] stürmisch, rau

The waves are very high, and the sea is very **rough**. It might scare most, but Bucktooth is very tough.
Die Wellen sind sehr hoch, und die See ist sehr **stürmisch**. Den meisten würde das vielleicht Angst einjagen, aber Bucktooth ist sehr hart im Nehmen.

## **round**[raʊnd] rund

The Ladybirds have almost round backs. Die Marienkäfer haben fast einen **runden** Rücken.

## **row**[rəʊ] Reihe

Now the Ladybirds stand in a **row**. Jetzt stehen die Marienkäfer in einer **Reihe**.

## **rub**[rʌb] (ein)reiben, polieren, frottieren

**Rub** your hands with soap and wash them. Seife deine Hände ein, und wasche sie.

## **rubber**['rʌbə(r)] Radiergummi

May I use your **rubber**?
Darf ich deinen **Radiergummi** benutzen?

## **rubbish**['rʌbɪʃ] Müll

Joe took all the **rubbish** away from the garden.
Joe schaffte den ganzen **Müll** aus dem Garten weg.

A B C D E F G H I J K L M N O P Q R S T U V W X Y Z

## rude[ruːd] unhöflich

It's **rude** to stare at people, but Mr Wowo doesn't think so. Es ist **unhöflich**, Leute anzustarren, aber Mr Wowo ist da anderer Meinung.

ⓘ polite: höflich

## rule¹[ruːl] herrschen über, regieren

In his new boots, Mr Wowo looks as though he would **rule** the whole farm! In seinen neuen Stiefeln sieht Mr Wowo so aus, als würde er über die ganze Farm **herrschen**!

## rule²[ruːl] Regel

Piglet shouts to Jumbo, "You must obey the **rules** of the game!" Piglet ruft Jumbo zu: "Du musst die Spiel**regeln** beachten!"

## ruler['ruːlə(r)] Lineal

Ken measured his height with a **ruler**. Ken maß seine Größe mit einem **Lineal**.

## run[rʌn] laufen

The reporters had no time to **run** away before Mr Rhino **ran** into them. Die Reporter hatten keine Zeit wegzu**laufen**, bevor Mr Rhino in sie hinein**lief**.

ⓘ run out: aus-/ablaufen, heraus-/hinauslaufen
run after: hinterherlaufen
☞ Anhang

## rush[rʌʃ] eilen, hetzen, hasten

Mr Rhino is the first to **rush** through the finish line. Mr Rhino fegte als Erster durchs Ziel.

## Russia['rʌʃə] Russland

**Russia** is a country with a vast territory. **Russland** ist ein Land mit einem weiten Staatsgebiet.

## rust[rʌst] Rost

Teddy cleaned the **rust** off his bicycle. Teddy entfernte den **Rost** von seinem Fahrrad.

**sad**[sæd] traurig

What makes the Mouse Sisters cry? A **sad** letter or the onions? Was bringt die Mäuseschwestern zum Weinen? Ein **trauriger** Brief oder die Zwiebeln?
ⓘ glad: froh
happy: glücklich, fröhlich

**safe¹**[seɪf] sicher

Mr Piggles keeps his money in a **safe** place.
Mr Piggles bewahrt sein Geld an einem **sicheren** Ort auf.
ⓘ dangerous: gefährlich

**safe²**[seɪf]
Panzerschrank, Tresor

Mr Piggles has harvested two huge cherries. He will keep them with his money in a **safe** in the bank. Mr Piggles hat zwei riesige Kirschen geerntet. Er wird sie zusammen mit seinem Geld in einem **Panzerschrank** in der Bank aufbewahren.

**safely**['seɪflɪ] vorsichtig

Driving **safely** can avoid traffic accidents.
**Vorsichtiges** Fahren kann Verkehrsunfälle vermeiden.

**safety**['seɪftɪ]
Sicherheit

It's obvious that Bandit should learn road **safety** again. Es ist klar, dass Bandit nochmals die Regeln zur **Sicherheit** im Straßenverkehr lernen sollte.
ⓘ danger: Gefahr

## sail[1] [seɪl] segeln

The three friends have been **sailing** for a week. Now they discover an island where they can have a good rest. Die drei Freunde **segeln** schon eine Woche zusammen. Nun entdecken sie eine Insel, auf der sie einmal so richtig entspannen können.

## sail[2] [seɪl] Segel

Their **sail** is painted with a mushroom. Auf ihr **Segel** ist ein Pilz gemalt.

## sailing ['seɪlɪŋ] Segeln

The Captain knows a lot about **sailing**. Der Kapitän hat viel Ahnung vom **Segeln**.

## sailor ['seɪlə(r)] Matrose

The policeman arrested two **sailors** who fought with each other. Der Polizist nahm zwei **Matrosen** fest, die sich prügelten.

## sake [seɪk] um ... willen

They fought with each other for the **sake** of long hatred. Sie haben sich geprügelt, weil sie sich seit eh und je hassen.

## salad ['sæləd] Salat

Mrs Bunnikin is preparing a fruit **salad**. Mrs Bunnikin bereitet einen Frucht**salat** zu.

## salary ['sælərɪ] Gehalt

Teddy bought a necklace for his mother from his first **salary**. Von seinem ersten **Gehalt** hat Teddy seiner Mutter eine Halskette gekauft.

## sale [seɪl] Verkauf

Mr and Mrs Piggles are very happy that their watermelons will be on **sale**. Mr und Mrs Piggles sind sehr glücklich darüber, dass ihre Wassermelonen demnächst verkauft werden.

## salesman ['seɪlzmən] Verkäufer

Mr Bunnikin is an experienced **salesman**. Mr Bunnikin ist ein erfahrener **Verkäufer**.

ⓘ saleswoman, salesgirl: Verkäuferin

**salon**['sælɒn] Salon

Beaky wants to hold a literary **salon** at home.
Becky möchte zu Hause einen literarischen **Salon** veranstalten.

**salt**[sɔːlt] Salz

The cook put much **salt** into the soup.
Der Koch hat die Suppe stark gesalzen.

**salty**['sɔːltɪ] salzig

The soup tastes very **salty**. Die Suppe schmeckt sehr **salzig**.

**same**¹[seɪm] gleiche

Flip and Flop are both trying to open the door at the **same** time.
Flip und Flop versuchen beide **gleichzeitig**, die Tür zu öffnen.
ⓘ different: verschieden, andere, -r, -s, anders

**same**²[seɪm] der, die, das Gleiche, derselbe/dieselbe/dasselbe

Flip and Flop are doing the **same** again.
Flip und Flop machen noch einmal **das Gleiche**.

**sand**[sænd] Sand

You can see **sand** everywhere on the beach. Am Strand sieht man überall **Sand**.

**sandwich**['sænwɪdʒ] Doppelschnitte,-stulle, Sandwich

Gerry much prefers the middle of the **sandwich** to the crust. Gerry schmeckt der mittlere Teil des **Sandwiches** viel besser als die Kruste.

**satellite**['sætəlaɪt] Satellit

We receive television signals through **satellites**.
Wir erhalten Fernsehsignale über **Satelliten**.

**satisfactory**[ˌsætɪs'fæktərɪ] annehmbar, zufrieden stellend

They all agree that it's a **satisfactory** sandwich.
Alle sind der Meinung, dass das Sandwich ganz gut ist.

**satisfied**['sætɪsfaɪd]
zufrieden

Crock is **satisfied** with the service on the plane. Crock ist mit dem Service an Bord des Flugzeugs **zufrieden**.

ⓘ be satisfied with: mit etw. zufrieden sein

**Saturday**['sætədɪ] Samstag

There are three flights on **Saturday**. Am **Samstag** gibt es drei Flüge.

**sauce**[sɔːs] Soße

Crock eats fish with tomato **sauce**. Crock isst Fisch mit Tomaten**soße**.

**saucer**['sɔːsə(r)]
Untertasse

"Please give me a **saucer** of peanuts." "OK. Just a moment, Mr Crock." "Bitte geben Sie mir eine **Untertasse** mit Erdnüssen." "Okay, einen Augenblick, Mr Crock."

ⓘ flying saucer: fliegende Untertasse

**save**[seɪv] retten

How is Franz going to **save** himself? It is a long, long way down. Wie wird Franz sich **retten**? Es ist ein langer, langer Weg nach unten.

ⓘ save one's life: sein Leben retten

**saw**[sɔː] sägen

Franz **sawed** down a tree. Franz **sägte** einen Baum ab.

☞ Anhang

**say**[seɪ] sagen

Mr Piggles is listening with great interest to what Peter is **saying** about the cycle race. Mr Piggles hört mit großem Interesse dem zu, was Peter über das Fahrradrennen **sagt**.

☞ Anhang

**scales**[skeɪlz] Waage

The salesman weighs the fruit on the **scales**. Der Verkäufer wiegt das Obst auf der **Waage**.

**scare**[skeə(r)] einen Schreck einjagen, Angst machen, erschrecken

Jack even manages to **scare** Guzzler. Jack schafft es sogar, Guzzler **einen Schreck einzujagen**.

**scarf**[skɑːf] Schal

Franz wears a red **scarf** today. Franz trägt heute einen roten **Schal**.

**scatter**['skætə(r)] verstreuen

The white sheep are **scattered** on the green grassland. Die weißen Schafe sind über die grüne Weide **verstreut**.

**scene**[siːn] Anblick, Landschaft

The green grassland, the tame animals and the busy farmers form a beautiful farm **scene**. Die grüne Weide, die zahmen Tiere und die geschäftigen Bauern zeigen ein schönes rustikales **Landschaftsbild**.

**schedule**['ʃedjuːl] Zeitplan

Wise Owl is invited to give speeches so often that he has a full **schedule** every day. Wise Owl wird so oft eingeladen, Reden zu halten, dass er jeden Tag voll ausgelastet ist.

**scholar**['skɒlə(r)] Gelehrter

Wise Owl is a well-known **scholar**. Wise Owl ist ein bekannter **Gelehrter**.

A B C D E F G H I J K L M N O P Q R S T U V W X Y Z

Knowledge is a treasure, but practice is the key to it. [T.Fuller]

**school**[sku:l] Schule

Teddy and his friends study in this **school**.

Teddy und seine Freunde besuchen diese **Schule**.

ⓘ after school: nach der Schule
at school: in der Schule
go to school: zur Schule gehen

mower['məʊə(r)]
Mäher
studio['stju:dɪəʊ]
Atelier
library Bibliothek
telephone box
Telefonzelle
seesaw['si:sɔ:]
Wippe
cleaner['kli:nə(r)]
Reinemachefrau
school bus
Schulbus
milk float Milchauto
kman Milchmann
textbook Lehrbuch

## **schoolboy**['skuːlbɔɪ] Schuljunge, Schüler

Flip and Flop are naughty **schoolboys**. Flip und Flop sind ungezogene **Schüler**.
ⓘ schoolgirl: Schulmädchen, Schülerin

## **science**['saɪəns] Wissenschaft

Biology, chemistry and physics are natural **sciences;** economics is a social **science**. Biologie, Chemie und Physik sind Natur**wissenschaften**; Betriebswirtschaft ist eine Sozial**wissenschaft**.

## **scientific**[ˌsaɪən'tɪfɪk] wissenschaftlich

Wise Owl owns many **scientific** books. Wise Owl besitzt viele **wissenschaftliche** Bücher.

## **scientist**['saɪəntɪst] Wissenschaftler

Teddy wants to become a **scientist**.
Teddy möchte **Wissenschaftler** werden.

## **scissors**['sɪzəz] Schere

For the ladybirds, this pair of **scissors** is too big.
Für die Marienkäfer ist diese **Schere** zu groß.

## **scold**[skəʊld] schelten

Mrs Bunnikin is **scolding** her husband and son for playing football in the house. Mrs Bunnikin **schilt** ihren Mann und ihren Sohn, weil sie im Haus Fußball spielen.

## **score¹**[skɔː] erzielen, schießen

Jumbo **scored** a goal.
Jumbo hat ein Tor **geschossen**.

## **score²**[skɔː] einen Punkt machen, ein Tor schießen

Jumbo made a **score** in the last minute of the game.
Jumbo **schoss** in der letzten Spielminute **ein Tor**.

## **scrape**[skreɪp] abschürfen

Teddy **scraped** his knee on the stone when he fell off his bicycle.
Teddy **schürfte** sich das Knie am Stein **ab**, als er vom Fahrrad fiel.

## **scratch**[skrætʃ] kratzen

The cat **scratched** me badly.
Die Katze hat mich schlimm **gekratzt**.

## **scream**[skriːm] schreien

Teddy couldn't help **screaming** when he rushed down the slope. Teddy musste einfach **schreien**, als er den Hang hinuntersauste.

## **screen**[skriːn] Bildschirm

This is the biggest TV **screen** they have ever seen. Dies ist der größte Fernseh**bildschirm**, den sie je gesehen haben.

## **screw**[skruː] Schraube

The **screw** is loose, please fasten it. Die **Schraube** ist locker, bitte zieh sie an.

## **scrub**[skrʌb] schrubben

Mrs Bunnikin **scrubs** the floor once a week.
Mrs Bunnikin **schrubbt** den Fußboden einmal in der Woche.

## **sculpture**['skʌlptʃə(r)] Skulptur

It took the two sculptors four months to make a **sculpture** of Jumpie. Die beiden Bildhauer brauchten vier Monate, um von Jumpie eine **Skulptur** zu schaffen.

## **sea**[siː] Meer

Piglet was happily swimming in the **sea** when he suddenly saw a shark near him. Piglet schwamm vergnügt im **Meer**, als er plötzlich einen Hai in seiner Nähe sah.

ⓘ by sea: auf dem Seeweg; at sea: auf See

## **seal**[siːl] Seehund

The **seal** played a joke on Piglet. Der **Seehund** spielte Piglet einen Streich.

## **search**[sɜːtʃ] durchsuchen

The police **searched** the criminals for weapons. Die Polizei **durchsuchte** die Verbrecher nach Waffen.

ⓘ search for: durchsuchen nach

## **seashore**['siːʃɔː] Strand

Pardy spends his holidays on the **seashore**. Pardy verbringt seinen Urlaub am **Strand**.

## **seaside**['siːsaɪd] Meer

They enjoy themselves at the **seaside**. Sie amüsieren sich am **Meer**.

**season**['siːzn] Jahreszeit

There are four **seasons** in a year: spring, summer, autumn, and winter.
Das Jahr hat vier **Jahreszeiten**: Frühling, Sommer, Herbst und Winter.

**seat**[siːt] Sitzplatz

There are so many people on the train. I can't find a **seat**.
Es sind so viele Leute im Zug. Ich kann keinen **Sitzplatz** finden.

**second**[1]['sekənd] Sekunde

There are 60 **seconds** to a minute.
Eine Minute hat 60 **Sekunden**.

**second**[2]['sekənd] Zweite, -r, -s

In the cycle race, Zip came in first at the last moment and Henry came in **second**. Beim Radrennen wurde Zip im letzten Augenblick Erster, und Henry wurde **Zweiter**.

**secondary**['sekəndərɪ] weniger bedeutend

Henry thinks the place in a competition is **secondary** to the friendship.
Henry ist der Ansicht, dass der Platz, den man in einem Wettkampf belegt, **weniger bedeutend** ist als die Freundschaft.

**secret**[1]['siːkrɪt] geheim

This is a **secret** chat between Sniffy Mouse and his friend. Dies ist ein **geheimes** Gespräch zwischen Sniffy Mouse und seinem Freund.

**secret**[2]['siːkrɪt] Geheimnis

"That's a **secret**, you can't tell anyone else," Sniffy Mouse said.
"Das ist ein **Geheimnis**. Du darfst es niemandem verraten", sagte Sniffy Mouse.

**secretary**['sekrətrɪ] Sekretärin

As Mr Dollar's private **secretary**, she is always very busy.
Als Mr Dollars Privat**sekretärin** hat sie immer sehr viel zu tun.

A B C D E F G H I J K L M N O P Q R S T U V W X Y Z

## section['sekʃən] Abschnitt

This **section** of the street has been closed. Dieser **Abschnitt** der Straße wurde gesperrt.

## security[sɪ'kjʊərɪtɪ] Sicherheit

It gives Sniffy Mouse a sense of **security** to stay away from Tough Cat. Es verleiht Sniffy Mouse ein Gefühl von **Sicherheit**, wenn er sich von Tough Cat fern hält.

## see[siː] sehen

In China, Robinson **saw** so many people riding bicycles in the street.
In China **sah** Robinson ganz viele Menschen, die auf der Straße Fahrrad fuhren.
I don't **see** what you mean. Ich weiß nicht, was du damit sagen willst.
ⓘ See you later: bis später, bis nachher; I see!: aha!, ach so!
☞ Anhang

## seed[siːd] Samen

Flip is busy sowing the **seeds**, and the birds are busy tucking in. Flip ist dabei, das Saatgut in die Erde zu bringen, und die Vögel lassen es sich schmecken.

## seek[siːk] suchen

The hens want to **seek** the footprints of the thief who has stolen their eggs. Die Hennen wollen nach den Fußabdrücken des Diebes **suchen**, der ihre Eier gestohlen hat. ☞ Anhang

## seem[siːm] scheinen

It **seems** that the hens are talking about something serious. Es **scheint**, die Hennen reden über etwas Ernstes.

## **seize**[si:z] packen

The policeman **seized** Bandit by his tail. Der Polizist **packte** Bandit beim Schwanz.

## **seldom**['seldəm] selten

Tiger is in good health and **seldom** falls ill. Tiger erfreut sich bester Gesundheit und wird **selten** krank. ⓘ often: oft

## **select**[sɪ'lekt] (aus)wählen

It's hard to **select** the best one from the five designs for the new bridge. Es ist schwierig, den besten der fünf Entwürfe für die neue Brücke **auszuwählen**.

## **self**[self] Ich, Selbst

Mr Dollar always puts his **self** first. Mr Dollar denkt immer nur an sich.
ⓘ selves[selvz]: Plural von self

## **sell**[sel] verkaufen

Mr Dollar said he had earned lots of money by **selling** fridges at the North Pole. Can you believe it? Mr Dollar sagte, er hätte eine Unmenge Geld mit dem Verkauf von Kühlschränken am Nordpol verdient. Glaubst du das?
ⓘ buy: kaufen
☞ Anhang

## **send**[send] senden, schicken

Skunk will **send** news to his friends by radio. Skunk wird seinen Freunden über das Radio Nachrichten **senden**.
ⓘ send for: kommen lassen, zu sich bestellen

## **sense**[sens] Sinn

Holmes Hound has a keen **sense** of smell. Holmes Hound hat einen ausgeprägten Geruchs**sinn**.

## **sentence**[1]['sentəns] Satz

Piglet can't understand the **sentence**. Piglet versteht den **Satz** nicht.

## **sentence**[2]['sentəns] verurteilen

The judge will **sentence** Bandit to one year in prison. Der Richter wird Bandit zu einem Jahr Gefängnis **verurteilen**.

A B C D E F G H I J K L M N O P Q R S T U V W X Y Z

**separate**['sepəreɪt] trennen

Dr Spotty has to **separate** Skunk from the others. Dr. Spotty muss Skunk von den anderen **trennen**.

ⓘ join: verbinden, anfügen; separate ... from ...: trennen von

**September**[sep'tembə(r)] September

The semester begins on **September** 1st.
Das Schulhalbjahr fängt am 1. **September** an.

☞ calendar

**serious**['sɪərɪəs] ernst

The police told Prickle that he should take the traffic regulations as a **serious** matter. Der Polizeibeamte sagte Prickle, er solle die Verkehrsregeln **ernst** nehmen.

**servant**['sɜːvənt] Diener

Mr Dollar has a large staff of **servants**. Mr Dollar hat viel Dienstpersonal.

**serve**[sɜːv]
bedienen, behandeln

The taxi driver **serves** his customers very considerately. Der Taxifahrer ist seinen Fahrgästen gegenüber sehr höflich und hilfsbereit.

**service**['sɜːvɪs] Service

The taxi driver provides a good **service** for his customers. Der Taxifahrer bietet seinen Fahrgästen einen guten **Service**.

**set**[set]
setzen, stellen, legen

Please **set** everything in its correct place. Bitte **lege** alles an seinen Platz.

☞ Anhang

**settle**['setl] sich niederlassen

Billy Goat will **settle** on a farm. Billy Goat wird **sich** auf einer Farm **niederlassen**.

## **several**['sevrəl] mehrere, einige

Teddy received **several** letters today. Teddy hat heute **mehrere** Briefe bekommen.

## **sew**[səʊ] nähen

Teddy's grandma likes **sewing**. Teddys Oma **näht** gern.
☞ Anhang

## **sex**[seks] Geschlecht

Oscar will hold a party where everyone is welcome, regardless of age and **sex**. Oscar wird eine Party geben, bei der jeder willkommen ist, egal wie alt er ist oder ob er männlich oder weiblich ist.

## **shade**[ʃeɪd] Schatten

The cat is sleeping in the **shade** of the tree. Die Katze schläft im **Schatten** des Baumes.

## **shadow** ['ʃædəʊ] Schatten

Tommy barked loudly when he saw a strange **shadow** appearing on the wall. Tommy bellte laut, als ein merkwürdiger **Schatten** an der Wand erschien.

## **shake**[ʃeɪk] schütteln

The two ladybirds always **shake** hands when they meet. Die beiden Marienkäfer geben sich immer die Hand, wenn sie sich sehen.
ⓘ shake hands: sich die Hand geben; shake one's head: den Kopf schütteln
☞ Anhang

## **shall**[ʃæl] werden

"I **shall** go travelling with all my toys," Fluffy said. "Ich **werde** mit all meinen Spielsachen auf Reisen gehen", sagte Fluffy.

## **shallow**['ʃæləʊ] flach, seicht

Henry always swims in **shallow** ponds. Henry schwimmt immer in **flachen** Teichen.
ⓘ deep: tief

A B C D E F G H I J K L M N O P Q R S T U V W X Y Z

## shame[ʃeɪm] Scham

Pinocchio felt **shame** after he told a lie to his father. Pinocchio **schämte** sich, nachdem er seinen Vater angelogen hatte.

## shape¹[ʃeɪp] Form

Robinson likes watching the various **shapes** of the clouds.
Robinson beobachtet gerne die unterschiedlichen **Formen** der Wolken.

## shape²[ʃeɪp] formen

Teddy **shapes** clay into balls.
Teddy **formt** Ton zu Kugeln.

## share[ʃeə(r)] teilen

Franz is **sharing** the happiness of victory with his friends. Franz **teilt** die Siegesfreude mit seinen Freunden.

## shark[ʃɑːk] Hai

A **shark** is a kind of ferocious animal in the ocean.
Der **Hai** ist eine Art wildes Tier, das im Ozean lebt.

## sharp[ʃɑːp] scharf

The teeth of a shark are very **sharp**, just like knives.
Die Zähne eines Hais sind messer**scharf**.
ⓘ blunt: stumpf

## shave[ʃeɪv] (sich) rasieren

After **shaving** their heads, the barber said, "Tell your friends to come here. I'll make them save time and money." Nachdem er ihre Köpfe **rasiert** hatte, sagte der Friseur: "Sagt euren Freunden, sie sollen hierher kommen. Bei mir werden sie Zeit und Geld sparen."

## she[ʃiː] sie

Violet is six years old. **She** is old enough to go to school.
Violet ist sechs Jahre alt. **Sie** ist alt genug, um in die Schule zu gehen.

## sheep[ʃiːp] Schaf(e)

Robinson met plenty of **sheep** when he was travelling in Australia. Robinson stieß auf viele **Schafe**, als er durch Australien reiste.

## sheet[ʃiːt] (Bett-)Laken

Mrs Rhino spreads a clean **sheet** on the bed. Mrs Rhino überzieht das Bett mit einem frischen **Laken**.

ⓘ a sheet of paper: ein Blatt Papier

## shelf[ʃelf] Regal

Tough Cat found a book which was of great interest to him and took it off the **shelf**. Tough Cat fand ein Buch, das für ihn von großem Interesse war, und nahm es vom **Regal**.

## shell[ʃel] Muschel

Teddy is collecting **shells** on the beach. Teddy sammelt **Muscheln** am Strand.

## shelter['ʃeltə(r)] schützen

Robinson **sheltered** from the rain under the tree. Robinson suchte unter dem Baum **Schutz** vor dem Regen.

## shift[ʃɪft] umspringen

The wind will **shift** from west to south. Der Wind wird von Westen nach Süden umspringen.

## shine[ʃaɪn] glänzen, scheinen

Rambler and Robinson lie down to watch the stars **shining** in the sky. Rambler und Robinson legen sich hin, um die Sterne zu betrachten, die am Himmel **glänzen**.

☞ Anhang

## shiny['ʃaɪnɪ] glänzend

Do you like **shiny** black shoes? Magst du **glänzende** schwarze Schuhe?

A B C D E F G H I J K L M N O P Q R S T U V W X Y Z

**Our destiny offers not the cup of despair, but the chalice of opportunity.** [R.Nixon]

ship

## **ship**[ʃɪp] Schiff

Will the Captain find a berth among so many **ships** at this crowded port?
Wird der Kapitän zwischen all diesen **Schiffen** in diesem überfüllten Hafen einen Anlegeplatz finden?

## shirt[ʃɜːt] Hemd

Robbie never wears any **shirt**.
Robbie trägt nie ein **Hemd**.

## shock[1][ʃɒk] Schlag

Peter got a big **shock** when he gave Robbie a big hug.
Peter bekam einen starken **Schlag**, als er Robbie kräftig umarmte.

## shock[2][ʃɒk] bestürzen, erschüttern

Everyone was very **shocked** by the mad act of Billy Goat. Alle waren von der wahnsinnigen Tat Billy Goats zutiefst **erschüttert**.

## shoe[ʃuː] Schuh

Teddy wears a pair of odd **shoes** today, so he won't get stuck in the snow. Teddy trägt heute ein Paar merkwürdige **Schuhe**, so wird er nicht im Schnee stecken bleiben.

## shoot[ʃuːt] schießen

Teddy **shot** at a bird, but missed.
Teddy **schoss** auf einen Vogel, aber er verfehlte ihn.
☞ Anhang

## shop[1][ʃɒp] einkaufen

Teddy **shopped** all morning for a new gun. Teddy verbrachte den ganzen Morgen damit, ein neues Gewehr zu kaufen.
ⓘ go shopping: einkaufen gehen

A B C D E F G H I J K L M N O P Q R S T U V W X Y Z

**shop**[2][ʃɒp] Laden, Geschäft

You can buy many kinds of toys in this toy **shop**. In diesem Spielzeug**laden** kann man alle möglichen Spielsachen kaufen.

**shore**[ʃɔː(r)] Ufer

Mr and Mrs Rhino often take a walk along the **shore** after supper. Mr und Mrs Rhino gehen nach dem Abendessen oft am **Ufer** spazieren.

**short**[ʃɔːt] kurz

Oscar's ski vacation turned out to be a **short** one. Oscars Skiurlaub wurde nur ein **kurzer** Urlaub.

ⓘ long: lang
tall: groß

**shorten**['ʃɔːtn] kürzen

I have had my pants **shortened**. Ich habe meine Hose **kürzen** lassen.

**should**[ʃʊd] sollte

Pinocchio **should** have had his bike repaired before he rode it. Pinocchio hätte sein Fahrrad reparieren lassen **sollen**, bevor er damit fuhr.

**shoulder**['ʃəʊldə(r)] Schulter

Troopie carries a gun on his **shoulder**. Troopie trägt ein Gewehr über seiner **Schulter**.

**shout**[1][ʃaʊt] Ruf, Schrei

People can hear the **shouts** of Piglet every morning, "Newspaper!" Die Leute können jeden Morgen Piglets **Ruf** vernehmen: "Zeitung!"

## shout²[ʃaʊt] schreien, laut rufen

The director instructs the actors by **shouting** into a loudspeaker in the studio. Der Direktor gibt den Schauspielern Anweisungen, indem er im Studio **laut** in einen Lautsprecher **ruft**.

## show¹[ʃəʊ] Show

The TV quiz **show** is quite popular.
Die TV-Quiz**show** ist ziemlich beliebt.

## show²[ʃəʊ] zeigen

Robinson **showed** his friends a lot of photographs he had taken in Paris.
Robinson **zeigte** seinen Freunden eine Menge Fotos, die er in Paris gemacht hatte.
☞ Anhang

## shower['ʃaʊə(r)] Schauer

The bee was caught in a **shower**. She had to put up a leaf as an umbrella. Die Biene wurde von einem **Schauer** überrascht. Sie musste ein Blatt als Regenschirm hochhalten.

## shrink[ʃrɪŋk]

## schrumpfen, einlaufen

This new pullover might **shrink** in the wash.
Dieser neue Pullover könnte beim Waschen vielleicht **einlaufen**.
☞ Anhang

## shut[ʃʌt] schließen

The minute Joe asked for a loan, Mr Dollar **shut** the counter. In dem Augenblick, als Joe ein Darlehen beantragen wollte, **schloss** Mr Dollar den Schalter.
ⓘ open: öffnen, offen
☞ Anhang

## shy[ʃaɪ]

## schüchtern

"Don't be **shy**. Come on and play with us!"
"Nur keine Hemmungen. Komm und spiel mit uns!"

**sick**[sɪk] krank

Dodger has been **sick** for weeks. Dodger ist schon seit Wochen **krank**.

ⓘ be on sick leave: krankgeschrieben sein

**side**[saɪd] Seite

Nobody is by Dodger's **side** during his illness. Niemand kümmert sich um Dodger, während er krank ist.

ⓘ side by side: Seite an Seite, nebeneinander

**sigh**[saɪ] seufzen

Dodger **sighed** as he lay back on the bed. Dodger **seufzte**, als er sich im Bett zurücklegte.

**sight**[saɪt] Sehvermögen

Mole has a poor **sight**, so he needs a magnifying glass to look at tiny things. Mole sieht sehr schlecht, deshalb braucht er eine Lupe, wenn er sich winzige Dinge anschauen möchte.

**sign**[1][saɪn] signieren, unterschreiben

Painty always **signs** his paintings. Painty **signiert** seine Bilder immer.

**sign**[2][saɪn] Schild

Traffic **signs** should be noticeable.
Verkehrs**schilder** sollten sichtbar angebracht sein.

**signal**['sɪgnəl] Zeichen, Signal

No one knows which way he should go. PC Stop is losing control; his **signals** are confusing. Keiner weiß, in welche Richtung er fahren soll. PC Stop verliert die Kontrolle; niemand versteht seine Hand**zeichen**.

**silence**['saɪləns] Stille, Ruhe

The garden is steeped in **silence** except for the buzz of bees. Im Garten ist es still, man vernimmt nur das Summen der Bienen.

ⓘ noisiness: Lärm

**silent**['saɪlənt]
still, ruhig

The night hasn't been **silent** anymore since the frog band formed. Die Nächte sind nicht mehr **ruhig**, seitdem es die Froschband gibt.
ⓘ noisy: laut

**silk**[sɪlk] Seide

Mery wants to know whether he is made of paper or **silk**. Mery will wissen, ob er aus Papier oder aus **Seide** ist.

**silly**['sɪlɪ] dumm

The **silly** Mery nearly cut off one of his legs. Der **dumme** Mery hat sich fast ein Bein abgeschnitten.

**silver**['sɪlvə(r)] Silber

This pair of scissors is made of **silver**. Diese Schere ist aus **Silber**.

**similar**['sɪmɪlə(r)] ähnlich

Flip and Flop share many **similar** points as twin brothers. Als Zwillingsbrüder **ähneln** sich Flip und Flop in vieler Hinsicht.

**simple**['sɪmpl] einfach

Shooting a basket is a **simple** task for Gerry. Einen Ball in den Korb zu werfen, ist für Gerry eine **einfache** Aufgabe.
ⓘ complicated: kompliziert

**sin**[sɪn] Sünde

Missing the basket is an unforgivable **sin** for Gerry. Den Korb nicht zu treffen, ist für Gerry eine unverzeihliche **Sünde**.

**The man who has made up his mind to win will never say "impossible".** [Napoleon]



## since[1] [sɪns] da

Piglet will sit and relax as a goalkeeper **since** the upper part of the goal was blocked by him.
Piglet wird sich in seiner Funktion als Torhüter hinsetzen und entspannen, **da** er den oberen Teil des Tores blockiert hat.

## since[2] [sɪns] seit

Mr Rhino has been playing football **since** last year.
Mr Rhino spielt **seit** letztem Jahr Fußball.

## since[3] [sɪns] seitdem, seither

Mann caught a cold on Sunday and has been in bed **since**.
Mann hat sich am Sonntag erkältet und liegt **seitdem** im Bett.

## sincerely [sɪn'sɪəlɪ] aufrichtig

The loser thanks the police **sincerely**.
Der Verlierer dankt der Polizei **aufrichtig**.
ⓘ Yours sincerely, Teddy:
Mit freundlichen Grüßen, Teddy

## sing [sɪŋ] singen

Tip Tap's guitar is broken. He is very depressed because he can't **sing** anymore.
Tip Taps Gitarre ist kaputt. Er ist sehr deprimiert, weil er nicht mehr **singen** kann.
☞ Anhang

## singer ['sɪŋə(r)] Sänger

As a **singer**, Tip Tap has still a long way to go.
Als **Sänger** ist Tip Tap noch weit vom Ziel entfernt.

## single ['sɪŋgl] einzige, -r, -s

Chimp has one **single** thought: to recover soon and join the football game again.
Chimp hat nur einen **einzigen** Gedanken: sich bald zu erholen und wieder am Fußballspiel teilzunehmen.

**sink**[sɪŋk] sinken

The racing boat **sank** and the whole team fell into the water. Das Rennboot **sank**, und die ganze Mannschaft fiel ins Wasser.

ⓘ float: schwimmen

☞ Anhang

**sir**[sɜː(r)] mein Herr, Herr ...

"Can I help you, **sir**?" "Kann ich Ihnen helfen, **mein Herr**?"

**sister**['sɪstə(r)] Schwester

Naughty as he is, he takes much care of his little **sister**. Obwohl er ungezogen ist, kümmert er sich doch sehr um seine kleine **Schwester**.

**sit**[sɪt] sitzen

**Sitting** in the grass, resting on a stone, all his friends have gone away, and Tip Tap is alone. Er **sitzt** im Gras auf einem Stein, alle seine Freunde sind weggegangen, und Tip Tap ist allein.

ⓘ sit down: sich hinsetzen

☞ Anhang

**site**[saɪt] Stelle, Platz, Stätte

Fireman rushed to the **site** of the fire. Fireman hastete zur Brand**stätte**.

**situation**[ˌsɪtjʊ'eɪʃən] Lage

The present **situation** is not very good for Jumbo. Die derzeitige **Lage** ist für Jumbo nicht sehr gut.

**size**[saɪz] Größe

Jumbo wears two ice skates of different **sizes**. Jumbo trägt zwei Schlittschuhe von unterschiedlicher **Größe**.

**skate**[skeɪt] Eis laufen

It seems that it isn't easy for Jumbo to **skate**. Anscheinend hat Jumbo Schwierigkeiten beim **Eis laufen**.

ⓘ go skating: Eis laufen gehen

A B C D E F G H I J K L M N O P Q R S T U V W X Y Z

## **skeleton**['skelɪtn] Skelett

The lady wants to see her **skeleton**, so Dr Spotty takes an X-ray for her. But meanwhile they also discover ...
Die Dame möchte ihr **Skelett** sehen, also macht Dr. Spotty eine Röntgenaufnahme für sie. Zwischenzeitlich entdecken sie aber auch ...

## **ski**[skiː] Ski fahren

Is Teddy able to **ski** along such a difficult course? Kann Teddy einen derart schwierigen Lauf schaffen?
ⓘ go skiing: Ski fahren gehen

## **skill**[skɪl] Fertigkeit, Fähigkeit

Teddy believes that he will ski very well one day after he has mastered enough **skills**.
Teddy glaubt, dass er eines Tages, wenn er ausreichend **Fertigkeiten** erworben hat, sehr gut Ski laufen wird.

## **skilled**[skɪld] gewandt

To be a **skilled** skier is a big goal of Teddy's.
Ein **gewandter** Skiläufer zu werden, ist ein großes Ziel von Teddy.

## **skin**[skɪn] Haut

Mrs Piggles is applying the lotion to Piglet's scraped **skin.**
Mrs Piggles trägt die Lotion auf Piglets Schürfwunde auf.

## **skip**[skɪp] hüpfen

The children are **skipping** along the road. Die Kinder **hüpfen** die Straße entlang.

## **skirt**[skɜːt] Rock

Mrs Rhino complains that her **skirt** is out of fashion. Mrs Rhino beklagt sich darüber, dass ihr **Rock** unmodern ist.

## **sky**[skaɪ] Himmel

Dozens of swallows are flying in the blue **sky**.
Dutzende Schwalben fliegen am blauen **Himmel**.

## **slant**[slɑːnt] Neigung, Schräge

Painty hung his picture on the **slant** to attract visitors. His plan worked!
Painty hing sein Bild schräg an die Wand, um Besucher anzuziehen. Sein Plan funktionierte!
ⓘ be on the slant: schräg sein

## **slave**[sleɪv] Sklave

How Robinson wishes he had a **slave** to serve him and accompany him!
Wie sehr wünscht sich Robinson einen **Sklaven**, der ihn bedient und begleitet!

## **sleep**[1][sliːp] schlafen

When Piglet was **sleeping** in the hammock, the rope suddenly broke.
Als Piglet in der Hängematte **schlief**, riss plötzlich das Seil.
ⓘ go to sleep: einschlafen
☞ Anhang

## **sleep**[2][sliːp] Schlaf

Piglet often talks in his **sleep**. Piglet redet oft im **Schlaf**.

## **sleeve**[sliːv] Ärmel

Violet wears a dress with short **sleeves**. Violet trägt ein Kleid mit kurzen **Ärmeln**.

## **slide**[1][slaɪd] gleiten

The race began. Henry pushed the sledge very hard to make it **slide** fast. But he got stuck in the narrow track.
Das Rennen gegann. Henry stieß den Schlitten kräftig an, damit er schnell **glitt**. Aber er blieb in der engen Bahn stecken.
☞ Anhang

## slide[2] [slaɪd] Rutsche

The children all enthuse over the new **slide**. Die Kinder schwärmen alle von der neuen **Rutsche**.

## slight [slaɪt] leicht

I have a **slight** headache. Ich habe **leichte** Kopfschmerzen.

## slim [slɪm] dünn

Mrs Rhino wishes she could be as **slim** as Ribbon. Ribbon wishes he could hop like Tip Tap. Mrs Rhino wünscht sich, sie wäre so **dünn** wie Ribbon. Ribbon wünscht sich, er könnte so springen wie Tip Tap.

## slip [slɪp] ausrutschen

When Tough Cat took a shower he suddenly **slipped** on a bar of soap. Als Tough Cat duschte, **rutschte** er plötzlich auf einem Stück Seife **aus**.

## slipper ['slɪpə(r)] Hausschuh

Tough Cat never wears **slippers** when he is at home.
Tough Cat trägt nie **Hausschuhe**, wenn er zu Hause ist.

## slippery ['slɪpərɪ] rutschig

The slope became **slippery** after the rain. Der Abhang wurde nach dem Regen **rutschig**.

## slogan ['sləʊgən] Motto Wahlspruch, Slogan

"Fast! Faster! Fastest!" This is Ribbon's **slogan** when he rolls down the slope. "Schnell! Schneller! Am schnellsten!" So lautet Ribbons **Motto**, wenn er den Abhang hinabrollt.

## slope [sləʊp] Abhang

Ribbon has found a quick way down the **slope**. Ribbon hat einen Weg gefunden, schnell den **Abhang** hinunterzukommen.

## **slow**[sləʊ] langsam

Although Mann is a **slow** runner, he is never late in delivering the mail.
Obwohl Mann ein langsamer Läufer ist, stellt er die Post nie zu spät zu.
ⓘ quick: schnell

## **slowly**['sləʊlɪ] langsam

The gas is leaking **slowly** from the lifebelt. It is a disaster for Piglet who can't swim.
Die Luft tritt **langsam** aus dem Rettungsgürtel aus. Für Piglet, der nicht schwimmen kann, ist das eine Katastrophe.
ⓘ quickly: schnell

## **small**[smɔːl] klein

The hat is too **small**; it doesn't fit Jumbo.
Der Hut ist zu **klein;** er passt Jumbo nicht.
ⓘ big: groß

## **smart**[smɑːt] schick

Jumbo looks very **smart** in this suit.
Jumbo sieht in diesem Anzug sehr **schick** aus.

## **smell¹**[smel] riechen

Fireman **smells** something burning.
Fireman **riecht**, dass etwas brennt.
☞ Anhang

## **smell²**[smel] Geruch

"What a **smell**! But somehow it is a very familiar **smell** ," Fireman thinks. "Was für ein **Geruch**! Aber irgendwie ist es ein bekannter **Geruch**", denkt Fireman.

## **smile**[smaɪl] Lächeln

She gave us a friendly **smile** as she came in. Sie lächelte uns freundlich an, als sie hereinkam.

**smoke¹**[sməʊk] Rauch

The room is full of **smoke**. Der Raum ist voller **Rauch**.

**smoke²**[sməʊk] rauchen

Please don't **smoke** inside the room.
Bitte **rauche** nicht im Zimmer.
ⓘ No smoking!: Rauchen verboten!

**smooth**[smuːð] glatt

The barber has given Lionstein a **smooth** haircut. Do you think Lionstein will like it?
Der Friseur hat Lionstein die Haare **glatt** frisiert. Glaubst du, dass es Lionstein gefallen wird?
ⓘ rough: rau

**snail**[sneɪl] Schnecke

Slow is a **snail**. He crawls very slowly.
Slow ist eine **Schnecke**. Er kriecht sehr langsam.

**snake**[sneɪk] Schlange

A **snake** can crawl very fast.
Eine **Schlange** kann sehr schnell kriechen.

**sneeze**[sniːz] niesen

Prickle has a cold. He **sneezes** a lot. Prickle hat eine Erkältung. Er **niest** sehr viel.

**snow¹**[snəʊ] Schnee

Two inches of **snow** fell last night.
Letzte Nacht sind fünf Zentimeter **Schnee** gefallen.

**snow²**[snəʊ] schneien

It **snowed** all night. Now the children are all enjoying themselves outdoors.
Es hat die ganze Nacht **geschneit**. Jetzt sind die Kinder alle draußen und haben Spaß.

## so¹[səʊ] so

Skunk's smell is **so** terrible that his friends have to wear masks while visiting him.
Skunks Geruch ist **so** fürchterlich, dass seine Freunde Schutzmasken tragen müssen, wenn sie ihn besuchen.
ⓘ so ... that ...: so ... , dass

## so²[səʊ] also

Skunk wants to cover his terrible smell, **so** he buys lots of perfume.
Skunk möchte seinen fürchterlichen Geruch unterdrücken, **also** kauft er jede Menge Parfüm.

## soak[səʊk] einweichen

Guzzler fell into the soapy water and **soaked** in it for hours.
Guzzler fiel in das Seifenwasser und **weichte** stundenlang darin **ein**.

## soap[səʊp] Seife

Guzzler felt very strange after he had eaten some **soap**.
Guzzler war ganz komisch zumute, nachdem er etwas **Seife** gegessen hatte.

## social['səʊʃəl] gesellschaftlich

The Rhino couple is the **social** leader in the town. Das Ehepaar Rhino steht **gesellschaftlich** über den anderen Bewohnern der Stadt.

## society[sə'saɪətɪ] Gesellschaft, Verein

Teddy and his friends formed a drama **society**. Teddy und seine Freunde haben einen Theater**verein** gegründet.

## sock[sɒk] Socke

Chimp got a pair of **socks** but that's definitely the wrong way to wear them. Chimp hat ein Paar **Socken** bekommen, aber so trägt man sie bestimmt nicht.
ⓘ a pair of socks: ein Paar Socken

## soda['səʊdə] Soda(wasser)

"A whisky and **soda**, please."
"Einen Whisky mit **Soda**, bitte."

All the splendour in the world is not worth a good friend. [Voltaire]



## **sofa**['səʊfə] Sofa

Sitting on a **sofa** is more comfortable than on a chair. Man sitzt bequemer auf einem **Sofa** als auf einem Stuhl.

## **soft**[sɒft] weich, leise

The little bird made a safe landing in Fluffy's **soft** fur. Der kleine Vogel landete sicher in Fluffys **weichem** Fell.

ⓘ hard: hart   loud: laut

soft drink: alkoholfreies Getränk

## **soil**[sɔɪl] Boden, Erde

"The **soil** is very fertile. I shall have a harvest year again," thought Teddy. "Der **Boden** ist sehr fruchtbar. Ich werde wieder ernten können", dachte Teddy.

## **soldier**['səʊldʒə(r)] Soldat

The **soldiers** must obey the rules and regulations of the army. Die **Soldaten** müssen sich den Regeln und Bestimmungen der Armee unterwerfen.

## **solid**['sɒlɪd] fest

Water becomes **solid** when it freezes. Wasser wird **fest**, wenn es gefriert.

## **solve**[sɒlv] lösen

Crock is facing complaints from Mrs Piggles. Can he **solve** the problem? Mrs Piggles beschwert sich bei Crock. Kann er das Problem **lösen**?

## **some**[1][sʌm; səm] etwas

Mrs Piggles has just bought **some** ice cream from Crock, but it tastes terrible. Mrs Piggles hat gerade eben Eis bei Crock gekauft, aber es schmeckt furchtbar.

## **some**[2][sʌm; səm] einige

**Some** of Crock's ice creams are very strange indeed. **Einige** von Crocks Eiskremsorten haben in der Tat einen sehr merkwürdigen Geschmack.

**someone**['sʌmwʌn] jemand

There is **someone** on the phone for you. Da ist **jemand** für dich am Telefon.

ⓘ someone = somebody['sʌmbədɪ]

**something**['sʌmθɪŋ] etwas

"Let me tell you **something**: Violet had been preparing the outdoor party for a week, but it rained on the very day!" " Ich muss dir **etwas** erzählen: Violet hatte die ganze Woche über alles für die Freiluftparty vorbereitet, aber ausgerechnet an jenem Tag regnete es."

**sometimes**['sʌmtaɪmz] manchmal

**Sometimes** the weather can be against expectations.
**Manchmal** entspricht das Wetter nicht den Erwartungen.

**son**[sʌn] Sohn

Violet had thought of inviting Mr and Mrs Bunnikin and their **sons** to the party.
Violet hatte daran gedacht, Mr und Mrs Bunnikin und ihre **Söhne** zur Party einzuladen.

**song**[sɒŋ] Lied

Henry is singing a love **song** while cooking.
Henry singt beim Kochen ein Liebes**lied**.

**soon**[suːn] bald

"Dinner will be ready **soon**," Henry said to his girlfriend.
"Das Abendessen ist **bald** fertig", sagte Henry zu seiner Freundin.

ⓘ as soon as: sobald

**sorrow**['sɒrəʊ] Trauer, Sorge

Joe expressed **sorrow** for having caused the fire in the cinema.
Joe drückte seine **Trauer** darüber aus, dass er den Brand im Kino verursacht hatte.

**sorry**['sɒrɪ] traurig

"Oh, I'm very **sorry**!" Mr Piggles said.
"It doesn't matter," Mrs Bunnikin said.
"Oh, entschuldigen Sie bitte vielmals!", sagte Mr Piggles. "Das macht doch nichts", sagte Mrs Bunnikin.

## **sort**[sɔːt] Art

What **sort** of motorcycle is that? It's so cool!
Was für eine **Art** Motorrad ist das? Es ist so cool!

## **soul**[səʊl] Seele

Bandit is longing for a good life at the bottom of his **soul**.
Im Grunde seines Herzens sehnt Bandit sich nach einem guten Leben.

## **sound¹**[saʊnd] Geräusch

Henry fell to the ground with a heavy **sound**.
Henry fiel mit einem lauten, dumpfen **Geräusch** auf den Boden.

## **sound²**[saʊnd] klingen

Tip Tap's songs **sound** nice in the quiet night.
Tip Taps Lieder **klingen** schön in der stillen Nacht.

## **soup**[suːp] Suppe

"The **soup** must taste delicious," Mrs Bunnikin says.
"Die **Suppe** muss köstlich schmecken", sagt Mrs Bunnikin.

## **sour**['saʊə(r)] sauer

Fluffy doesn't like the **sour** tomato soup, so he is hiding under the table.
Fluffy mag die **saure** Tomatensuppe nicht, also versteckt er sich unter dem Tisch.

## **source**[sɔːs] Quelle

The Bunnikins live a happy life with a limited **source** of income. Die Bunnikins leben ein glückliches Leben mit beschränkten Mitteln.

## **south**[saʊθ] Süden

Fluffy feels that the **south** is much warmer than the north in winter. Fluffy ist der Ansicht, dass der **Süden** im Winter viel wärmer ist als der Norden.
ⓘ north: Norden

**southern**['sʌðən] südlich

The Bunnikins come from a **southern** farm. Die Bunnikins kommen von einer Farm im Süden. ⓘ northern: nördlich

**space**[speɪs] Weltraum

Lionstein is interested in the exploration of outer **space** since his childhood. Lionstein interessiert sich seit seiner Kindheit für die Erforschung des äußeren **Weltraumes**.

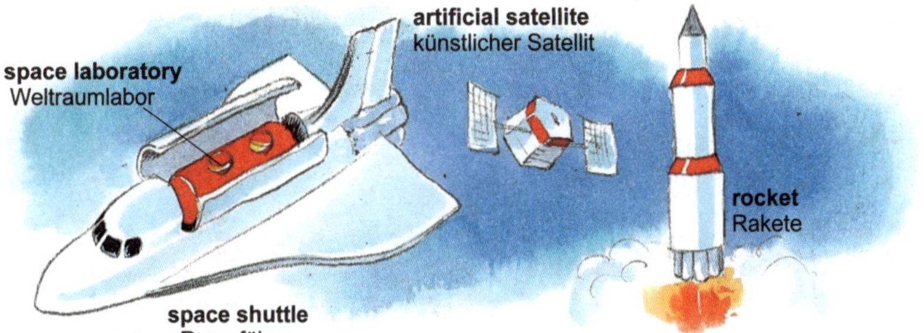


**spaceship**['speɪsʃɪp] Raumschiff

Lionstein hopes to travel to other planets by **spaceship**. Lionstein hofft, mit einem **Raumschiff** andere Planeten besuchen zu können.

**spanner**['spænə(r)] Schraubenschlüssel

Zip is repairing something with a screwdriver and some **spanners**. Zip repariert etwas mit einem Schraubenzieher und ein paar **Schraubenschlüsseln**.

**spare**[speə(r)] Ersatzteil

A scooter needs two wheels, but you'd better bring a **spare** one. Ein Tretroller braucht zwei Räder, aber man bringt am besten ein Ersatzrad mit.

**spark**[spɑːk] Funke

Mann rides his scooter so fast that the wheels rub the ground and produce **sparks**. Mann fährt so schnell auf seinem Tretroller, dass die Räder und der Boden aneinander reiben und **Funken** erzeugen.

**sparrow**['spærəʊ] Spatz

Teddy feeds many hungry **sparrows** with bread. Teddy füttert viele hungrige **Spatzen** mit Brot.

## **speak**[spiːk] sprechen

Robinson can **speak** three languages: English, French, and Spanish. Robinson kann drei Sprachen **sprechen**: Englisch, Französisch und Spanisch.

ⓘ speak out: seine Meinung deutlich vertreten

☞ Anhang

## **special**['speʃəl] besondere, -r, -s

Buzz gives her favourite flowers **special** attention.
Buzz schenkt ihren Lieblingsblumen **besondere** Aufmerksamkeit.

## **specific**[spə'sɪfɪk] bestimmt

Buzz will gather pollen from some **specific** flowers. Buzz wird den Pollen von einigen **bestimmten** Blüten sammeln.

## **spectacles**['spektəklz] Brille

"You don't need **spectacles** to see," says Humpback, "I can lead you where you want to go." "Du brauchst keine **Brille** zum Sehen", sagt Humpback. "Ich kann dich dorthin führen, wo du hingehen möchtest."

## **spectator**[spek'teɪtə(r)] Zuschauer

The **spectators** cheered Mann on in the cycle race. Die **Zuschauer** feuerten Mann beim Fahrrad-rennen an.

## **speech**[spiːtʃ] Rede

The teacher gives a **speech** to the class every Monday morning. Jeden Montagmorgen hält der Lehrer vor der Klasse eine **Rede**.

## **speed**[spiːd] Geschwindigkeit

Mann tried his best to ride the bicycle at high **speed**.
Mann versuchte sein Bestes, um das Fahrrad mit hoher **Geschwindigkeit** zu fahren.

**spell**[spel]
buchstabieren

Painty has a gift for painting, but he is weak in **spelling**. Painty ist malerisch begabt, aber er ist schwach im **Buchstabieren**. ☞ Anhang

**spend**[spend] ausgeben

Some people **spend** much money on Painty's pictures. Einige Leute **geben** viel Geld für Paintys Bilder **aus**. ☞ Anhang

**spider**['spaɪdə(r)] Spinne

"Do you know who I am? I have eight legs but no wings, and I can weave nets. I'm Spinner. I'm a **spider**." " Weißt du, wer ich bin? Ich habe acht Beine, aber keine Flügel, und ich kann Netze spinnen. Ich bin Spinner. Ich bin eine **Spinne**."

**spirit**['spɪrɪt] Geist

Teddy is in class in body, but not in **spirit**. Teddy sitzt zwar im Unterricht, aber seine Gedanken sind woanders.

**spit**[spɪt] spucken

**Spitting** in public is rude and should be forbidden. In der Öffentlichkeit zu **spucken** ist unhöflich und sollte verboten werden. ☞ Anhang

**splendid**['splendɪd] herrlich, großartig

Meek is longing for a **splendid** house to live in. Meek sehnt sich nach einem **herrlichen** Haus, in dem er wohnen kann.

**split**[splɪt] spalten

Mr Piggles **splits** logs with an axe. Mr Piggles **spaltet** Holzscheite mit einer Axt. ☞ Anhang

**spoil**[spɔɪl] verwöhnen

Mr and Mrs Piggles **spoil** their son Piglet. Mr und Mrs Piggles **verwöhnen** ihren Sohn Piglet. ☞ Anhang

**spoon**[spu:n] Löffel

Sniffy Mouse uses a big **spoon** to eat yogurt. Sniffy Mouse benutzt einen großen **Löffel**, um Yoghurt zu essen.

sport

## **sport**[spɔːt] Sport, Sportart

Which **sport** do you like best?
Welche **Sportart** magst du am liebsten?

**goalkeeper**['gəʊlkiːpə(r)] Torwart

**football/soccer** Fußball

**tennis** Tennis

**basketball** Basketball

**golf**[gɒlf] Golf

**ice hockey** Eishockey

**swimming** Schwimmen

**backstroke**['bækstrəʊk] Rückenschwimmen

**crawl** Kraulen

**breaststroke** Brustschwimmen

**batter**['bætə(r)]
Schlagmann

**baseball**['beɪsbɔːl] Baseball

**catcher**['kætʃə(r)]
Fänger

**pitcher**['pɪtʃə(r)] Werfer

A B C D E F G H I J K L M N O P Q R S T U V W X Y Z

## sport

**rowing**['rəʊɪŋ] Rudern

**skiing**['skiːɪŋ]
Skilaufen

**sailing**['seɪlɪŋ]
Segeln

**motor racing**
Rennsport

**motocross**['məʊtəkrɒs]
Motocross

**mountain climbing**
Bergsteigen

**long jump** Weitsprung

**One should be sturdy in hard times, and prudent in happy days.** [M.Gorky]

## sport

**fencing**['fensɪŋ]
Fechten

**marathon**['mærəθən]
Marathon(lauf)

**rugby**['rʌgbɪ] Rugby

**hurdle**['hɜːdl] Hürde

**hurdles** Hürdenlauf

**running**['rʌnɪŋ] Laufen

**motor-paced**[peɪst] **race**
Steherrennen

**motor-paced rider**
Steher

**pacer** Schrittmacher

**pole vault**
Stabhochsprung

**high jump**
Hochsprung

**cycle racing** Radrennen

**American football**
American Football

**throwing the discus**
Diskuswerfen
**discus**['dɪskəs]

**shot put** Kugelstoßen

Virtue is bold, and goodness never fearful. [W.Shakespeare]

## sport

**gymnastics** Turnen

**parallel bars** Barren

**horizontal bar** Reck

**rings** Ringe

**floor exercises** Bodenturnen

**vaulting horse** Pferd

**judo**['dʒuːdəʊ] Judo

**weight lifting** Gewichtheben

**wrestling**['reslɪŋ] Ringen

**boxing**['bɒksɪŋ] Boxen

**spot**[spɒt] Punkt

Each of the Mouse Sisters wears a white cap with **spots** of a different colour. Jede der Mäuseschwestern trägt eine weiße Mütze mit **Punkten** in verschiedenen Farben.

**spread**[spred] decken, ausbreiten

The table was **spread** with food and drinks. Der Tisch war reichlich **gedeckt**.

☞ Anhang

**spring**[1][sprɪŋ] springen

Jack always **springs** from the box suddenly to frighten others.
Jack **springt** immer plötzlich aus der Kiste, um andere zu erschrecken.

☞ Anhang

**spring**[2][sprɪŋ] Frühling, Feder

Jack smells the **spring** in the air. Jack riecht, dass der **Frühling** in der Luft liegt. Jack's **spring** is broken. He is the one that is frightened this time! Jacks **Feder** ist kaputt. Diesmal ist er derjenige, der Angst hat!

**spy**[spaɪ] Spion

PC Stop arrested a foreign **spy**. PC Stop hat einen ausländischen **Spion** verhaftet.

**square**[skweə(r)] Platz, Quadrat

There is a giant statue standing in the centre of the **square**. In der Mitte des **Platzes** steht eine riesige Statue. There are many **squares** on a chess board. Auf einem Schachbrett sind viele **Quadrate**.

## squeeze[skwiːz] pressen

Henry **squeezed** the juice out of an orange.
Henry **presste** den Saft aus einer Orange.

## squirrel['skwɪrəl] Eichhörnchen

**Squirrels** have big beautiful tails.
**Eichhörnchen** haben große schöne Schwänze.

## stadium['steɪdɪəm] Stadion

Teddy designs a **stadium** for the Olympic Games.
Teddy entwirft ein **Stadion** für die Olympischen Spiele.

## staff[stɑːf] Personal

The hotel **staff** are very warm to their customers. Das Hotel**personal** ist sehr freundlich zu seinen Gästen.

## stage[steɪdʒ] Bühne

Tip Tap is performing for the Ladybirds on the small **stage** of a can. Tip Tap tritt auf einer Dose, deren Boden ihm als **Bühne** dient, für die Marienkäfer auf.

## stain[steɪn] Flecken hinterlassen

Piglet should know some food could **stain** his clothes if he isn't careful when eating.
Piglet sollte wissen, dass einige Nahrungsmittel **Flecken** auf seiner Kleidung **hinterlassen** könnten, wenn er beim Essen nicht vorsichtig ist.

## stair[steə(r)] Stufe

For Mrs Rhino, climbing a long flight of **stairs** is really not an easy task. Es ist für Mrs Rhino wirklich nicht leicht, eine lange Treppe hochzugehen.

ⓘ a flight of stairs: Treppe
(go) upstairs/ downstairs:
nach oben/ nach unten (gehen)

**stalk**[stɔːk] Stiel

Merry likes the sunflowers with the long **stalks**. Merry mag die Sonnenblumen mit den langen **Stielen**.

**stamp**[stæmp] Briefmarke

Merry is cutting the **stamp** into a dress for herself. Merry schneidet die **Briefmarke** zu einem Kleid für sich zurecht.

**stand**[stænd] stehen

They **stand** by the ground, waiting to award the cup to the winning team. Sie **stehen** am Spielfeld und warten darauf, der Siegermannschaft den Pokal zu überreichen.
ⓘ Stand up, please!: Steht bitte auf!
☞ Anhang

**standard**['stændəd] Maßstab

Jumbo isn't tall by Gerry's **standard**. Jumbo ist im Vergleich zu Gerry nicht groß.

**star**[stɑː(r)] Stern

The **stars** twinkle in the night sky. Die **Sterne** funkeln am nächtlichen Himmel.

**stare**[steə(r)] starren

The Ladybirds are **staring** at Teddy who is on the phone. Die Marienkäfer **starren** Teddy an, der gerade telefoniert.
ⓘ stare at s.th./ s.b.: etw./jdn. anstarren

**start**[1][stɑːt] beginnen

An hour has passed since Teddy **started** to chat with his friend on the phone. Seit einer Stunde telefoniert Teddy mit seinem Freund.
ⓘ stop: aufhören; finish: beenden
start doing/ to do sth.: beginnen/ anfangen etw. zu tun
start off: anfangen, aufbrechen

**He who nothing questions, nothing learns.** [S.Gosson]



## start[2][stɑːt] Aufbruch, Anfang, Beginn

Drowsy gets up when the clock says 5:25 in the morning. It's so unusual for him, but he has to make an early **start** to catch the train. Drowsy steht auf, wenn der Wecker 5:25 Uhr anzeigt. Es ist sehr ungewöhnlich für ihn, aber er muss frühzeitig aufbrechen, um den Zug zu kriegen.

ⓘ stop: Halt, Pause
end: Ende
make an early start: frühzeitig aufbrechen

## state[steɪt] Staat

There are fifty-one **states** in the U.S.A. Die USA haben einundfünfzig **Staaten**.

## station['steɪʃən] Bahnhof

The train stopped at the railway **station**.
Der Zug hielt am **Bahnhof**.

## statue['stætjuː] Statue

Mr Dollar has a **statue** of himself. Mr Dollar besitzt eine **Statue** von sich selbst.

## stay[steɪ] bleiben

The doctor told Jumbo he would have to **stay** in hospital for another two weeks.
Der Doktor sagte Jumbo, dass er noch zwei Wochen im Krankenhaus **bleiben** müsse.

## steak[steɪk] Steak

The **steak** on the plate is very fresh.
Das **Steak** auf dem Teller ist ganz frisch.

## steal[stiːl] stehlen

Bandit is annoyed, because the vase he **stole** yesterday has been **stolen**. Bandit ist verärgert, weil die Vase, die er gestern **gestohlen** hat, **gestohlen** worden ist.
☞ Anhang

A B C D E F G H I J K L M N O P Q R S T U V W X Y Z

## **steam**[stiːm] Dampf

Mrs Piggles' teapot is giving off **steam**. Mrs Piggles' Teekanne gibt **Dampf** ab.

## **steel**[stiːl] Stahl

Robbie thinks he is a man of **steel**. Robbie hält sich für einen stahlharten Mann.

## **step**[step] Schritt

I heard **steps** upstairs. Ich habe oben **Schritte** gehört.
ⓘ step by step: Schritt für Schritt

## **stick**[stɪk] Stock

With a big **stick** in his hand, Mr Piggles runs after Bandit who has stolen his grapes. Mit einem großen **Stock** in der Hand, rennt Mr Piggles Bandit hinterher, der seine Weintrauben gestohlen hat.

## **still**[1][stɪl] ruhig

The classroom is **still** after the pupils have gone home. Das Klassenzimmer ist **ruhig**, nachdem die Schüler nach Hause gegangen sind.

## **still**[2][stɪl] immer noch

The teacher is **still** preparing for lessons in the classroom after school. Der Lehrer ist nach der Schule **immer noch** im Klassenzimmer und bereitet den Unterricht vor.

## **sting**[stɪŋ] stechen

Mina fears that the bees will **sting** her. But the bees are only interested in the flowers on her hat. Mina hat Angst, dass die Bienen sie **stechen** werden. Die Bienen sind aber nur an den Blumen auf ihrem Hut interessiert.
☞ Anhang

## **stir**[stɜː(r)] bewegen

A gentle breeze **stirred** the leaves. Eine leichte Brise **bewegte** die Blätter.

## stocking['stɒkɪŋ] Strumpf

Violet likes to wear white **stockings**. Violet trägt gern weiße **Strümpfe**.
ⓘ a pair of stockings: ein Paar Strümpfe

## stomach['stʌmək] Magen, Lust

Henry has a good **stomach** for cakes, so he would give just a small piece to Meek. Henry hat große **Lust** auf Kuchen, also gibt er Meek nur ein kleines Stück.

## stone[stəʊn] Stein

A big **stone** rolled down the hill and crashed onto the Ladybirds' tent. Ein großer **Stein** rollte den Hügel hinab und krachte auf das Zelt der Marienkäfer.

## stool[stuːl] Hocker

Henry and Meek sit down on the **stools** and begin to share the cake. Henry und Meek setzen sich auf die **Hocker** und fangen an, den Kuchen unter sich aufzuteilen.

## stop[1][stɒp] anhalten

Mr Rhino braked hard to **stop** his car in front of the policeman. Mr Rhino bremste scharf, um sein Auto vor dem Polizisten zum Stehen zu bringen.
ⓘ start: anfangen
stop doing sth.:
aufhören etw. zu tun

## stop[2][stɒp] Haltestelle

Meek wants to find the nearest bus **stop**. Meek sucht die nächste Bus**haltestelle**.

## store[1][stɔː(r)] einlagern

Bushytail is busy **storing** nuts. Bushytail ist damit beschäftigt, Nüsse **einzulagern**.

## store[2][stɔː(r)] Laden, Geschäft

Is the **store** still open? Hat der **Laden** noch auf?

**storm**[stɔːm] Sturm

"What a hailstone," thinks Oscar," I've never been caught in such a big **storm**." "Was für ein Hagelkorn," denkt Oscar. "Ich bin noch nie in einen so starken **Sturm** geraten."

**story**['stɔːrɪ] Geschichte

The teacher is telling her pupils a **story**. Die Lehrerin erzählt ihren Schülern eine **Geschichte**.

**stove**[stəʊv] Ofen

Oscar wishes a **stove** were nearby to get him warmed up. Oscar wünschte, ein **Ofen** wäre in der Nähe, an dem er sich aufwärmen könnte.

**straight**[streɪt] gerade

They are falling down in a **straight** line. Sie fallen schnurgerade herunter.

**strain**[streɪn] spannen

"**Strain** the rope!" shouted Wally. "**Spann** das Seil!", schrie Wally.

**strange**[streɪndʒ] merkwürdig

It's **strange** that Rambler wears his best suit today. Es ist **merkwürdig**, dass Rambler heute seinen besten Anzug trägt.

**stranger**['streɪndʒə(r)] Fremder

A **stranger** is ringing the doorbell of Teddy's house. Ein **Fremder** klingelt an Teddys Haustür.

**straw**[strɔː] Strohhalm

There are a few **straws** in Teddy's hair. In Teddys Haar sind ein paar **Strohhalme**.

**stream**[striːm] Bach

There's a **stream** in front of Teddy's home. Vor Teddys Haus fließt ein **Bach**.

A B C D E F G H I J K L M N O P Q R S T U V W X Y Z

A B C D E F G H I J K L M N O P Q R S T U V W X Y Z

## **street**[striːt] Straße

Don't play in the middle of the **street**. Spielt nicht mitten auf der **Straße**.

## **strength**[streŋθ] Stärke

Henry thinks he is a man of great **strength**. Henry ist der Ansicht, dass er ein sehr kräftiger Mann ist.

## **stretch**[stretʃ] dehnen

Gerry's sweater has **stretched** after he has worn it a few times.
Gerrys Pullover hat sich **gedehnt**, nachdem er ihn ein paarmal getragen hat.

## **strict**[strɪkt] streng

Wise Owl is very **strict** with his students. Wise Owl ist sehr **streng** mit seinen Schülern.
ⓘ be strict with s.th./ s.b.: streng sein mit etw./jdm.

## **strike**[straɪk] schlagen

Jumbo **struck** Ken by accident when Ken tried to stop him from fighting Henry. Jumbo hat zufällig Ken **geschlagen**, als der versuchte, ihn davon abzuhalten, sich mit Henry zu prügeln. ☞ Anhang

## **string**[strɪŋ] Saite

A **string** on Bim's guitar broke. Eine **Saite** von Bims Gitarre ist gerissen.

## **stripe**[straɪp] Streifen

Piglet likes wearing clothes with **stripes**. Piglet trägt gerne Kleidung mit **Streifen**.

## **strong**[strɒŋ] stark

Franz is very **strong**. When Mr Piggles moved house, he helped a lot. Franz ist sehr **stark**. Als Mr Piggles umzog, half Franz ihm sehr.
ⓘ weak: schwach

## **struggle**['strʌgl] Kampf

After a long **struggle**, Mr Dollar gained control of the business. Nach einem langen **Kampf** erlangte Mr Dollar die Kontrolle über das Unternehmen.

## **student**['stju:dnt] Schüler

There are fifty **students** in our class.
In unserer Klasse sind fünfzig **Schüler**.

## **study**[1]['stʌdɪ] lernen

Teddy **studies** English every day. Teddy **lernt** jeden Tag Englisch. ⓘ study hard: viel lernen

## **study**[2]['stʌdɪ] Lernen

Teddy gives most of his spare time to **study**.
Teddy widmet den größten Teil seiner Freizeit dem **Lernen**.

## **stuff**[stʌf] Zeug, Sachen

When Mr Piggles moved house, he had too much **stuff** to carry. Als Mr Piggles umzog, hatte er zu viele **Sachen** zu transportieren.

## **stupid**['stju:pɪd] dumm, blöd

The captains think the design of the submarine is very **stupid**. Die Kapitäne sind der Ansicht, dass das U-Boot sehr **dumm** konstruiert ist.
ⓘ clever, wise: klug

## **style**[staɪl] Stil

Mrs Rhino likes hats in the latest **styles**. Mrs Rhino mag Hüte im neuesten **Stil**.

## **subject**['sʌbdʒɪkt] Fach

Which **subject** are you good at?
In welchem **Fach** bist du gut?

## **submarine**[ˌsʌbmə'ri:n] U-Boot

The captains think the **submarine** is well-designed. Die Kapitäne sind der Ansicht, dass das **U-Boot** gut konstruiert ist.

**substance**['sʌbstəns] Stoff, Materie, Substanz

Salt is a **substance** we use in cooking.
Salz ist ein **Stoff**, den wir beim Kochen verwenden.

**subtract**[səb'trækt] subtrahieren

**Subtract** 4 from 9 you get 5.
Wenn man 4 von 9 **subtrahiert**, erhält man 5.

**suburb**['sʌbɜːb] Vorstadt, Vorort

The **suburb** is a good place to have a picnic. Die **Vorstadt** ist ein guter Ort für ein Picknick.

**subway**['sʌbweɪ] U-Bahn

It's quicker to go there by **subway**. Mit der **U-Bahn** kommt man schneller dorthin.
ⓘBE underground['ʌndəgraʊnd]

**succeed**[sək'siːd] gelingen, Erfolg haben

Gerry **succeeded** in a touchdown. Gerry **gelang** ein Touchdown.
ⓘ fail: versagen

**success**[sək'ses] Erfolg

At last, Gerry made a **success**. Endlich hatte Gerry **Erfolg**.

**successful**[sək'sesfl] erfolgreich

Mr Dollar is a **successful** businessman. Mr Dollar ist ein **erfolgreicher** Geschäftsmann.

**such**[sʌtʃ] solche, -r, -s

Goal! Then the players hug together. **Such** a scene is common in a football match.
Tor! Dann umarmen sich die Spieler alle. Das ist bei einem Fußballspiel üblich.

## **suck**[sʌk] saugen

The koala is **sucking** orange juice out of the glass through a straw. Der Koala **saugt** Orangensaft durch einen Strohhalm aus dem Glas.

## **sudden**['sʌdn] plötzlich, jäh, abrupt

Teddy's motorcycle made a **sudden** stop, for he saw a policeman in front of him. Teddys Motorrad blieb **plötzlich** stehen, denn er sah, dass ein Polizist vor ihm stand.

## **suddenly**['sʌdənlɪ] plötzlich

A policeman **suddenly** rushed out from the police box and ordered Teddy to stop. Ein Polizist eilte **plötzlich** aus dem Polizeihäuschen und befahl Teddy anzuhalten.

## **suffer**['sʌfə] leiden

Teddy **suffered** terribly because of his wounded foot. Teddy **litt** fürchterlich wegen seines verletzten Fußes.

## **sugar**['ʃʊgə] Zucker

In order to make the milk taste sweet, Fluffy pours it into the **sugar** bowl. Damit die Milch süß schmeckt, gießt Fluffy sie in die **Zucker**dose.

## **suggest**[sə'dʒest] vorschlagen

Teddy **suggested** going out for a walk. Teddy **schlug vor**, einen Spaziergang zu machen.

## **suggestion**[sə'dʒestʃən] Vorschlag

My **suggestion** is that Teddy shouldn't eat too much jam, otherwise he might get a tummy-ache. Mein **Vorschlag** lautet, dass Teddy nicht so viel Marmelade essen sollte, denn sonst könnte er vielleicht Bauchschmerzen bekommen.

## **suit**[1][sju:t] stehen

That blue sweater **suits** you well. Der blaue Pullover **steht** dir gut.

A B C D E F G H I J K L M N O P Q R S T U V W X Y Z

**suit²**[sjuːt] Anzug

Teddy wears a business **suit** of high quality today.
Teddy trägt heute einen Straßen**anzug** von hoher Qualität.

**suitcase**['sjuːtkeɪs] Koffer

Teddy bought a **suitcase** yesterday.
Teddy hat gestern einen **Koffer** gekauft.

**sum**[sʌm] Summe

Teddy paid a large **sum** for his suit the day before yesterday.
Teddy hat vorgestern viel Geld für seinen Anzug bezahlt.

**summer**['sʌmə] Sommer

In Australia, Christmas is in **summer**.
In Australien ist Weihnachten im **Sommer**.

**sun**[sʌn] Sonne

Meek thought it was going to rain, but the **sun** came out.
Meek hatte mit Regen gerechnet, aber die **Sonne** kam raus.

**sunbath**['sʌnbɑːθ] Sonnenbad

Sunbathing is good for your health, but having a **sunbath** for a long time will harm your skin. Sonnenbaden ist gut für die Gesundheit, aber ein ausgedehntes **Sonnenbad** schädigt die Haut.

**Sunday**['sʌndɪ] Sonntag

Teddy's family usually goes hiking in the suburbs on **Sundays**. Teddys Familie geht für gewöhnlich **sonntags** am Stadtrand wandern.

**sunny**['sʌnɪ] sonnig

It's **sunny** today. Let's play outside.
Heute scheint die Sonne. Kommt, wir gehen nach draußen und spielen.

**sunrise**['sʌnraɪz] Sonnenaufgang

Dr. Spotty gets up at **sunrise** every morning.
Dr. Spotty steht jeden Morgen bei **Sonnenaufgang** auf.

**sunset**['sʌnset] Sonnenuntergang

Dr Spotty stops work at **sunset**.
Dr. Spotty beendet seine Arbeit bei **Sonnenuntergang**.

**sunshine** ['sʌnʃaɪn] Sonnenschein

Sniffy Mouse took part in a sailing race on a fine day with bright **sunshine**. Sniffy Mouse nahm an einem schönen Tag bei strahlendem **Sonnenschein** an einer Regatta teil.

**super**['sjuːpə] toll

Henry will cook a **super** meal for Dr Spotty. Henry wird etwas **Tolles** für Dr. Spotty kochen.

**supermarket**['sjuːpəˌmɑːkɪt] Supermarkt

It's very convenient for people to go shopping in a **supermarket**. Es ist sehr praktisch, wenn man in einem **Supermarkt** einkaufen kann.

**supper**['sʌpə] Abendessen

We often watch TV after **supper**. Wir sehen nach dem **Abendessen** oft fern.
ⓘ have supper: zu Abend essen

**supply**[1]['sə'plaɪ] versorgen

Will the cow be able to **supply** the Bunnikins with enough milk? Wird die Kuh ausreichend Milch für die Bunnikins geben?

**supply**[2][sə'plaɪ] Vorrat

The Bunnikins have a large **supply** of milk. Die Bunnikins haben einen großen **Vorrat** an Milch.

**support**[səˈpɔːt] unterstützen, sein für

Which football team do you **support**? **Für** welche Fußballmannschaft **bist** du?

**suppose**[səˈpəʊz] annehmen

I **suppose** the snow won't stop until tomorrow morning.
Es wird wohl nicht vor morgen früh aufhören zu schneien.

**sure**[ʃʊə] sicher

"Are you **sure** the bus is coming soon?" asks Tip Tap who is shivering with cold.
"Bist du **sicher**, dass der Bus bald kommt?", fragt Tip Tap, der vor Kälte zittert.

ⓘ be sure to do sth.:
auf jeden Fall/ ganz sicher etw. tun
make sure: nachsehen, kontrollieren

**surely**[ˈʃʊəlɪ]
bestimmt, sicher

The bus will **surely** come soon.
Der Bus wird **bestimmt** bald kommen.

**surface**[ˈsɜːfɪs] Oberfläche

The submarine rose to the **surface** from the bottom of the sea. Das U-Boot kam vom Meeresgrund an die **Oberfläche**.

**surprise¹**[səˈpraɪz] Überraschung

To Jim's great **surprise**, Holmes Hound hit the golf ball up to the sky. Zu Jims großer **Überraschung** schlug Holmes Hound den Golfball in den Himmel.

**surprise²**[səˈpraɪz] überraschen

Funny Wolf is really **surprised** to see a golf ball flying to him when he is gliding in the air! Funny Wolf ist wirklich **überrascht**, dass ein Golfball auf ihn zufliegt, als er durch die Luft gleitet!

**surprising**[səˈpraɪzɪŋ] erstaunlich

It's **surprising** the golf ball could fly so high.
Es ist **erstaunlich**, dass der Golfball so hoch fliegen konnte.

**surround**[sə'raʊnd] umgeben

High fences **surround** the yard of Mr Dollar. Mr Dollars Hof ist von hohen Zäunen **umgeben**.

**survive**[sə'vaɪv] überleben

Mr Dollar can't **survive** without his money. Mr Dollar kann ohne sein Geld nicht **überleben**.

**suspect**[sə'spekt] vermuten

Mr Dollar **suspected** that Bandit was trying to steal his money. Mr Dollar **vermutete**, dass Bandit versuchte, sein Geld zu stehlen.

**suspicious**[sə'spɪʃəs] misstrauisch

Bandit has been walking back and forth in front of the bank all day. Mr Dollar is getting **suspicious** of him. Bandit geht schon den ganzen Tag vor der Bank auf und ab. Mr Dollar wird ihm gegenüber **misstrauisch**.

ⓘ be suspicious of sb.: jdn. misstrauisch betrachten

**swallow**[1]['swɒləʊ] Schwalbe

**Swallows** fly to the south in winter. **Schwalben** fliegen im Winter in den Süden.

**swallow**[2]['swɒləʊ] schlucken

A tennis ball flew into Ozzy's mouth. He **swallowed** it by mistake. Ein Tennisball flog in Ozzys Mund. Er hat ihn aus Versehen hinunter**geschluckt**.

**swan**[swɒn] Schwan

The ugly duckling became a beautiful **swan** in the end. Das hässliche Entlein wurde letztendlich ein schöner **Schwan**.

**swear**[sweə] schwören

Ozzy **swears** he will never play tennis again. Ozzy **schwört**, dass er nie wieder Tennis spielen wird. ☞ Anhang

## sweat[swet] schwitzen

Robinson and Rambler have too much clothes on and walk too fast. Both of them are **sweating**. Robinson und Rambler haben zu viele Sachen an und gehen zu schnell. Beide **schwitzen**.

## sweater['swetə] Pullover

The **sweater** is so big that Robinson and Rambler can put it on together. Der **Pullover** ist so groß, dass Robinson und Rambler beide zusammen hineinpassen.

## sweep[swiːp] fegen, kehren

Mrs Bunnikin **swept** the stairs. Mrs Bunnikin **kehrte** die Treppe.
☞ Anhang

## sweet[1][swiːt] süß

As soft as satin, as clear as the night, Violet's **sweet** voice is a listener's delight. So weich wie Satin, so klar wie die Nacht, Violets **süße** Stimme dem Zuhörer viel Freude macht.

## sweet[2][swiːt] Bonbon

Violet likes visiting the **sweet** shop. Violet geht gerne in den **Bonbon**laden.

## swim[1][swɪm] schwimmen

Jumpie is teaching the rats to **swim**. Jumpie bringt den Ratten das Schwimmen bei.
ⓘ go swimming: schwimmen gehen
☞ Anhang

**swim**²[swɪm] Schwimmen

Jumpie goes for a **swim** every day. Jumpie geht jeden Tag zum **Schwimmen**.

**swimming**['swɪmɪŋ] Schwimmen

Jumpie thinks **swimming** is easy to learn.
Jumpie ist der Ansicht, dass man das **Schwimmen** leicht erlernen kann.

**swing**¹[swɪŋ] schwingen

Don't **swing** from the branches like that; otherwise you will fall to the ground heavily.
**Schwing** dich nicht so von den Ästen; du wirst sonst auf den Boden knallen.
☞ Anhang

**swing**²[swɪŋ] Schaukel

Teddy and Franz perform riding on the **swings** in the circus. Teddy und Franz turnen im Zirkus am Trapez.
ⓘ have a swing: schaukeln

**switch**¹[swɪtʃ] Schalter

There is a **switch** on the wall.
An der Wand ist ein **Schalter**.

**switch**²[swɪtʃ] schalten

Please **switch** the light off when you leave the room.
Bitte **schalte** das Licht aus, wenn du den Raum verlässt.
ⓘ switch on/ switch off: einschalten/ ausschalten

**sword**[sɔːd] Schwert

A **sword** is a large weapon for Sniffy Mouse.
Ein **Schwert** ist für Sniffy Mouse eine große Waffe.

**system**['sɪstəm] System

Our Earth belongs to the solar **system**.
Unsere Erde gehört zum Sonnen**system**.

## **table**['teɪbl] Tisch

There is ample food on the **table**. Piglet is very satisfied with the breakfast.
Es steht reichlich Essen auf dem **Tisch**. Piglet ist mit dem Frühstück sehr zufrieden.
He is drawing up a **table**.
Er entwirft einen **Tisch**.

ⓘ at the table: am Tisch
at table: bei Tisch
☞ desk

## **tablecloth**['teɪblklɒθ] Tischtuch, Tischdecke

There is no napkin that fits Mr Rhino. He has to tie the **tablecloth** around his neck so that he won't stain his clothes. Es gibt keine Serviette, die Mr Rhino passt. Er muss sich das **Tischtuch** um den Hals binden, damit er seine Kleidung nicht schmutzig macht.

## **tablet**['tæblɪt] Tablette

Dr Spotty gave Piglet some **tablets**.
Dr. Spotty gab Piglet ein paar **Tabletten**.

## **tag**[tæg] Schildchen

Mrs Rhino collects the price **tags** of the clothes she has bought.
Mrs Rhino sammelt die Preis**schildchen** der Kleidungsstücke, die sie gekauft hat.

## **tail**[teɪl] Schwanz

Peter thinks his **tail** is very beautiful, so he combs it every day. Peter findet seinen **Schwanz** sehr schön, deshalb kämmt er ihn jeden Tag.

**tailor**[1]['teɪlə(r)] Schneider

The **tailor** must have taken the wrong measurements for Funny Wolf's new pants. Der **Schneider** muss für Funny Wolfs neue Hose die falschen Maße genommen haben.

**tailor**[2]['teɪlə(r)] schneidern

Mr Dollar often wears a well-**tailored** coat. Mr Dollar trägt oft einen gut gearbeiteten Mantel.

**take**[teɪk] nehmen

The Piggles had a picnic here. But they didn't **take** the rubbish away when they left. Die Piggles haben hier gepicknickt, aber sie haben ihren Müll nicht mit**genommen**, als sie gegangen sind.

ⓘ take away: wegnehmen, mitnehmen
take down: herunternehmen
take off: abmachen, abfliegen, ausziehen
take on: annehmen
take up: annehmen, antreten
☞ Anhang

**tale**[teɪl] Geschichte

Mr Piggles fell asleep while reading Piglet the fairy **tale** of *Sleeping Beauty*. Mr Piggles schlief dabei ein, als er Piglet das Märchen von *Dornröschen* vorlas.

ⓘ fairy tale: Märchen

**talent**['tælənt] Begabung, Talent

Violet has a **talent** for music. Violet ist musikalisch begabt.

A B C D E F G H I J K L M N O P Q R S T U V W X Y Z

**talented**['tæləntɪd] begabt, talentiert

Painty is a **talented** portrait painter. Painty ist ein **begabter** Porträtmaler.

**talk**[1][tɔːk] Unterredung, Gespräch

Mery had a long **talk** with Merry. Mery hatte eine lange **Unterredung** mit Merry. ⓘ have a talk: eine Unterredung haben, ein Gespräch führen

**talk**[2][tɔːk] reden, sprechen, sich unterhalten

Mery and Merry **talked** for almost an hour.
Mery und Merry **redeten** fast eine Stunde miteinander.
ⓘ talk about s.th.: über etw. reden; talk to oneself: Selbstgespräche führen

**tall**[tɔːl] groß

Gerry is very **tall** because of his long neck. Gerry ist wegen seines langen Halses sehr **groß**. ⓘ short: klein; low: niedrig

**tame**[teɪm] zahm

The pigeons in the square are so **tame**, you can touch them.
Die Tauben auf dem Platz sind so **zahm**, dass man sie anfassen kann.
ⓘ wild: wild

**tank**[tæŋk] Panzer, Tank

A **tank** is a powerful weapon.
Ein **Panzer** ist eine mächtige Waffe.
The **tank** truck is refuelling the plane at the airport.
Der **Tank**wagen tankt auf dem Flughafen das Flugzeug auf.

**tap**[tæp] Wasserhahn

Wise Owl is fixing the **tap** by himself.
Wise Owl repariert den **Wasserhahn** selbst.

**tape**[teɪp] (an)kleben

It´s sensible to **tape** the shopping list to the fridge door. Es ist vernünftig, die Einkaufsliste an die Kühlschranktür zu **kleben**.

## target['tɑːgɪt] Ziel

He aimed at the **target** and shot the arrow. Er zielte und schoss den Pfeil ab.

## task[tɑːsk] Aufgabe

Bushytail thinks washing dishes is quite a **task**.
Bushytail ist der Meinung, dass das Abwaschen eine ziemliche **Aufgabe** ist.

## taste[1][teɪst] Geschmack

Crock likes the **taste** of the ice-cream he makes.
Crock mag den **Geschmack** der Eiskrem, die er herstellt.

## taste[2][teɪst] schmecken

"If there's no ice-cream to eat, snow flakes **taste** delicious as well," said Crock. "Wenn keine Eiskrem da ist, **schmecken** Schneeflocken auch köstlich", sagte Crock.

## tax[tæks] Steuer

Mr Rhino pays **tax** out of his salary every month.
Mr Rhino zahlt jeden Monat **Steuern** auf sein Gehalt.

## taxi['tæksɪ] Taxi

Mr Rhino, the top player, came to the stadium by **taxi** when there was only five minutes to go before the match. Mr Rhino, der Spitzen-spieler, kam fünf Minuten vor Spielbeginn im **Taxi** zum Stadion.

## tea[tiː] Tee

The box is filled with **tea**. Die Kiste ist voller **Tee**.
ⓘ green tea: grüner Tee; black tea: schwarzer Tee; jasmine tea: Jasmintee

**teach**[tiːtʃ] unterrichten

Teddy's mother **teaches** mathematics in a school. Teddys Mutter **unterrichtet** Mathematik in einer Schule.

☞ Anhang

**teacher**['tiːtʃə(r)] Lehrer

The **teacher** asked a pupil to write down a problem on the blackboard. Der **Lehrer** bat einen Schüler, eine Aufgabe an die Tafel zu schreiben.

**team**[tiːm] Mannschaft

With Gerry in the **team** now, they are sure to win the championship.
Jetzt, wo Gerry in der **Mannschaft** ist, gewinnen sie bestimmt die Meisterschaft.

**tear¹**[teə(r)] reißen

Angrily, Violet **tore** the letter into pieces.
Verärgert **riss** Violet den Brief in Stücke.

☞ Anhang

**tear²**[tɪə(r)] Träne

Henry burst into **tears** when Ken hit him with the hammer by mistake. Henry brach in **Tränen** aus, als Ken ihn aus Versehen mit dem Hammer traf.

ⓘ in tears: in Tränen aufgelöst

**technical**['teknɪkəl] technisch

Ken doesn't fit this **technical** job. Ken ist für diesen **technischen** Job nicht geeignet.

**technique**[tek'niːk] Technik, Methode

A new **technique** is applied in building the house. Beim Bau des Hauses wird eine neue **Technik** angewandt. Excellent painting **techniques** bring wealth to Painty. Hervorragende Mal**techniken** machen Painty zu einem reichen Mann.

**technology**[tek'nɒlədʒɪ] Technologie, Technik

Von Fox had studied space **technology** at university before he became a pilot.
Von Fox hatte Raumfahrt**technik** an der Universität studiert, bevor er Pilot wurde.

## teenager['tiːneɪdʒə(r)] Teenager

Teddy hopes he can organize a **teenager** club when he grows up. Teddy hofft, dass er einen **Teenager**-Club organisieren kann, wenn er erwachsen wird.

## telegraph['telɪgrɑːf] Telegramm

Jumbo sent an express **telegraph** in the post office. Jumbo schickte ein Express**telegramm** von der Post aus ab.

## telephone[1]['telɪfəʊn] Telefon

Would you please tell me your **telephone** number? Würdest du mir bitte deine **Telefon**nummer geben?

## telephone[2]['telɪfəʊn] anrufen

Lionstein will **telephone** everyone to tell them that he has found a new star. Lionstein wird alle **anrufen**, um ihnen zu sagen, dass er einen neuen Stern entdeckt hat.

## telescope['telɪskəʊp] Teleskop

Lionstein observes the night sky through a **telescope**. Lionstein beobachtet den Nachthimmel durch ein **Teleskop**.

## television['telɪˌvɪʒən] Fernsehen

To Peter's surprise, Mr Piggles appeared in a **television** programme. Zu Peters Überraschung erschien Mr Piggles in einer **Fernseh**sendung.

## tell[tel] erzählen, sagen

Pardy wants to **tell** his story to the whole world. But we should **tell** Pardy not to litter. Pardy möchte der ganzen Welt seine Geschichte **erzählen**, aber wir sollten Pardy **sagen**, dass er keinen Müll verursachen soll. ☞ Anhang

## temper['tempə(r)] Wesen, Naturell

Billy Goat finally lost his **temper**, because that was the third time Jumpie had splashed him with water. Billy Goat verlor schließlich die Beherrschung, weil es das dritte Mal war, dass Jumpie ihn mit Wasser bespritzt hatte.

ⓘ lose one's temper: die Beherrschung verlieren

## temperature['temprɪtʃə(r)] Temperatur

Piglet is ill; he is taking his **temperature**.
Piglet ist krank; er misst seine **Temperatur**.

ⓘ take one's temperature: die Temperatur messen

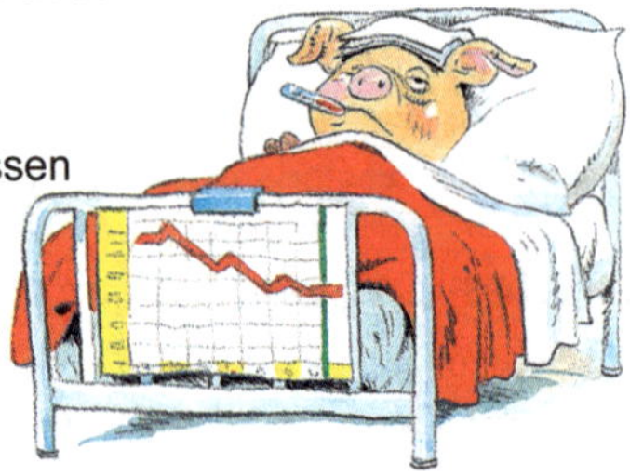

## temple['templ] Tempel

This Chinese **temple** was built in the eighth century. Dieser chinesische **Tempel** wurde im achten Jahrhundert erbaut.

## temporary['tempərərɪ] vorübergehend, für kurze Zeit

Piglet is a **temporary** worker on his father's farm. Piglet arbeitet **vorübergehend** auf der Farm seines Vaters.

## tend[tend] pflegen

Mrs Piggles stays at home to **tend** her ill son. Mrs Piggles bleibt zu Hause, um ihren kranken Sohn zu **pflegen**.

## tender['tendə(r)] zärtlich

Mrs Piggles pats her son **tenderly** to make him fall asleep. Mrs Piggles streichelt ihren Sohn **zärtlich**, damit er einschläft.

## tennis['tenɪs] Tennis

Sniffy Mouse failed completely in the **tennis** match since Humpback was such a strong opponent. Sniffy Mouse versagte voll und ganz beim **Tennis**spiel, weil Humpback so ein starker Gegner war.

**tent**[tent] Zelt

The Ladybirds put up their **tent** in the wrong place. When a strong wind sprang up, a terrible thing happened. Die Marienkäfer stellten ihr **Zelt** an der falschen Stelle auf. Als ein starker Wind aufkam, passierte etwas Schreckliches.

**term**[tɜːm] Halbjahr, Trimester, Vierteljahr

We start to learn some new subjects this **term**.
Dieses **Halbjahr** bekommen wir ein paar neue Fächer.

**terrible**['terəbl] schrecklich

It was a **terrible** experience for Piglet to be caught in the rain during the race. Es war eine **schreckliche** Erfahrung für Piglet, dass er während des Rennens vom Regen überrascht wurde.

**terrify**['terɪfaɪ] in Angst versetzen

The heavy rain might **terrify** Piglet because he is afraid of water. Der starke Regen könnte Piglet vielleicht **in Angst versetzen**, denn er fürchtet sich vor Wasser.

**test**[1][test] Prüfung

Zip has passed his driving **test**. Zip hat seine Fahr**prüfung** bestanden.
☞ examination

**test**[2][test] auf die Probe stellen

The heavy rain could **test** Piglet's driving skills. Der starke Regen könnte Piglets Fahrkünste **auf die Probe stellen**.

**text**[tekst] Text

Teddy is attracted by the **text**.
Der **Text** interessiert Teddy.

**textbook**['tekstbʊk] Lehrbuch

Teddy asks his mother to read him a poem from the **textbook**. Teddy bittet seine Mutter, ihm ein Gedicht aus dem **Lehrbuch** vorzulesen.

A B C D E F G H I J K L M N O P Q R S T U V W X Y Z

A B C D E F G H I J K L M N O P Q R S T U V W X Y Z

## **than**[ðæn;ðən] als

Although Zip is much smaller **than** Jumbo, he won the race in the end.
Obwohl Zip viel kleiner ist **als** Jumbo, hat er letztendlich das Rennen gewonnen.

## **thank**[θæŋk] danken

The Captain **thanks** Winnie for her great help. Der Kapitän **dankt** Winnie für ihre große Hilfe. ⓘ thank goodness: Gott sei Dank!

## **thanks**[θæŋks] dank

**Thanks** to Winnie, the Captain's boat is safe on the tough sea.
**Dank** Winnie ist das Schiff des Kapitäns auf der rauen See sicher.

## **that¹**[ðæt; ðət] das

"Is **that** my watch?" Zip asked himself when he saw Dodger wearing a similar one.
"Ist **das** meine Uhr?", fragte sich Zip, als er sah, dass Dodger eine ähnliche trug.

## **that²**[ðæt;ðət] das (dort/da)

**That** watch is just the one owned by Zip.
**Das da** ist genau die Uhr, die Zip gehört.

**the**[ðə;ðiː] der, die, das

**The** theatre has a history of over two hundred years. **Das** Theater kann auf eine über zweihundert Jahre alte Geschichte zurückblicken.

**theatre**['θɪətə(r)] Theater

Mrs Rhino performs in the **theatre**. Mrs Rhino tritt im **Theater** auf.

ⓘ AE theater

**their**[ðeə(r)] ihr

Mole has discovered an enormous bone, but Tommy, Timmy, and Jimmy say it is **their** property. Mole hat einen riesigen Knochen gefunden, aber Tommy, Timmy und Jimmy sagen, dass er **ihr** Eigentum ist.

**theirs**[ðeəz] ihre, -r, -s

The dogs insist that the bone should be **theirs**. Die Hunde betonen nachdrücklich, dass der Knochen **ihnen** gehören sollte.

**them**[ðem;ðəm] sie

Where are my shoes? I can't find **them**. Wo sind meine Schuhe? Ich kann **sie** nicht finden.

**themselves**[ðəm'selvz] selbst, sich

Teddy and his friends edit the dictionary by **themselves**. Teddy und seine Freunde geben das Wörterbuch **selbst** heraus.

**then**[ðen] dann

If Mrs Wowo took off her sweater, **then** she wouldn't feel so hot! Würde Mrs Wowo ihren Pullover ausziehen, **dann** wäre ihr nicht so heiß.

**theory**['θɪərɪ] Theorie

Boom and his two partners have never studied the **theory** of music.
Boom und seine zwei Partner haben sich nie mit der Musik**theorie** befasst.

**there**[ðeə(r)] da, dort

Look over **there**, Boom broke his drum again! Schau mal **da** drüben, Boom hat schon wieder seine Trommel kaputtgemacht!

ⓘ here: hier
over there: da/dort drüben

**therefore**['ðeəfɔː(r)] deshalb

The drum is broken; **therefore** Boom can't beat it anymore. Die Trommel ist kaputt; **deshalb** kann Boom sie nicht mehr schlagen.

**thermometer**
[θə'mɒmɪtə(r)] Thermometer

Dr Spotty takes the temperature of his patient with a **thermometer**.
Dr. Spotty misst die Temperatur seines Patienten mit einem **Thermometer**.

**these**[ðiːz] diese

**These** books are very interesting.
**Diese** Bücher sind sehr interessant.

**they**[ðeɪ] sie

Take these books, **they** may be useful to you. Nimm diese Bücher, **sie** können dir vielleicht von Nutzen sein.

**thick**[θɪk] dick

**Thick** snow covers the land. They don't feel cold because they have **thick** quilts. Eine **dicke** Schneedecke liegt über dem Land. Ihnen ist nicht kalt, weil sie **dicke** Federbetten haben.

ⓘ thin: dünn

## **thief**[θiːf] Dieb

The **thief** was caught on the spot.
Der **Dieb** wurde an Ort und Stelle gefasst.
ⓘ thieves: Diebe

## **thin**[θɪn] dünn

Your clothes are too **thin** on such a cold day.
Für so einen kalten Tag ist deine Kleidung zu **dünn**.
ⓘ thick: dick

## **thing**[θɪŋ] Sache, Ding

There is one more **thing** I want to say. Da ist noch eine **Sache**, die ich erwähnen möchte.

## **think**[θɪŋk] denken

Sniffy Mouse **thinks** the cheese must be very delicious.
Sniffy Mouse **denkt**, dass der Käse bestimmt sehr köstlich ist.
ⓘ think about: nachdenken
think of: an etw. denken
think over: überdenken
☞ Anhang

## **thinking**['θɪŋkɪŋ] Denken

Wise Owl encourages independent **thinking**.
Wise Owl ermutigt zu selbstständigem **Denken**.

## **third**[θɜːd] Drittel

A **third** of the country's area is desert.
Ein **Drittel** des Landes ist Wüste.

## **thirsty**['θɜːstɪ] durstig

Chimp has drunk up his water and now he feels very **thirsty**.
Chimp hat sein ganzes Wasser getrunken, und jetzt ist er sehr **durstig**.

A B C D E F G H I J K L M N O P Q R S T U V W X Y Z

**this**[1][ðɪs] dies, das

"**This** is the only way to get rid of the ice-cream stains," said Merry. "**Das** ist die einzige Möglichkeit, die Eiskrem-flecken wegzubekommen", sagte Merry.

**this**[2][ðɪs] so

"I have never been treated **this** cruel," said Mery. "Ich bin noch nie **so** grausam behandelt worden", sagte Mery.

**thorn**[θɔːn] Dorn

Roses have many **thorns**. Rosen haben viele **Dornen**.

**thorough**['θʌrə] gründlich

Zip asked Prickle to give his car a **thorough** wash.
Zip bat Prickle darum, sein Auto **gründlich** zu waschen.

**those**[ðəʊz] diese/die (da), jene

Prickle is airing **those** parts of Zip's car in the yard.
Prickle lüftet **diese** Teile aus Zips Auto im Hof.

**though**[ðəʊ] obwohl

**Though** Wally has caught a lot of fish, he won't have any for supper. **Obwohl** Wally eine Menge Fische gefangen hat, wird er keinen zum Abendessen bekommen.

**thought**[θɔːt] Gedanke

Wally sits there fishing, deep in **thought**. Wally sitzt da und angelt, in **Gedanken** vertieft.

**thousand**['θaʊzənd] tausend

Wally holds the record for catching one **thousand** fish per month.
Wally hält den Rekord von **tausend** gefangenen Fischen pro Monat.

**thread**[θred] Faden

Bushytail tied these balloons with several pieces of **thread**.
Bushytail hat diese Luftballons mit mehreren **Fäden** zusammengebunden.

**threaten**['θretn] (be)drohen

Bongo has **threatened** to beat Chimp if Chimp doesn't give him a banana.
Bongo hat **gedroht**, Chimp zu verprügeln, wenn der ihm keine Banane gibt.

**throat**[θrəʊt] Kehle, Rachen

Ozzy had a sore **throat** because of his cold.
Ozzy hatte wegen seiner Erkältung Halsschmerzen.

**through**[1][θruː] durch

Crawling **through** a cave is very interesting to them.
**Durch** eine Höhle zu kriechen, finden sie sehr interessant.

**through**[2][θruː] durch

Although the cave is quite narrow, they can easily crawl **through**. Obwohl die Höhle ziemlich eng ist, können sie da leicht **durch**kriechen.

**throughout**[θruː'aʊt] überall

Teddy appears **throughout** this dictionary.
Teddy erscheint **überall** in diesem Wörterbuch.

**throw**[θrəʊ] werfen

What Prickle **threw** wasn't the hammer but himself.
Was Prickle da **warf**, war nicht der Hammer, sondern er selbst.
☞ Anhang

**thumb**[θʌm] Daumen

Chimp leads a life under Bongo's **thumb**. Chimp steht unter Bongos Fuchtel.
ⓘ be under sb.'s thumb: unter jds. Pantoffel/Fuchtel stehen

**thunder**['θʌndə(r)] donnern

It often **thunders** during a storm. Es **donnert** oft während eines Sturmes.

**Thursday**['θɜːzdɪ] Donnerstag

Teddy plays the piano every **Thursday** afternoon.
Teddy spielt jeden **Donnerstag**nachmittag Klavier.

**thus**[ðʌs] folglich, somit

Zip started off early and **thus** arrived at the airport on time. Zip brach früh auf und kam **folglich** rechtzeitig am Flughafen an.

**ticket**['tɪkɪt] Fahrkarte, Flugkarte, Ticket

Zip will fly to Europe for a vacation. Now he is showing his air **ticket** for the check-in at the airport. Zip fliegt nach Europa, um Urlaub zu machen. Jetzt zeigt er seine **Flugkarte** beim Einchecken am Flughafen.

**tide**[taɪd] Gezeiten

The **tide** is in and the boats on the beach are floating on water.
Es ist Flut, und die Boote am Strand schwimmen auf dem Wasser.

**tidy**['taɪdɪ] ordentlich

Teddy's bedroom looks very **tidy**.
Teddys Schlafzimmer sieht sehr **ordentlich** aus.
ⓘ untidy: unordentlich

**tie**[1][taɪ] Krawatte

Teddy is learning to wear a **tie**.
Teddy lernt, wie man eine **Krawatte** trägt.
ⓘ tie = necktie['nektaɪ]

**tie**[2][taɪ] befestigen, binden

The sailor **tied up** his boat at the quay.
Der Matrose machte sein Boot am Kai fest.
ⓘ untie: losbinden
tie up: festmachen, verschnüren

## tiger['taɪgə(r)] Tiger

"Hi, my name is Tiger and I'm a real **tiger**. I feel so lucky that I can work with people instead of staying in the zoo."
"Hallo, mein Name ist Tiger und ich bin ein echter **Tiger**. Ich bin so froh, dass ich zusammen mit Menschen arbeiten kann, anstatt im Zoo bleiben zu müssen.

## tight[1] [taɪt] dicht

The door is shut **tight**. It seems nobody is in. Die Tür ist fest geschlossen. Niemand scheint da zu sein.

## tight[2] [taɪt] eng

Funny Wolf feels that his trousers are too **tight**. Funny Wolf spürt, dass seine Hose zu **eng** ist.
ⓘ loose: weit, locker

## till[1] [tɪl] bis

Funny Wolf dares not go home in his burst trousers **till** it gets dark. Funny Wolf traut sich nicht, vor Einbruch der Dunkelheit mit seiner geplatzten Hose nach Hause zu gehen.

## till[2] [tɪl] bis

Franz hasn't found any clock he likes **till** now. Franz hat **bis** jetzt noch keine Uhr gefunden, die ihm gefällt.

## time[taɪm] Zeit

"What **time** is it on earth? Which one shall I believe?" said Franz. "Wie spät ist es auf der Erde? Welcher soll ich glauben?", sagte Franz. Franz looked at his watch too many **times** this morning. Franz hat heute Morgen zu oft auf seine Uhr geschaut.
ⓘ on time: pünktlich
in time: rechtzeitig

A B C D E F G H I J K L M N O P Q R S T U V W X Y Z

## tin[tɪn] Dose

Franz wants to open a **tin** of beans for his lunch. Franz möchte zum Mittagessen eine **Dose** Bohnen aufmachen.

## tiny['taɪnɪ] winzig

Compared with Jumbo, Sniffy Mouse is really **tiny**. Im Vergleich zu Jumbo ist Sniffy Mouse wirklich **winzig**. ⓘ giant, huge: riesig

## tip[tɪp] Trinkgeld, Spitze

Humpback feels he has to give everyone a **tip** in order to be respected. Humpback meint, dass er jedem ein **Trinkgeld** geben muss, damit er respektiert wird. Jim bows so deeply that he sees the **tips** of Humpback's toes. Jim macht eine so tiefe Verbeugung, dass er Humpbacks Zehen**spitzen** sieht.

## tire['taɪə(r)] ermüden

A long walk of twenty miles **tires** Robinson out.
Ein Marsch über 30 Kilometer erschöpft Robinson völlig.

## tired['taɪəd] müde

Robinson walked twenty miles today. He is very **tired** and has to stop to have a rest. Robinson ist heute über 30 Kilometer gelaufen. Er ist sehr **müde** und muss anhalten, um auszuruhen.

## title['taɪtl] Titel

What is the **title** of the book?
Wie lautet der **Titel** des Buches?

## to[tuː; tʊ] zu, nach, in

When advertisements cut in, Fluffy and his brothers rush **to** the kitchen for a snack. Wenn Werbung das Programm unterbricht, rennen Fluffy und seine Brüder für einen Imbiss **in** die Küche.
He wants **to** go. Er möchte gehen.

## toast[1][təʊst] Toast

Teddy has two slices of **toast** and a glass of milk for his breakfast every day. Teddy hat jeden Tag zwei Scheiben **Toast** und ein Glas Milch zum Frühstück.
Beaky proposes a **toast** to the health of his guests.
Beaky bringt einen **Toast** auf die Gesundheit seiner Gäste aus.

## toast[2][təʊst] rösten

Robinson enjoys **toasting** himself before a fire. Robinson lässt sich gerne vor einem Feuer braten.

## tobacco[tə'bækəʊ] Tabak

Joe loves **tobacco** and smokes like a chimney. Joe liebt **Tabak** und raucht wie ein Schlot.

## today[tə'deɪ] heute

**Today** is an unusual day.
**Heute** ist ein ungewöhnlicher Tag.
A rocket will be launched into space **today**.
**Heute** wird eine Rakete in den Weltraum geschossen.

## toe[təʊ] Zeh

The **toes** of Bushytail are very deft. Bushytail kann sehr geschickt mit seinen **Zehen** umgehen.

## together[tə'geðə(r)] zusammen

Bushytail and Gerry are good friends. They often stay **together**. Bushytail und Gerry sind gute Freunde. Sie sind oft **zusammen**.

## toilet['tɔɪlɪt] Toilette

Where is the **toilet**, please? Wo ist die **Toilette**, bitte?
ⓘ water closet, lavatory, bathroom, rest room (AE): Toilette

A B C D E F G H I J K L M N O P Q R S T U V W X Y Z

**tomb**[tuːm] Grabmal

The Pharaohs of ancient Egypt had pyramids built as their **tombs**. Die Pharaonen des alten Ägypten ließen Pyramiden als ihre **Grabmäler** bauen.
☞ grave

**tomorrow**[tə'mɒrəʊ] morgen

A report on Robinson's experiences in Egypt will appear in **tomorrow's** newspaper.
Ein Bericht über Robinsons Erlebnisse in Ägypten wird **morgen** in der Zeitung stehen.
Winnie is going to travel with the Captain **tomorrow**. Winnie wird **morgen** den Kapitän begleiten.

**ton**[tʌn] Tonne

Winnie weighs about thirty **tons**. Winnie wiegt ungefähr dreißig **Tonnen**.

**tone**[təʊn] Ton

Jumbo doesn't like the **tone** of Henry, so they often fight. Jumbo gefällt Henrys Ton nicht, daher prügeln sie sich oft.

**tongue**[tʌŋ] Zunge

Poor Henry sticks out his **tongue** for air, because Jumbo's nose is really powerful! Der arme Henry streckt seine **Zunge** heraus, als er nach Luft ringt, denn Jumbos Nase ist wirklich kräftig!

**tonight**[1][tə'naɪt] heute Nacht

The weather forecast said **tonight** would be cloudy.
Im Wetterbericht hieß es, dass es **heute Nacht** bewölkt sein würde.

**tonight**[2][tə'naɪt] heute Abend

Teddy will perform with Dunk **tonight**. Teddy tritt **heute Abend** mit Dunk auf.

## **too**[tuː] zu, auch

Are you tired of donkeys, **too**?
Bist du Esel auch leid?

## **tool**[tuːl] Werkzeug

It needs not only super skills but also many kinds of **tools** to repair von Fox's plane. Man braucht nicht nur sehr gute Fachkenntnisse, sondern auch eine ganze Reihe von **Werkzeugen**, um von Fox' Flugzeug zu reparieren.

## **tooth**[tuːθ] Zahn

You'd better brush your **teeth** before you go to bed, or bacteria will make cavities in your **teeth**. Du putzt dir besser die **Zähne** vor dem Schlafengehen, oder Bakterien werden Löcher in deine **Zähne** fressen. ⓘ teeth[tiːθ]: Zähne

## **toothbrush**['tuːθbrʌʃ] Zahnbürste

Bushytail cleans his teeth with a **toothbrush** every day.
Bushytail putzt sich jeden Tag die Zähne mit einer **Zahnbürste**.

## **toothpaste**['tuːθpeɪst] Zahnpasta

Bushytail doesn't like the carrot-flavoured **toothpaste**.
Bushytail mag die **Zahnpasta** mit Möhrengeschmack nicht.

A B C D E F G H I J K L M N O P Q R S T U V W X Y Z

## top[1] [tɒp] Gipfel

After a long difficult climb, Franz reached the **top** of the mountain finally. He felt on **top** of the world. Nach einem langen, schwierigen Aufstieg erreichte Franz schließlich den Berg**gipfel**. Er war munter und fidel.

ⓘ bottom: Boden, Grund

on top of the world: munter und fidel

## top[2] [tɒp] höchste, -r, -s

Franz gets **top** honours for climbing mountains. Franz erhält die **höchsten** Auszeichnungen für seine Bergbesteigungen.

## topic ['tɒpɪk] Thema

Robinson thinks exploration is a good **topic** for a speech. Robinson meint, dass Entdeckungen ein gutes **Thema** für eine Rede sind.

## torch [tɔːtʃ] Fackel

Robinson saw the treasure of the ancient tomb by the weak light of the **torch**. Robinson erblickte den Schatz des historischen Grabmals im schwachen Licht der **Fackel**.

## tortoise ['tɔːtəs] Schildkröte

Mann brings a letter to Wally's home at the North Pole. Mann becomes the first **tortoise** who has been there. Mann stellt Wally am Nordpol einen Brief zu. Mann wird damit zur ersten **Schildkröte**, die dort gewesen ist.

## total[1] ['təʊtl] Gesamt-

The **total** cost of Mr Dollar's house comes to a large sum. Die **Gesamt**kosten für Mr Dollars Haus sind enorm.

**total**[2]['təʊtl] Gesamtmenge, Endsumme

The **total** of Mr Dollar's staff comes to one hundred.
Mr Dollar hat insgesamt einhundert Angestellte.

**touch**[1][tʌtʃ] Kontakt

Robinson keeps in **touch** with his friends by e-mail when he is overseas. Robinson bleibt per E-Mail mit seinen Freunden in **Kontakt**, wenn er in Übersee ist.

ⓘ be/keep in touch with ... : in Kontakt sein/bleiben mit ...

**touch**[2][tʌtʃ] berühren

Visitors are asked not to **touch** the paintings. Besucher werden gebeten, die Gemälde nicht zu **berühren**.

**tough**[tʌf] kräftig

Henry's muscles are very **tough**. Henry hat sehr **kräftige** Muskeln.

**tour**[tʊə(r)] Tour

Robinson's **tour** to Asia is by train this time. Robinson reist diesmal mit dem Zug nach Asien.

**towards**[tə'wɔːdz] auf ... zu

The train is going **towards** Vienna. Der Zug fährt in Richtung Wien.

**towel**['taʊəl] Handtuch

Piglet uses a **towel** to dry himself after a bath. Piglet trocknet sich nach dem Baden mit einem **Handtuch** ab.

**tower**['taʊə(r)] Turm

He is attracted by the ancient Chinese **tower** when he travels in China. Als er durch China reist, zieht ihn der uralte chinesische **Turm** an.

town

airport Flughafen
auto repair shop
Autowerkstatt
auto=automobile
Garage
bookshop
Buchhandlung
pharmacy
['fɑːməsɪ] Apotheke
Apotheke
restaurant
Restaurant
radio station
Rundfunksender
road Straße

**town**[taʊn] Stadt

People live happily in this peaceful small **town**.
Die Leute in dieser friedlichen kleinen **Stadt** sind glücklich.

A
B
C
D
E
F
G
H
I
J
K
L
M
N
O
P
Q
R
S
T
U
V
W
X
Y
Z

toy

**toy** [tɔɪ] Spielzeug

This is a gnomes' **toy** manufactory.
Dies ist eine **Spielzeug**fabrik, die von Zwergen betrieben wird.

A B C D E F G H I J K L M N O P Q R S T U V W X Y Z

## **trace**[treɪs] zurückverfolgen, (auf)finden

Mr Rhino can **trace** his family history to its source in Africa. Mr Rhino kann seine Familiengeschichte bis zu ihren Wurzeln in Afrika **zurückverfolgen**.

I can't **trace** the letter you sent me. Ich kann den Brief, den du mir geschickt hast, nicht **finden**.

## **track**[træk] Gleise

Fluffy's locomotive broke down. The Ladybirds pulled and pushed it along the **track**. Fluffys Lokomotive war liegen geblieben. Die Marienkäfer zogen und schoben sie die **Gleise** entlang.

## **trade**[treɪd] Handel, Geschäfte

Mrs Wowo does a very good **trade** in eggs at the market.
Mrs Wowo macht auf dem Markt gute **Geschäfte** mit Eiern.
Zip works in the transportation **trade**. Zip arbeitet in der Transportbranche.

## **tradition**[trə'dɪʃən] Tradition

Mr and Mrs Rhino always tell their children to keep up the family's **traditions**. Mr und Mrs Rhino sagen ihren Kindern immer wieder, dass sie die Familien**traditionen** bewahren sollen.

## **traffic**['træfɪk] Verkehr

PC Stop is teaching Fireman to recognize the **traffic** signs. PC Stop bringt Fireman die Bedeutung der **Verkehrs**zeichen bei.

## **trail**[treɪl] Spur

Holmes Hound found the **trail** of a snake in the sand. "It must be Ribbon," he thought. Holmes Hound fand die **Spur** einer Schlange im Sand. "Das muss Ribbon sein", dachte er.

**train**[1][treɪn] Zug

The careless Tiger drove the **train** into the news-stand of Teddy's father. What a disaster! Der unvorsichtige Tiger fuhr den **Zug** in den Zeitungsstand von Teddys Vater. Was für ein Unglück! ⓘ by train: mit dem Zug

**train**[2]['treɪn] unterweisen, ausbilden

They ought to **train** Tiger more strictly before allowing him to drive again.
Sie sollten Tiger strenger **unterweisen**, bevor sie ihm wieder die Fahrerlaubnis erteilen.

**transfer**[træns'fɜː(r)] umsteigen

Fluffy will **transfer** to Pardy's helicopter after he arrives at the foot of the mountain. Fluffy wird in Pardys Hubschrauber **umsteigen**, nachdem er am Fuß des Berges angekommen ist.

**translate**[trænz'leɪt] übersetzen

Wise Owl asks Bushytail to **translate** the letter from Meek for him. Wise Owl bittet Bushytail, den Brief von Meek für ihn zu **übersetzen**.

**translation**[trænz'leɪʃən] Übersetzung

Wise Owl was very satisfied with Bushytail's **translation**. Wise Owl war sehr zufrieden mit Bushytails **Übersetzung**.

**transparent**[træns'pærənt] durchsichtig

Glass is a **transparent** material.
Glas ist ein **durchsichtiges** Material.

**transport**[1][træns'pɔːt] transportieren

Bushytail will **transport** this large piece of glass to the building site. Bushytail wird dieses große Stück Glas zur Baustelle **transportieren**.

**transport²**['trænspɔːt] Transport

The **transport** by air is very expensive.
Der **Transport** mit dem Flugzeug ist sehr teuer.

**trap**[træp] Falle

Tough Cat forgot the **trap** he had laid for Sniffy Mouse. Tough Cat dachte nicht mehr an die **Falle**, die er für Sniffy Mouse gestellt hatte.

**travel¹**['trævl] Reise(-)

The cost of **travel** isn't a problem for Mr Dollar.
**Reise**kosten spielen für Mr Dollar keine Rolle.

**travel²**['trævl] reisen

Mr Dollar is a snob. He **travels** in great style. And when someone says hello to him, he doesn't even smile.
Mr Dollar ist ein Snob. Er **reist** in großem Stil. Und wenn ihn jemand grüßt, dann lächelt er nicht einmal.

**traveller**['trævlə(r)] Reisende(r)

Robinson is a **traveller** who has visited a lot of places.
Robinson ist ein **Reisender**, der zahlreiche Orte besucht hat.
ⓘ AE traveler

**treasure**['treʒə(r)] Schatz

They discover a chest of **treasure** when levelling the ground of their yard.
Sie entdecken eine **Schatz**truhe, als sie den Boden in ihrem Hof einebnen.

## **treat**[1] [triːt] behandeln

The children are taught to **treat** the animals as friends.
Man lehrt die Kinder, die Tiere wie Freunde zu **behandeln**.

## **treat**[2] [triːt] besondere Freude

"Today is my birthday. This is my **treat**."
"Heute habe ich Geburtstag. Heute ist mein Tag."

## **tree** [triː] Baum

In the car race, Skunk's car crashed into a **tree** and he was stuck among the branches. Beim Autorennen raste Skunks Auto gegen einen **Baum**, und er steckte in den Ästen fest.

☞ plant

## **tremble** ['trembl] beben, zittern

Beaky's voice **trembles** with fear in the court, because he will be on trial as well if he isn't careful with his words. Beakys Stimme **bebt** vor Angst vor Gericht, denn wenn er nicht vorsichtig ist mit dem, was er sagt, wird man ihn auch anklagen.

## **trial** ['traɪəl] (Gerichts-)Verfahren, Prozess

Bandit is on **trial** for stealing. Beaky is his lawyer.
Bandit steht wegen Diebstahls vor Gericht. Beaky ist sein Anwalt.

## **triangle** ['traɪæŋgl] Dreieck

A **triangle** has three sides and three angles. Ein **Dreieck** hat drei Seiten und drei Winkel.

## **trick** [trɪk] Streich

The pupils have played a **trick** on Lionstein.
Die Schüler haben Lionstein einen **Streich** gespielt.

## **trim** [trɪm] nachschneiden

The pupils think Lionstein should have his hair **trimmed**. Die Schüler denken, Lionstein sollte sich die Haare **nachschneiden** lassen.

**trip**[trɪp] Reise

Robinson is going to make a **trip** around the world. Robinson wird eine Welt**reise** machen. ☞ travel

**triumph**['traɪʌmf] Sieg

Flop is proud of his team's **triumph**. Flop ist stolz auf den **Sieg** seiner Mannschaft.

**troop**[truːp] Schar, Trupp

The champions are surrounded by a **troop** of reporters. Die Meister sind von einer **Schar** Reporter umgeben.

**trouble**['trʌbl] Schwierigkeiten, Ärger

The **trouble** with Violet is that she has a sweet tooth. Das Problem mit Violet ist, dass sie gern Süßes ist.
ⓘ be in trouble: in Schwierigkeiten stecken

**trousers**['traʊzɪz] Hose

Violet's **trousers** are all too tight now. Violets **Hosen** sind jetzt alle zu eng.
ⓘ a pair of trousers: eine Hose

**truck**[trʌk] Lastwagen

Mr Piggles was very jealous when he saw the new cars on the **truck**. Mr Piggles war sehr neidisch, als er die neuen Autos auf dem **Lastwagen** sah.
☞ vehicle

**true**[truː] wahr

The story Robinson has told is **true**. Die Geschichte, die Robinson erzählt hat, ist **wahr**.
ⓘ false, untrue: unwahr

**trunk**[trʌŋk] Schrankkoffer, Überseekoffer

Teddy is searching an old **trunk**. He finds many interesting things inside. Teddy durchsucht einen alten **Schrankkoffer**. Er findet viele interessante Dinge darin.

**trust**[trʌst] (ver)trauen

Can Sniffy Mouse **trust** Tough Cat? Kann Sniffy Mouse Tough Cat **vertrauen**?

**truth**[tru:θ] Wahrheit

"You should always tell the **truth**," Pinocchio's father said to him. "Du solltest immer die **Wahrheit** sagen", sagte Pinocchios Vater zu ihm.

**try**[traɪ] versuchen

Sniffy Mouse is **trying** to imitate Tough Cat's gesture. Sniffy Mouse **versucht**, Tough Cats Gestik zu imitieren.

ⓘ try on: anprobieren
try one's best: sein Bestes versuchen

**T-shirt**['ti:ʃɜ:t] T-Shirt

Dr Spotty likes white clothes. He wears a white gown in the hospital, and wears a white **T-shirt** on the tennis court. Dr. Spotty mag weiße Kleidung. Er trägt einen weißen Kittel im Krankenhaus und ein weißes **T-Shirt** auf dem Tennisplatz.

**tube**[tju:b] Schlauch

Jumbo uses his trunk as a **tube** to suck water. Jumbo benutzt seinen Rüssel als **Schlauch**, um Wasser aufzusaugen.

ⓘ BE tube (= underground): U-Bahn

**Tuesday**['tju:zdɪ] Dienstag

The movie will be on TV on **Tuesday** night. Der Film kommt **Dienstag**abend im Fernsehen.

**tunnel**['tʌnl] Tunnel

There is an undersea **tunnel** linking England and France. Es gibt einen Unterwasser**tunnel**, der England und Frankreich miteinander verbindet.

**turkey**['tɜːkɪ] Truthahn

In the U.S.A the turkey is usually eaten at Christmas. In den USA wird Truthahn für gewöhnlich zu Weihnachten gegessen.

**turn**[tɜːn] sich drehen

Zip got his car started, and the wheels began to **turn**.
Zip ließ sein Auto an, und die Räder begannen, **sich** zu **drehen**.
ⓘ turn into: (sich) verwandeln in, werden; turn off: abschalten
turn on: einschalten; turn over: umdrehen

**twice**[twaɪs] zweimal

The twins bring **twice** as much trouble to Mrs Bunnikin.
Die Zwillinge machen Mrs Bunnikin **zweimal** so viel Ärger.

**twin**[twɪn] Zwilling

Flip is like Flop, or Flop is like Flip. **Twins** are very alike.
Flip ist wie Flop oder Flop ist wie Flip.
**Zwillinge** sind sich sehr ähnlich.

**type**[1][taɪp] tippen

Could you please **type** the letter for me? Würdest du den Brief bitte für mich **tippen**?

**type**[2][taɪp] Art

Robinson's sister will begin a new trip. She can't make up her mind what **type** of bag she should take with her. Robinsons Schwester geht auf eine neue Reise. Sie kann sich nicht entscheiden, welche **Art** Tasche sie mitnehmen soll.

**typewriter**['taɪpˌraɪtə(r)] Schreibmaschine

The **typewriter** is too old, you need a new one. Die **Schreibmaschine** ist zu alt, du brauchst eine neue.

**ugly**['ʌglɪ] hässlich

Chimp likes making faces, regardless of being called **ugly**. Chimp schneidet gern Grimassen. Es ist ihm egal, dass man ihn dann **hässlich** findet. ⓘ beautiful, pretty: schön, hübsch

**umbrella**[ʌm'brelə] Regenschirm

Rambler is keeping Robinson's feet dry, and Robinson is holding the **umbrella** for Rambler. What great friends! Rambler hält Robinsons Füße trocken, und Robinson hält den **Regenschirm** für Rambler. Was sind das doch für gute Freunde!

**umpire**['ʌmpaɪə(r)] Schiedsrichter

Ken is invited to be the **umpire** in this tennis match. Man hat Ken gebeten, den Posten des **Schiedsrichters** bei diesem Tennisspiel zu übernehmen.

**unable** [ʌn'eɪbl] nicht tun können, außer Stande sein

Mrs Wowo is **unable** to keep a secret and Joe has a loose tongue. That's too bad. Mrs Wowo kann kein Geheimnis behalten, und Joe ist ein Plappermaul. So was aber auch!
ⓘ able: tun können, im Stande sein

**unashamed**[ˌʌnə'ʃeɪmd] schamlos

Pinocchio is so **unashamed**. He is telling another lie. Pinocchio ist derart **schamlos**. Er lügt schon wieder.
ⓘ ashamed: beschämt

A B C D E F G H I J K L M N O P Q R S T U V W X Y Z

**unbelievable**[ˌʌnbɪ'liːvəbl] unglaublich

Holmes Hound has **unbelievable** skills in solving a case.
Holmes Hound hat ein **unglaubliches** Geschick, Fälle zu lösen.
ⓘ believable: glaubhaft, glaubwürdig

**uncle**['ʌŋkl] Onkel

Chimp's **uncle** is very humourous.
Chimps **Onkel** ist sehr humorvoll.

**uncomfortable**[ʌn'kʌmfətəbl] unangenehm, unbequem

Mrs Bunnikin felt **uncomfortable** when her sons started arguing with each other.
Mrs Bunnikin war nicht wohl dabei, als ihre Söhne anfingen, miteinander zu streiten.
ⓘ comfortable: angenehm, bequem

**under**['ʌndə(r)] unter

What will Fluffy write **under** the heart he draws for his girlfriend? Was wird Fluffy **unter** das Herz schreiben, das er für seine Freundin zeichnet?
ⓘ above, over: über
☞ below

**underground¹**['ʌndəgraʊnd] unterirdisch

Zip drives his car through the **underground** passage. Zip fährt sein Auto durch den **unterirdischen** Gang.

**underground²**['ʌndəgraʊnd] U-Bahn

It's convenient to go to work by **underground**. Es ist praktisch, mit der **U-Bahn** zur Arbeit zu fahren.
ⓘ AE subway

**understand**[ˌʌndə'stænd] verstehen

Painty is trying his best to **understand** Chimp's picture.
Painty gibt sich alle Mühe, Chimps Bild zu **verstehen**.
☞ Anhang

**underwear**['ʌndəweə(r)] Unterwäsche

Robinson packed one change of **underwear**, then started off.
Robinson packte eine Garnitur **Unterwäsche** ein, dann machte er sich auf den Weg.

**undress**[ʌn'dres] (sich) ausziehen

"**Undress** and get into bed, immediately!" Mrs Bunnikin ordered her sons. "**Zieht** euch **aus**, und geht sofort ins Bett!", befahl Mrs Bunnikin ihren Söhnen.

**unexpected** [ˌʌnɪk'spektɪd] unerwartet

Wally is just having an **unexpected** experience. Wally hat gerade ein **unerwartetes** Erlebnis.

**unfair**[ʌn'feə(r)] ungerecht

"It's **unfair**! My pear is the smallest," said Joy. "Das ist **ungerecht**! Meine Birne ist die kleinste", sagte Joy. ⓘ fair: gerecht

**unfortunate**[ʌn'fɔːtʃnɪt] unglücklich, glücklos

Crock is so **unfortunate**. He has a terrible toothache and can't eat anything presently. Crock hat so ein Pech. Er hat fürchterliche Zahnschmerzen und kann zurzeit nichts essen.

**uniform**['juːnɪfɔːm] Uniform

All these firemen are in yellow **uniform**. All diese Feuerwehrmänner tragen gelbe **Uniformen**.

**union**['juːnjən] Vereinigung

The animals form a **union** to protect their homes.
Die Tiere bilden eine **Vereinigung**, um ihr Zuhause zu schützen.

**unit**['juːnɪt] Einheit, Element

The human body consists of **units** called cells.
Der menschliche Körper besteht aus **Einheiten**, die man Zellen nennt.

**unite**[juː'naɪt] sich zusammenschließen

We must **unite** to win the race.
Wir müssen uns **zusammenschließen**, um das Rennen zu gewinnen.

A B C D E F G H I J K L M N O P Q R S T U V W X Y Z

## **united**[juː'naɪtɪd] vereint

Sniffy Mouse wants to make a **united** effort with his rat friends to defeat Tough Cat. Sniffy Mouse will sich gemeinsam mit seinen Freunden, den Ratten, darum bemühen, Tough Cat zu besiegen.

## **universe**['juːnɪvɜːs] Universum

Lionstein spends much time studying the **universe**. Lionstein verbringt viel Zeit damit, das **Universum** zu erforschen.

## **university**[ˌjuːnɪ'vɜːsɪtɪ] Universität

Teddy hopes to go to **university** in the future. Teddy hofft, dass er später zur **Universität** gehen wird.

## **unknown**[ʌn'nəʊn] unbekannt

The age of Mrs Rhino is **unknown** to her husband.
Mr Rhino weiß nicht, wie alt seine Frau ist.

## **unless**[ən'les] es sei denn

Bandit will never pass the examination **unless** he studies hard.
Bandit wird die Prüfung nie bestehen, **es sei denn**, er tut viel dafür.

## **unlike**[ʌn'laɪk] anders als

Franz's clothes are **unlike** anyone else's because he lives in the Alps. Franz ist **anders** angezogen **als** alle anderen, da er in den Alpen wohnt.

## **unlucky**[ʌn'lʌkɪ] unglückselig

Painty fell off the roof. That **unlucky** wretch! But luckily, he didn't hurt himself. Painty ist vom Dach gefallen. Der Pechvogel! Aber zum Glück hat er sich nicht verletzt.
ⓘ lucky: glücklich

## **unpack**[ʌn'pæk] auspacken

"Sorry, Ribbon," says Zip, "but I need to **unpack** the suitcase in the middle." "Tut mir Leid, Ribbon", sagt Zip,"aber ich muss den mittleren Koffer **auspacken."**
ⓘ pack: packen

**unpleasant**[ʌn'pleznt] unerfreulich

It is **unpleasant** that Billy Goat throws rubbish out of the window of the train. Es ist **unerfreulich**, dass Billy Goat Abfall aus dem Zugfenster wirft.

ⓘ pleasant: erfreulich

**untidy**[ʌn'taɪdɪ] unordentlich

Rambler says it is fun to be **untidy**.
Rambler ist der Ansicht, dass es Spaß macht, **unordentlich** zu sein.

ⓘ tidy, clean: ordentlich

**until**[ən'tɪl] bis

Pardy has a letter for Winnie. He has to keep patrolling the sea **until** he finds her. Pardy hat einen Brief für Winnie. Er muss das Meer so lange absuchen, **bis** er sie findet.

ⓘ not ... until: nicht ... bis

**unusual**[ʌn'juːʒʊəl] ungewöhnlich

Mrs Piggles decides to give Mr Piggles an **unusual** gift on Father's Day.
Mrs Piggles entschließt sich, Mr Piggles am Vatertag ein **ungewöhnliches** Geschenk zu machen.

ⓘ usual, common: gewöhnlich

**up¹**[ʌp] hinauf, oben

Franz is climbing **up** the hill for a good view.
Franz klettert den Hügel **hinauf**, weil er von dort oben eine gute Aussicht hat.

**up²**[ʌp] nach oben, hoch

The sculpture looks like a man holding his arms **up**. Die Skulptur sieht aus wie ein Mann, der die Arme **hoch**hält.

ⓘ down: herunter, hinunter, unten; up and down: hoch und runter, auf und ab

**upon**[ə'pɒn] auf

The village stands **upon** a hill. Das Dorf liegt **auf** einem Hügel.

A B C D E F G H I J K L M N O P Q R S T U V W X Y Z

## **upper**['ʌpə(r)] obere, -r, -s

The plates on the **upper** shelf are out of my reach.
Die Teller auf dem **oberen** Regal sind außerhalb meiner Reichweite.
ⓘ lower: niedriger, tiefer

## **upset¹**[ʌp'set] mitnehmen, bestürzen, erschüttern

The thought that nobody would remember her birthday makes Mrs Bunnikin **upset**. But she will get a nice surprise soon.
Der Gedanke, dass alle ihren Geburtstag vergessen, **nimmt** Mrs Bunnikin **mit**. Doch eine schöne Überraschung ist schon unterwegs.

## **upset²**[ʌp'set] zum Kentern bringen, umkippen

A large wave **upset** Bucktooth's boat. Eine große Welle hat Bucktooths Boot **zum Kentern gebracht**. The bad news **upset** everyone.
Die schlechte Nachricht erschütterte jeden.

## **upstairs**[ʌp'steəz] oben, nach oben, obere, -r, -s

Henry fell downstairs when Jumbo was going **upstairs**.
Henry fiel nach unten, als Jumbo **nach oben** ging.
ⓘ downstairs: nach unten, unten

## **upward**['ʌpwəd] aufwärts, nach oben

The **upward** climb of the stairs is quite hard.
Die Treppe hochzugehen ist ziemlich anstrengend.

## **urgent**['ɜːdʒənt] dringend

The party will be on in three days. Mrs Rhino feels the **urgent** need of losing weight. Die Party steigt in drei Tagen. Mrs Rhino verspürt das **dringende** Bedürfnis abzunehmen.

## **us**[ʌs; əs] uns

Can you help **us**? Kannst du **uns** helfen?

## **use¹** [juːz] verwenden

Bucktooth will **use** sticks to build his house.
Bucktooth wird Stöcke **verwenden**, um sein Haus zu bauen.
ⓘ use up: aufbrauchen; used to: pflegte zu

## **use**[2][juːs] Nutzung

Bucktooth puts his two front teeth to good **use**.
Bucktooth nutzt seine beiden Vorderzähne gut.
ⓘ make use of ... : etwas nutzen

## **used**[juːst] gewöhnt, gewohnt

You must get **used** to getting up early.
Du musst dich daran **gewöhnen**, früh aufzustehen.
ⓘ get used to: sich an etw. gewöhnen

## **useful**['juːsfʊl] praktisch, nützlich

This dictionary is **useful** for you to learn English. Dieses Wörterbuch kann man gut verwenden, wenn man Englisch lernen will.

## **useless**['juːslɪs] zwecklos, sinnlos

Spinner is taking his web down. He knows it is **useless** trying to trap Buzz. Spinner nimmt sein Netz ab. Er weiß, dass es **sinnlos** ist zu versuchen, Buzz zu fangen.

## **usual**['juːʒʊəl] üblich, gewöhnlich, normal

Piglet is always late for school, but he arrives earlier than **usual** today. Piglet kommt immer zu spät zur Schule, aber heute ist er früher da als sonst.
ⓘ unusual: ungewöhnlich
as usual: wie gewöhnlich, wie üblich

## **usually**['juːʒʊəlɪ] meistens, normalerweise, gewöhnlich

When Piglet washes dishes, some of them **usually** end up in pieces. Wenn Piglet das Geschirr spült, zerbricht **meistens** einiges davon.

## **vacancy**['veɪkənsɪ] freies Zimmer

When holidays come, there are almost no **vacancies** in this hotel.
Wenn Ferien sind, gibt es kaum noch **freie Zimmer** in diesem Hotel.

## **vacation**[və'keɪʃən] Urlaub

Ah, **vacation** again! Let's relax.
Ah, endlich wieder **Urlaub**! Ruhen wir uns doch aus.

**vacuum**['vækjʊəm] Staubsauger

Mann is showing Mrs Bunnikin how well his new **vacuum** works.
Mann zeigt Mrs Bunnikin, wie gut sein neuer **Staubsauger** funktioniert.
ⓘ vacuum = vacuum cleaner

**valley**['vælɪ] Tal

Franz's house is down there in the **valley**.
Franz' Haus liegt dort unten im **Tal**.

**valuable**['væljʊəbl] wertvoll

Violet's **valuable** necklace has been swallowed by Ozzy. Now they have to ask Dr Spotty for help.
Ozzy hat Violets **wertvolle** Halskette verschluckt. Jetzt müssen sie Dr. Spotty um Hilfe bitten.

**value**['væljuː] Wert

The **value** of Violet's necklace is about five hundred euros.
Der **Wert** von Violets Halskette liegt bei etwa fünfhundert Euro.

**vase**[vɑːz] Vase

Tough Cat broke a **vase** carelessly.
Tough Cat hat aus Unachtsamkeit eine **Vase** zerbrochen.

**vast**[vɑːst] riesig

The necklace costs Violet a **vast** sum of money.
Die Halskette kostet Violet eine schöne Stange Geld.

**vegetable**['vedʒɪtəbl] Gemüse

Sniffy Mouse said to Tough Cat, "Why do you always want to eat meat? Why not eat some **vegetables**? It'll be good for you!"
Sniffy Mouse sagte zu Tough Cat: "Warum willst du immer Fleisch essen? Warum nicht ein bisschen **Gemüse**? Das wird dir gut tun!"

**If you want to understand today, you have to search yesterday.** [P.S. Buck]



## vehicle['viːɪkl] Fahrzeug

Zip thinks his little car is the best **vehicle** for busy traffic. Zip denkt, dass sein kleines Auto das am besten geeignete **Fahrzeug** für stark befahrene Straßen ist.

**various vehicles**
diverse Fahrzeuge

## **vertical**['vɜːtɪkl] senkrecht

Pardy can make a **vertical** take-off. Pardy kann sich **senkrecht** in die Luft erheben.

## **very**['verɪ] sehr

Tough Cat is **very** hungry. Sniffy Mouse is **very** frightened. Tough Cat ist **sehr** hungrig. Sniffy Mouse hat große Angst.

## **vet**[vet] Tierarzt

Teddy's pet dog is ill, so he takes it to see the **vet**. Teddys Hund ist krank. Also geht er mit ihm zum **Tierarzt**.

## **victim**['vɪktɪm] Opfer

Teddy's pet dog is a **victim** of polluted food. Teddys Hund hat etwas Verdorbenes gefressen.

## **victory**['vɪktərɪ] Sieg

If Bucktooth wins the canoe race, it will be his first **victory**. His friends are cheering for him. Falls Bucktooth das Kanurennen gewinnt, dann wird das sein erster **Sieg** sein. Seine Freunde jubeln ihm zu.

## **video**['vɪdɪəʊ] Video

I am going to record this television play on **video**. Ich werde dieses Fernsehspiel auf **Video** aufnehmen.

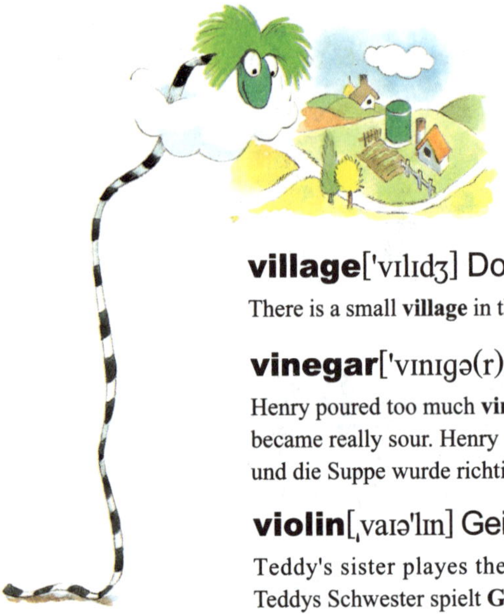

**view**[vjuː] Aussicht

Ribbon stretches out as much as he can to have a good **view** of the countryside. Ribbon streckt seinen Körper so weit er kann in die Höhe, damit er einen schönen Blick auf die Landschaft hat.

**village**['vɪlɪdʒ] Dorf

There is a small **village** in the valley. Im Tal liegt ein kleines **Dorf**.

**vinegar**['vɪnɪɡə(r)] Essig

Henry poured too much **vinegar** into the soup, and the soup became really sour. Henry goss zu viel **Essig** in die Suppe, und die Suppe wurde richtig sauer.

**violin**[ˌvaɪə'lɪn] Geige

Teddy's sister playes the **violin**.
Teddys Schwester spielt **Geige**.
ⓘ play the violin: Geige spielen

**virtue**['vɜːtjuː] Tugend

Slow thinks patience is a **virtue**. Für Slow ist Geduld eine **Tugend**.

**visible**['vɪzəbl] sichtbar

The hills are barely **visible** through the mist.
Die Hügel sind durch den Nebel kaum zu erkennen.

**visit¹**['vɪzɪt] besuchen

When you are going to **visit** someone, it is better to knock at the door before entering. Wenn du jemanden **besuchst**, ist es besser, vor dem Eintreten an die Tür zu klopfen.

**visit²**['vɪzɪt] Besuch

One evening, Bongo paid an unexpected **visit** to Oscar. Eines Abends stattete Bongo Oscar einen unerwarteten **Besuch** ab.

**visitor**['vɪzɪtə(r)] Besucher, Gast

Bongo was a rude **visitor**. Bongo war ein unhöflicher **Gast**.

**vitamin**['vɪtəmɪn] Vitamin

There are many kinds of **vitamins** in vegetables. Gemüse enthält viele **Vitamine**.

**voice**[vɔɪs] Stimme

Though Wise Owl has a loud **voice**, no one can understand what he is explaining in the class. Obwohl Wise Owl eine laute **Stimme** hat, kann niemand verstehen, was er im Unterricht erklärt.

**volcano**[vɒl'keɪnəʊ] Vulkan

When a **volcano** erupts, run for it! Wenn ein **Vulkan** ausbricht, dann lauft, was ihr könnt!

**volleyball**['vɒlɪbɔːl] Volleyball

They are having an exciting **volleyball** match. Ihr **Volleyball**spiel ist spannend.

ⓘ play volleyball: Volleyball spielen

**volume**['vɒljuːm] Band

Ken has bought an encyclopedia in twenty **volumes**. Ken hat eine zwanzig**bändige** Enzyklopädie gekauft.

**vote**[vəʊt] wählen, stimmen für

They all **vote** for Lionstein to be the schoolmaster. Sie alle **stimmen für** Lionstein als Schulmeister.

**voyage**['vɔɪɪdʒ] Reise

After a long **voyage**, the Captain can go ashore at last. Nach einer langen **Reise** kann der Kapitän endlich an Land gehen.

A B C D E F G H I J K L M N O P Q R S T U V W X Y Z

## **wag**[wæg] wedeln

Timmy, Tommy, and Jimmy are trying to see who can **wag** his tail fastest.
Timmy, Tommy und Jimmy versuchen festzustellen, wer am schnellsten mit dem Schwanz **wedeln** kann.

## **waist**[weɪst] Taille

"Tommy, you should only wag your tail, not sway your **waist** hard, or you can't speed up," said Bushytail. "Tommy, du solltest nur mit dem Schwanz wedeln, nicht stark mit den Hüften wackeln, sonst kannst du nicht schneller werden", sagte Bushytail.

## **wait¹**[weɪt] warten

Robinson is on a desert island. He is **waiting** to be rescued.
Robinson ist auf einer einsamen Insel. Er **wartet** darauf, gerettet zu werden.
ⓘ wait for: warten auf

## **wait²**[weɪt] Wartezeit

Robinson will have a long **wait** for the coming of rescuers. Robinson wird lange warten müssen, bis er gerettet werden wird.

## **waiter**['weɪtə(r)] Kellner, Ober

Jim once worked as a **waiter** at a hotel. Jim hat einmal als **Ober** in einem Hotel gearbeitet.
ⓘ waitress['weɪtrɪs]: Kellnerin, Serviererin

## wake[weɪk] wecken

Mr Bunnikin told Fluffy to **wake** him up at three o'clock. But he didn't expect Fluffy would **wake** him up this way.
Mr Bunnikin sagte Fluffy, er solle ihn um drei Uhr **wecken**. Allerdings hat er nicht damit gerechnet, dass Fluffy ihn auf diese Weise **wecken** würde.
ⓘ wake up: aufwachen
☞ Anhang

## walk[1][wɔːk] Spaziergang

Tip Tap likes going for a **walk** after supper every day.
Tip Tap macht gern jeden Tag nach dem Abendessen einen **Spaziergang**.

## walk[2][wɔːk] zu Fuß gehen

Mr Bunnikin **walks** to work every day. Mr Bunnikin **geht** jeden Tag **zu Fuß** zur Arbeit.

## wall[wɔːl] Mauer

Bandit is climbing over the **wall**. What on earth does he want to do? Bandit klettert über die **Mauer**. Was in aller Welt hat er vor?

## wallet['wɒlɪt] Brieftasche

Jumbo lost his **wallet**. He suspects that Bandit has stolen it. Jumbo hat seine **Brieftasche** verloren. Er hat den Verdacht, dass Bandit sie gestohlen hat.

## wand[wɒnd] Zauberstab

The fairy waves her magic **wand** and then a gold ring appears.
Die Fee schwenkt ihren **Zauberstab**, und dann erscheint ein goldener Ring.

## wander['wɒndə(r)] durchstreifen

Bandit used to **wander** through the countryside.
Bandit **durchstreifte** früher immer die Gegend.

## want[wɒnt] wollen

"Who would **want** a car made of wallpaper?" asks Mr Piggles.
"Wer hätte schon gern ein Auto aus Tapete?", fragt Mr Piggles.

## war[wɔː] Krieg

Everybody here wants peace, not **war**.
Alle hier wollen Frieden und nicht **Krieg**.
ⓘ peace: Frieden

## warehouse['weəhaʊs] Lagerhaus

Jumpie is dreaming about walking into a **warehouse** full of toys.
Jumpie träumt davon, in ein **Lagerhaus** voller Spielzeug zu gehen.

## warm[wɔːm] warm

Spring is coming. It is getting **warm**.
Der Frühling kommt. Es wird **warm**.
ⓘ cool: kühl

## warn[wɔːn] warnen, aufmerksam machen

A tug on the thread will **warn** Jumpie that he has hooked a fish.
Ein Ziehen am Faden wird Jumpie darauf **aufmerksam machen**, dass ein Fisch angebissen hat.

## wash[wɒʃ] waschen

Tough Cat is just **washing** his clothes with the washing machine. But this time he won't **wash** clothes only.
Tough Cat **wäscht** gerade seine Kleidung in der Waschmaschine. Aber diesmal wird er nicht nur seine Kleidung **waschen**.

## washing['wɒʃɪŋ] Wäsche

Poor Sniffy Mouse! He is hiding inside the **washing** to escape from Tough Cat.
Armer Sniffy Mouse! Er versteckt sich in der **Wäsche**, um Tough Cat zu entkommen.
ⓘ washing machine: Waschmaschine
washing powder: Waschpulver

**waste[1]** [weɪst] Müll

"Don't dump **waste** here, Piglet!" "Lade hier keinen **Müll** ab, Piglet!"

**waste[2]** [weɪst] verschwenden

Peter **wastes** too much time on watching TV.
Peter **verschwendet** viel zu viel Zeit mit Fernsehen.

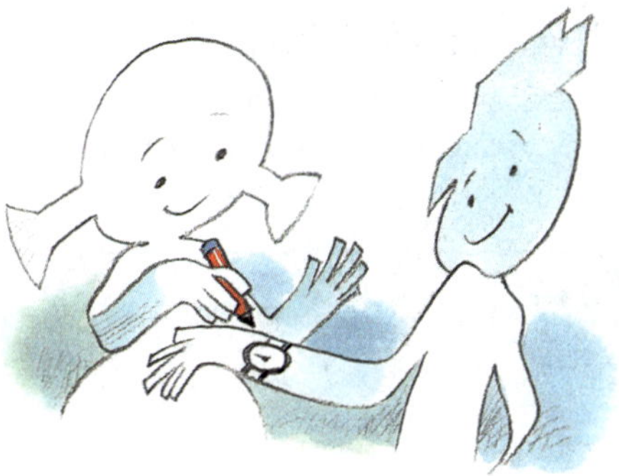

**watch[1]** [wɒtʃ] Armbanduhr

"There!" says Merry. "Now you have a **watch** like everyone else."
"Hier!", sagt Merry. "Jetzt hast du eine **Armbanduhr** wie alle anderen auch."

**watch[2]** [wɒtʃ] schauen

Peter often **watches** TV late.
Peter sieht oft spät fern.
ⓘ watch out: aufpassen

**watchman** ['wɒtʃmən] Wächter

Mr Dollar asked Holmes Hound to be the **watchman** of his building. But he was refused.
Mr Dollar bat Holmes Hound, sein Gebäude zu bewachen. Aber er erhielt eine Absage.

**water[1]** ['wɔːtə(r)] Wasser

Piglet and Holmes Hound stayed in the **water** leisurely all day long.
Piglet und Holmes Hound verbrachten den ganzen Tag gemütlich im **Wasser**.

## water²['wɔːtə(r)] gießen

The Ladybirds are **watering** the flower on poor Painty's head. Die Marienkäfer **gießen** die Blume auf dem Kopf des armen Painty.

## waterfall['wɔːtəfɔːl] Wasserfall

There is a **waterfall** just behind the small house. Direkt hinter dem kleinen Haus befindet sich ein **Wasserfall**.

## wave¹[weɪv] Welle

Teddy's raft rose and fell on the **waves**. Teddys Floß hob und senkte sich auf den **Wellen**.

## wave²[weɪv] (zu)winken

"Help! Help!" shouted Teddy as he **waved** to his friend. "Hilfe! Hilfe!", schrie Teddy, als er seinem Freund **zuwinkte**.

## wax[wæks] Wachs

Candles are made of **wax**. Kerzen sind aus **Wachs**.

## way[weɪ] Weg

Mr Rhino bent the lamppost on his **way** out of the garage, but he straightened it on his **way** back. Mr Rhino verbog die Laterne auf seinem **Weg** aus der Garage, aber auf dem Rück**weg** bog er sie wieder gerade.

ⓘ by the way: übrigens   by way of: durch, mittels
lose one's way: sich verlaufen   on one's way to: auf dem Weg nach

A B C D E F G H I J K L M N O P Q R S T U V W X Y Z

**we**[wiː; wɪ] wir

**We** are glad to see you. **Wir** freuen uns, dich zu sehen.

**weak**[wiːk] schwach

Teddy was ill after he had been caught in the rain. He felt so **weak** that he had to ask for a sick leave.
Teddy war erkrankt, nachdem er in den Regen geraten war. Er fühlte sich so **schwach**, dass er um eine Krankschreibung bitten musste.
ⓘ strong: stark

**weakness**['wiːknɪs] Schwäche

**Weakness** has kept Teddy in bed for three days. **Schwäche** hat Teddy über drei Tage ans Bett gefesselt.

**wealth**[welθ] Reichtum

Nobody knows how Mr Dollar has got his **wealth**. Niemand weiß, wie Mr Dollar an seinen **Reichtum** gekommen ist.

**weapon**['wepən] Waffe

The mangonel was a very powerful **weapon** in ancient times. Die Steinschleuder war im Altertum eine sehr mächtige **Waffe**.

**wear**[weə(r)] tragen

Crock is trying on the clothes he used to **wear** when he was a baby. They are too small for him now.
Crock probiert die Kleidung an, die er als Baby **getragen** hat. Jetzt ist sie ihm zu klein.
ⓘ wear out: verschleißen
☞ Anhang

**weather**['weðə(r)] Wetter

Meek is broadcasting a **weather** forecast on TV. Meek überträgt einen **Wetter**bericht im Fernsehen.

## **weave**[wiːv] weben

The Mouse Sisters are **weaving** a carpet for Humpback's wedding. They have been working on it for a week. Die Mäuseschwestern **weben** einen Teppich für Humpbacks Hochzeit. Sie arbeiten schon seit einer Woche daran.

☞ Anhang

## **web**[web] Netz

Spinner weaves a **web** to catch Buzz.
Spinner webt ein **Netz**, um Buzz zu fangen.

## **wedding**['wedɪŋ] Hochzeit

Humpback's **wedding** will be held next Saturday. Humpbacks **Hochzeit** findet kommenden Samstag statt.

## **Wednesday**['wenzdɪ] Mittwoch

Piglet plans to go swimming in the pond this **Wednesday**.
Piglet will diesen **Mittwoch** im Teich schwimmen gehen.

## **week**[wiːk] Woche

The pond is open to the public once a **week**. Dieser Teich ist einmal in der **Woche** für die Allgemeinheit zugänglich.

## **weekend**['wiːkend] Wochenende

Holmes Hound has to work even at **weekends**. Holmes Hound muss sogar an **Wochenenden** arbeiten.

## **weekly**['wiːklɪ] wöchentlich

Swimming is a **weekly** activity for Piglet. Piglet geht jede Woche schwimmen.

## **weep**[wiːp] weinen

Piglet **wept** for joy when he received this prize. Piglet **weinte** vor Freunde, als er diesen Preis erhielt.

☞ Anhang

## **weigh**[weɪ] wiegen

Holmes Hound is **weighing** a pound of straw and a pound of iron. Which **weighs** more?
Holmes Hound **wiegt** ein Pfund Stroh und ein Pfund Eisen. Was **wiegt** mehr?

## **weight**[weɪt] Gewicht

Mrs Rhino wanted to lose **weight**, but she failed. Mrs Rhino wollte abnehmen, aber sie schaffte es nicht.

ⓘ lose weight: abnehmen   put on weight: zunehmen

## **welcome**[1]['welkəm] begrüßen

Friends **welcome** Robinson with lots of flowers when he comes home after his long travel.
Freunde **begrüßen** Robinson mit einer Menge Blumen, als er nach seiner langen Reise nach Hause zurückkehrt.

## **welcome**[2]['welkəm] willkommen

**Welcome** home! **Willkommen** daheim!
**Welcome**, dear friend! **Willkommen**, lieber Freund!
**Welcome** to our school! **Willkommen** in unserer Schule!

## **well**[1][wel] gut

Franz has his hair **well** cut by Teddy.
Franz bekommt sein Haar von Teddy **gut** geschnitten.

ⓘ as well: auch
Well done!: Gut gemacht!
better, best

## **well**[2][wel] gesund

Robinson is **well** enough to travel again.
Robinson ist **gesund** genug, um wieder auf Reisen gehen zu können.

## **well**[3][wel] Brunnen

Gerry fell into a **well** carelessly. Luckily, the water isn't deep and he is tall enough, so he wasn't drowned. Gerry ist aus Unachtsamkeit in einen **Brunnen** gefallen. Zum Glück ist das Wasser nicht tief und er ist groß genug, so dass er nicht ertrunken ist.

A B C D E F G H I J K L M N O P Q R S T U V W X Y Z

**west**[west] Westen

The road goes through the town from **west** to east.
Die Straße führt von **Westen** nach Osten durch die Stadt.
ⓘ east: Osten

**western**['westən] westlich

Gerry lives in the **western** part of the city.
Gerry lebt im **westlichen** Teil der Stadt.
ⓘ eastern: östlich

**wet**[wet] nass

Gerry was completely **wet**. Gerry war völlig **nass**.
ⓘ dry: trocken
Wet paint: Vorsicht, frisch gestrichen!

**whale**[weɪl] Wal

Do you know who I am? I've flippers and a tail. I'm the biggest one in the ocean. I'm Winnie. I'm a **whale**. Weißt du, wer ich bin? Ich habe Flossen und einen Schwanz. Ich bin das größte Tier des Ozeans. Ich bin Winnie. Ich bin ein **Wal**.

**what¹**[wɒt] was

**What** colour is Winnie?
**Was** für eine Farbe hat Winnie?

**what²**[wɒt] was

**What** are Joy's wheels made of? Woraus sind Joys Räder gemacht?

**whatever¹**[wɒt'evə(r)] egal was, ganz gleich was

Chimp does **whatever** Bongo asks him to do. **Ganz gleich**, was Bongo von ihm verlangt, Chimp tut es.

**whatever²**[wɒt'evə(r)] welche, -r, -s auch immer

Guzzler eats **whatever** food he likes. Alles, was Guzzler schmeckt, isst er auch.

**wheat**[wiːt] Weizen

Joy used to play in the **wheat** field. Joy spielte immer im **Weizen**feld.

**wheel**[wiːl] Rad

These **wheels** make Joy go much quicker. Mit diesen **Rädern** ist Joy viel schneller.

**when**[wen] wann

**When** was Joy born? **Wann** wurde Joy geboren?

**whenever**[wen'evə(r)] wann immer

Call me **whenever** you want! Ruf mich an, **wann immer** du möchtest!

**where**[weə(r)] wo

This is the house **where** Joy was born.
Dies ist das Haus, in dem Joy geboren wurde.

**wherever**[weər'evə(r)] wohin

Tip Tap asks Joy to choose a place **wherever** he wants to go.
Tip Tap bittet Joy, einen Ort auszusuchen, wo er hin möchte.

**whether**['weðə(r)] ob

Joy doesn't know **whether** the house can hold him now.
Joy weiß nicht, **ob** er jetzt in das Haus passt.

**which¹**[wɪtʃ] welche, -r, -s

**Which** cake does Piglet want, this one or that one?
**Welchen** Kuchen möchte Piglet, diesen oder den da?

**which²**[wɪtʃ] welche, -r, -s

"**Which** one do you want, Piglet?"
"The chocolate cake is **which** I want to choose." "**Welchen** möchtest du, Piglet?"
"Ich entscheide mich für den Schokoladenkuchen."

## **while**[1][waɪl] solange

Mr Bunnikin couldn't help standing up **while** Fluffy appeared on TV.
Mr Bunnikin musste einfach aufstehen, **solange** Fluffy im Fernsehen war.

## **while**[2][waɪl] Weile

They have got no news of Robinson for a long **while**.
Sie haben seit einer geraumen **Weile** nichts mehr von Robinson gehört.
ⓘ after a while: nach einer Weile  in a short while: bald, in Kürze

## **whisper**['wɪspə(r)] flüstern

It is rude to **whisper** behind others.
Es ist unhöflich, hinter dem Rücken anderer zu **flüstern**.

## **white**[waɪt] weiß

Mery is painting his **white** body brown because it is the most popular colour now.
Mery malt seinen **weißen** Körper braun an, weil dies jetzt die beliebteste Farbe ist.
ⓘ black: schwarz

## **who**[huː] wer

Flip says the handle of the cup is on the right. Flop says it is on the left. **Who** is correct?
Flip sagt, der Henkel der Tasse sei rechts. Flop sagt, er sei links. **Wer** hat Recht?

## **whole**[həʊl] ganz, völlig

The Captain told me the **whole** story.
Der Kapitän erzählte mir die **ganze** Geschichte.

## **whom**[huːm] wem

**Whom** is Piglet waving to? **Wem** winkt Piglet zu?

## **whose**[huːz] wessen

Piglet cried aloud, "Hello, **whose** cap is it?"
Piglet rief laut: "Hallo, **wessen** Mütze ist das?"

## **why**[waɪ] warum

Gerry doesn't know **why** he is so tall. Gerry weiß nicht, **warum** er so groß ist.
ⓘ Why not?: Warum nicht?
Why not go by bus?: Warum fahren wir nicht mit dem Bus?

## **wide**[waɪd] weit

An exciting sailboat race will start at once on the **wide** sea.
Eine spannende Segelregatta beginnt gleich auf dem **weiten** Meer.
ⓘ narrow: eng

## **wife**[waɪf] Ehefrau

Mr Rhino's **wife** loves new clothes better than she loves him. Poor Mr Rhino!
Mr Rhinos **Ehefrau** liebt neue Kleider mehr als ihn. Armer Mr Rhino!
ⓘ wives: Ehefrauen
husband: Ehemann

## **wild**[waɪld] wild

This fellow behaves like a **wild** bull in the match.
Dieser Bursche führt sich in dem Spiel auf wie ein **wilder** Stier.
ⓘ tame: zahm

## **will**[1][wɪl] werden

This big wooden shoe is their boat. They **will** go to sea tomorrow.
Dieser große Holzschuh ist ihr Boot. Sie **werden** morgen in See stechen.
☞ shall

## **will**[2][wɪl] Wille

Troopie wants to be a soldier with a strong **will**. Troopie will ein Soldat mit starkem **Willen** sein.

## **win**[wɪn] gewinnen

Mr Piggles' giant carrot **won** first prize at the fair. It was big enough for them to share.
Mr Piggles' riesige Karotte **gewann** den ersten Preis auf der Messe. Sie war groß genug, dass alle etwas von ihr hatten.

ⓘ lose: verlieren ☞ Anhang

## **wind**[wɪnd] Wind

The strong **wind** nearly blew Piglet away. Luckily, he grasped a post in time.
Der starke **Wind** wehte Piglet fast weg. Zum Glück griff er rechtzeitig nach einem Pfahl.

## **window**['wɪndəʊ] Fenster

Buzz is busy going in and out of Spinner's web, cutting out a few **windows**. Buzz fliegt in Spinners Netz hinein und wieder heraus und schneidet ein paar Fenster aus.

## **wine**[waɪn] Wein

Funny Wolf has drunk so much **wine** that he is suffering from a headache now.
Funny Wolf hat so viel **Wein** getrunken, dass er nun Kopfschmerzen hat.

## **wing**[wɪŋ] Flügel

Buzz has a pair of powerful **wings**.
Buzz hat ein Paar kräftige **Flügel**.

## **winner**['wɪnə] Gewinner

It is not easy for Zip to be the **winner** of the race. Es ist keine leichte Aufgabe für Zip, **Gewinner** des Rennens zu werden.

## **winter**['wɪntə] Winter

It is May, but Zip feels the water is almost as cold as in **winter**.
Es ist Mai, aber Zip meint, dass das Wasser fast genauso kalt ist wie im **Winter**.

## **wipe**[waɪp] (ab)wischen

Teddy helps his mother **wipe** the table before dinner. Teddy hilft seiner Mutter, den Tisch vor dem Abendessen **abzuwischen**.

## **wisdom**['wɪzdəm] Weisheit

Wise Owl has gained much **wisdom** during his long life.
Wise Owl hat während seines langen Lebens viel **Weisheit** erworben.

## **wise**[waɪz] klug

Teddy is **wise** to break off with Bandit. Es ist **klug** von Teddy, den Kontakt zu Bandit abzubrechen.
ⓘ foolish, stupid: dumm

## **wish**[1][wɪʃ] sich wünschen

Piglet's grandma **wished** that her sunflower would grow up strong.
Piglets Oma **wünschte sich**, dass ihre Sonnenblume kräftig wachsen würde.
ⓘ wish for s.th.: sich etw. wünschen
I wish I were a bird.:
Ich wünschte, ich wäre ein Vogel.

## **wish**[2][wɪʃ] Wunsch

The grandma's **wish** came true, the sunflower grew into a tall plant.
Der **Wunsch** der Oma ging in Erfüllung. Die Sonnenblume wuchs zu einer großen Pflanze heran.

## **with**[wɪð] mit

Mr Piggles plays golf **with** his friends.
Mr Piggles spielt **mit** seinen Freunden Golf. ⓘ without: ohne

**without**[wɪ'ðaʊt] ohne

Teddy solved the puzzle for his sister **without** any difficulty. Teddy löste das Rätsel für seine Schwester **ohne** Probleme.

**wolf**[wʊlf] Wolf

A **wolf** is looking for food in the woods. Ein **Wolf** sucht im Wald nach Nahrung.
ⓘ wolves: Wölfe

**woman**['wʊmən] Frau

Mrs Rhino isn't a gentle **woman**. Mrs Rhino ist keine sanftmütige **Frau**.
ⓘ women: Frauen
man: Mann

**wonder**[1]['wʌndə] sich fragen

Holmes Hound is sitting there **wondering**, "When will I solve this case?"
Holmes Hound sitzt da und **fragt sich**: "Wann werde ich diesen Fall lösen?"

**wonder**[2]['wʌndə] Wunder

It is a **wonder** Holmes Hound has never failed in any case till now.
Es ist ein **Wunder**, dass Holmes Hound bis jetzt jeden Fall gelöst hat.

**wonderful**['wʌndəfl] wunderbar

This is a **wonderful** place for a picnic, but not for littering. Dies ist ein **wunderbarer** Platz für ein Picknick, aber nicht, um Abfall zu hinterlassen.

**wood**[wʊd] Holz

Pinocchio has found a piece of **wood** and now he is carving it into a puppet to play with. Pinocchio hat ein Stück **Holz** gefunden, und jetzt schnitzt er eine Puppe daraus, um mit ihr zu spielen.

## **wool**[wʊl] Wolle

Teddy has a sweater made of **wool**. Teddy hat einen Pullover aus **Wolle**.

## **word**[wɜːd] Wort

Wise Owl is warning Fluffy not to say that **word** again. Wise Owl warnt Fluffy davor, dieses **Wort** noch einmal zu sagen.

ⓘ in other words: mit anderen Worten

## **work**[1][wɜːk] arbeiten

Joe and Mole **work** for Mr Dollar in his gold mine.
Joe und Mole **arbeiten** für Mr Dollar in seiner Goldmine.
ⓘ work out: funktionieren, klappen, lösen
work hard at s.th.: sich viel Mühe geben bei/mit etw.

## **work**[2][wɜːk] Arbeit

The **work** of a miner is hard.
Die **Arbeit** eines Bergarbeiters ist hart.
ⓘ at work: auf der Arbeit
out of work: arbeitslos

## **worker**['wɜːkə] Arbeiter

Tiger is a hard **worker**, but Oscar is very lazy.
Tiger ist ein fleißiger **Arbeiter**, aber Oscar ist sehr faul.

## **workshop**['wɜːkʃɒp] Werkstatt

There is much noise in the **workshop**.
In der **Werkstatt** ist viel Lärm.

## world[wɜːld] Welt

The teacher shows us the **world** on the globe in the geography class. Der Lehrer zeigt uns die **Welt** auf dem Globus im Erdkundeunterricht.

## worm[wɜːm] Wurm

Most **worms** have soft bodies but no legs. Die meisten **Würmer** haben weiche Körper, aber keine Beine.

## worry[1]['wʌrɪ] Sorge

Bucktooth shows signs of **worry** by the river. Am Fluss machen sich bei Bucktooth Anzeichen der **Sorge** bemerkbar.

## worry[2]['wʌrɪ] sich Sorgen machen

A canoe is a quick way to go when you are in a hurry. But when the water gets this rough, it is natural to **worry**.
Mit einem Kanu kann man sich schnell fortbewegen, wenn man es eilig hat. Aber wenn das Wasser derart unruhig wird, ist es normal, **sich Sorgen** zu **machen**.

## worse[wɜːs] schlimmer

If Bucktooth canoes in the rough water, then things will get much **worse**. Wenn Bucktooth in diesem unruhigen Wasser Kanu fährt, wird alles noch viel **schlimmer**.
ⓘ better: besser

## worst[wɜːst] schlimmste, -r, -s, am schlimmsten

Rambler has been told that hitchhiking is the **worst** thing to do, because no one would like to pick up someone who looks like a beggar. But he doesn't listen. He has been standing by the roadside for three hours.
Man hat Rambler gesagt, dass es nichts **Schlimmeres** gibt als per Anhalter zu fahren, denn niemand nimmt gerne jemanden mit, der wie ein Bettler aussieht. Aber er will nicht hören. Er steht schon seit drei Stunden am Straßenrand.
ⓘ best: beste, -r, -s, am besten

## worth[1][wɜːθ] Wert

Rambler should do something of real **worth**. Rambler sollte etwas wirklich Sinnvolles tun.

## **worth**[2][wɜːθ] wert

Poor Tiger! It rains. It isn't **worth** washing the car. Armer Tiger! Es regnet. Es lohnt sich nicht, das Auto zu waschen.

ⓘ worth it: wert sein, sich lohnen

## **worthy**['wɜːðɪ] wert

This car is so old; it is not **worthy** of being repaired.
Dieses Auto ist so alt; es lohnt sich nicht, es zu reparieren.

## **would**[wʊd; wəd] würde

Fluffy **would** really like to get into the toilet... now!
Fluffy **würde** wirklich gerne auf die Toilette gehen ... jetzt!

ⓘ Would you please: Würdest du bitte

## **wrist**[rɪst] Handgelenk

Mrs Rhino has a gold bracelet around her **wrist**.
Mrs Rhino trägt ein goldenes Armband an ihrem **Handgelenk**.

## **write**[raɪt] schreiben

Lionstein wants to **write** on the wall and make it the biggest notebook in the world.
Lionstein möchte an die Wand **schreiben** und sie so zum größten Notizbuch der Welt machen.

ⓘ write down: aufschreiben

☞ Anhang

## **writer**['raɪtə] Autor

Teddy wants to become a **writer**.
Teddy möchte **Autor** werden.

## **wrong**[rɒŋ] falsch

Lionstein found there must be something **wrong** with his calculation.
Lionstein entdeckte, dass irgendetwas mit seinen Berechnungen **falsch** sein musste.

ⓘ right: richtig

**Xmas**['krɪsməs] Weihnachten

Santa Claus is very busy sending out gifts on **Xmas** Eve. Das Christkind muss Heiligabend viele Geschenke verteilen.

ⓘ Xmas = Christmas

**X-ray**[1]['eksˌreɪ] Röntgenaufnahme

The doctor is taking an **X-ray** of Franz. Der Doktor macht eine **Röntgenaufnahme** von Franz.

**X-ray**[2]['eksˌreɪ] röntgen

The doctor **X-rayed** Franz's chest last week.
Der Doktor hat Franz' Brustkorb letzte Woche **geröntgt**.

**xylophone** ['zaɪləfəʊn] Xylophon

A **xylophone**, when played by one, goes ting, tang, tong. A **xylophone**, when played by three, goes bing, bang, bong. Wenn einer ein **Xylophon** spielt, dann macht es ting, tang, tong. Wenn drei ein **Xylophon** spielen, dann macht es bing, bang, bong.

## yacht[jɒt] Yacht

The Captain's **yacht** has sunk, but he is not worried. He sits on the top of the mast waiting for help.
Die **Yacht** des Kapitäns ist gesunken, aber er macht sich keine Sorgen. Er sitzt auf der Spitze des Mastes und wartet auf Hilfe.

## yachtsman['jɒtsmən] Segler

The Captain has been a **yachtsman** for many years. He has gained rich experience in this field. Der Kapitän ist schon seit vielen Jahren ein **Segler**. Er hat viele Erfahrungen auf diesem Gebiet gesammelt.

## yam[jæm] Süßkartoffel

Tip Tap will treat Henry to **yams**.
Tip Tap wird Henry zu **Süßkartoffeln** einladen.

## yard[jɑ:d] Hof

"It's so nice to have a visitor, but coming inside may be hard." So Tip Tap took out some yams and they picniced in the **yard**.
"Es ist so schön, einen Besucher zu haben, aber hereinzukommen könnte schwierig für ihn sein." Also brachte Tip Tap ein paar Süßkartoffeln heraus, und sie picknickten im **Hof**.

## yawn[jɔːn] gähnen

Everyone in the cinema begins to **yawn**. This boring movie makes the audience sleepy. Jeder im Kino fängt an zu **gähnen**. Dieser langweilige Film macht die Zuschauer schläfrig.

ⓘ make sb. yawn: jmd. zum Gähnen bringen

## year[jɪə] Jahr

This **year** Mr Piggles' farm is having a grape harvest. Picking grapes will be fun.
Dieses **Jahr** findet auf Mr Piggles Farm eine große Weintraubenernte statt. Weintrauben zu pflücken wird Spaß machen.

## yellow['jeləʊ] gelb

Bongo loves **yellow** bananas very much.
He even dresses himself in **yellow** clothes.
Bongo liebt **gelbe** Bananen sehr. Er trägt sogar **gelbe** Kleidung.

## yes[jes] ja

"Is this your car?" "**Yes**, it's mine." "Ist das dein Auto?" "**Ja**, es ist meins."
ⓘ no: nein

## yesterday['jestədɪ] gestern

What is **yesterday**'s news?
Was für Neuigkeiten gab es **gestern**?

## yet[jet] noch

Just as he was getting into bed, Mann suddenly thought of an important piece of mail that he hadn't delivered **yet**.
Gerade als er ins Bett gehen wollte, erinnerte sich Mann an eine wichtige Postsendung, die er **noch** nicht zugestellt hatte.

☞ still

**yogurt**['jɒgət] Jogurt

Even though Tip Tap loves **yogurt** very much, this cup can last for weeks.
Obwohl Tip Tap **Jogurt** über alles liebt, wird dieser Becher wohl über Wochen reichen.

**you**[juː; jʊ] du, ihr

"**You** three are so dirty! **You** must have a bath now!" says Mrs Bunnikin. "**Ihr** drei seid so schmutzig! **Ihr** müsst jetzt baden!", sagt Mrs Bunnikin.

**young**[jʌŋ] jung

This time, the **young** fellows are really having a hot bath in the tub.
Diesmal nehmen die **jungen** Kerle wirklich ein heißes Bad in der Wanne.
ⓘ old: alt

**your**[jɔː] dein(e); euer (eure)

Remember to wash **your** hands before dinner. Vergiss nicht, **deine** Hände vor dem Abendessen zu waschen.

**yours**[jɔːz] deine, -r, -s; euer

"Is this foot **yours** or mine?" Flip asks Flop when they are bathing in one bathtub. "Ist das **dein** Fuß oder meiner?", fragt Flip Flop, als sie zusammen in einer Wanne sitzen. ⓘ Yours truly: mit freundlichen Grüßen

**yourself**[jɔː'self] selbst, dich, dir

You should take care of **yourself** from now on. Du solltest von jetzt an auf **dich** aufpassen.

**yourselves**[jɔː'selvz] euch

Help **yourselves** to some fruit. Nehmt **euch** Obst.

**youth**[juːθ] Jugend

"Oh, sweet **youth**," sighs Joe. "The feathers I was sure to stay have now begun to fall away."
"Oh, süße **Jugend**", seufzt Joe. "Die Federn, von denen ich glaubte, dass ich sie immer haben würde, haben jetzt begonnen auszufallen."

**zebra**['zebrə] Zebra

**Zebras** live in Africa. They look very special with stripes all over the body.
**Zebras** leben in Afrika. Mit den Streifen am ganzen Körper fallen sie stark auf.
ⓘ zebra crossing: Zebrastreifen

**zero**['zɪərəʊ] null

On a windy day, Mery and Merry's chances of keeping their feet on the ground are **zero**.
An einem windigen Tag sind Merys und Merrys Chancen, mit den Füßen am Boden zu bleiben, gleich **null**.

**zest**[zest] Begeisterung

Joy loves to go really fast; he loves to take the lead; he never, ever gets enough; he has a **zest** for speed.
Joy läuft sehr gerne schnell;
er übernimmt gern die Führung;
er kann nie genug kriegen; Geschwindigkeit begeistert ihn.

## **zigzag**['zɪgzæg] Zickzack

Von Fox is having fun making **zigzags** in the sky.
Von Fox macht es Spaß, **Zickzacke** am Himmel zu fliegen.

## **zip**[1][zɪp] Reißverschluss

**Zips** are used on clothes, boots, bags and so on.
**Reißverschlüsse** benutzt man für Kleidung, Stiefel, Taschen usw.
ⓘ zip code: Postleitzahl

## **zip**[2][zɪp] den Reißverschluss zumachen

Teddy **zipped** his bag open.
Teddy öffnete den **Reißverschluss** seiner Tasche.

## **zone**[zəʊn] Zone

Jumbo hasn't set up the target quickly enough. He is in the danger **zone**.
Jumbo hat die Zielscheibe nicht schnell genug aufgestellt. Er befindet sich in der **Gefahrenzone**.
ⓘ the torrid zone: die heiße Zone
the temperate zone: die gemäßigte Zone
the frigid zone: die arktische Zone

## **zoo**[zuː] Zoo

Teddy's uncle works in the **zoo**. He is a zookeeper. He takes care of the monkeys. Now he is feeding them with bananas.
Teddys Onkel arbeitet im **Zoo**. Er ist Zoowärter. Er kümmert sich um die Affen. Jetzt füttert er sie gerade mit Bananen.

# Appendix: List of Irregular English Verbs
# Anhang: Liste der unregelmäßigen englischen Verben

| **infinitive**<br>Infinitiv | **past tense**<br>Präteritum | **perfect participle**<br>Partizip Perfekt | **continuous form**<br>Verlaufsform | **translation**<br>Übersetzung |
|---|---|---|---|---|
| be | was (Sg),<br>were (Pl) | been | being | sein |
| bear | bore | borne, born | bearing | ertragen, ausstehen |
| beat | beat | beaten | beating | schlagen, besiegen |
| become | became | become | becoming | werden |
| begin | began | begun | beginning | beginnen, starten |
| bend | bent | bent | bending | (ver-)biegen |
| bet | bet, betted | bet, betted | betting | wetten |
| bind | bound | bound | binding | (ver-)binden |
| bite | bit | bitten, bit | biting | beißen |
| blow | blew | blown | blowing | blasen, wehen |
| break | broke | broken | breaking | (zer-)brechen |
| bring | brought | brought | bringing | bringen |
| broadcast | broadcast,<br>broadcasted | broadcast,<br>broadcasted | broadcasting | senden, übertragen,<br>ausstrahlen |
| build | built | built | building | bauen |
| burn | burnt, burned | burnt, burned | burning | brennen |
| burst | burst | burst | bursting | bersten, platzen |
| buy | bought | bought | buying | kaufen |
| cast | cast | cast | casting | (weg-)werfen |
| catch | caught | caught | catching | fangen |
| choose | chose | chosen | choosing | wählen |
| come | came | come | coming | kommen |
| cost | cost | cost | costing | kosten |
| creep | crept | crept | creeping | kriechen, schleichen |
| cut | cut | cut | cutting | (zer-)schneiden |
| deal | dealt | dealt | dealing | handeln, verteilen |
| die | died | died | dying | sterben |
| dig | dug | dug | digging | graben |
| do | did | done | doing | tun, machen |
| draw | drew | drawn | drawing | ziehen |
| dream | dreamt, dreamed | dreamt, dreamed | dreaming | träumen |
| drink | drank | drunk | drinking | trinken |
| drive | drove | driven | driving | fahren |
| eat | ate | eaten | eating | essen |
| fall | fell | fallen | falling | fallen |
| feed | fed | fed | feeding | füttern |
| feel | felt | felt | feeling | fühlen |
| fight | fought | fought | fighting | kämpfen |
| find | found | found | finding | finden |

| **infinitive** Infinitiv | **past tense** Präteritum | **perfect participle** Partizip Perfekt | **continuous form** Verlaufsform | **translation** Übersetzung |
|---|---|---|---|---|
| fly | flew | flown | flying | fliegen |
| forbid | forbade, forbad | forbidden | forbidding | verbieten |
| forget | forgot | forgotten | forgetting | vergessen |
| forgive | forgave | forgiven | forgiving | verzeihen, vergeben |
| freeze | froze | frozen | freezing | (ge-)frieren |
| get | got | got, (AE) gotten | getting | erhalten, bekommen |
| give | gave | given | giving | geben |
| go | went | gone | going | gehen, fahren |
| grow | grew | grown | growing | wachsen |
| hang | hung, hanged | hung, hanged | hanging | hängen |
| have | had | had | having | haben |
| hear | heard | heard | hearing | hören |
| hide | hid | hidden | hiding | verstecken |
| hit | hit | hit | hitting | schlagen |
| hold | held | held | holding | (an-)halten |
| hurt | hurt | hurt | hurting | verletzen, schmerzen |
| keep | kept | kept | keeping | (fest-)halten |
| kneel | knelt | knelt | kneeling | knien |
| knit | knitted, knit | knitted, knit | knitting | stricken |
| know | knew | known | knowing | wissen |
| lay | laid | laid | laying | legen |
| lead | led | led | leading | führen, leiten |
| lean | leant, leaned | leant, leaned | leaning | (an-)lehnen |
| leap | leapt, leaped | leapt, leaped | leaping | springen |
| learn | learnt, learned | learnt, learned | learning | lernen |
| leave | left | left | leaving | verlassen |
| lend | lent | lent | lending | (aus-)leihen |
| let | let | let | letting | lassen |
| lie | lay | lain | lying | (be-)lügen |
| light | lighted, lit | lighted, lit | lighting | erleuchten |
| lose | lost | lost | losing | verlieren |
| make | made | made | making | machen, erzeugen |
| mean | meant | meant | meaning | meinen, beabsichtigen |
| meet | met | met | metting | treffen |
| overcome | overcame | overcome | overcoming | überwinden |
| pay | paid | paid | paying | (be-)zahlen |
| prove | proved | proved, proven | proving | prüfen, nachweisen |
| put | put | put | putting | stecken, stellen |
| quit | quitted, quit | quitted, quit | quitting | beenden, kündigen |
| read | read | read | reading | lesen |
| ride | rode | ridden | riding | reiten, fahren |
| ring | rang | rung | ringing | läuten, klingeln |
| rise | rose | risen | rising | aufstehen, aufsteigen |
| run | ran | run | running | laufen, rennen |
| saw | sawed | sawn, sawed | sawing | sägen |
| say | said | said | saying | sagen |
| see | saw | seen | seeing | sehen |
| seek | sought | sought | seeking | suchen, streben |
| sell | sold | sold | selling | verkaufen |
| send | sent | sent | sending | senden, verschicken |

| **infinitive** Infinitiv | **past tense** Präteritum | **perfect participle** Partizip Perfekt | **continuous form** Verlaufsform | **translation** Übersetzung |
|---|---|---|---|---|
| set | set | set | setting | setzen, stellen |
| sew | sewed | sewn, sewed | sewing | nähen |
| shake | shook | shaken | shaking | schütteln |
| shave | shaved | shaved, shaven | shaving | rasieren |
| shine | shone | shone | shining | scheinen, leuchten |
| shoot | shot | shot | shooting | schießen |
| show | showed | shown, showed | showing | zeigen |
| shrink | shrank | shrunk | shrinking | schrumpfen, eingehen |
| shut | shut | shut | shutting | schließen |
| sing | sang | sung | singing | singen |
| sink | sank | sunk | sinking | sinken, untergehen |
| sit | sat | sat | sitting | sitzen |
| sleep | slept | slept | sleeping | schlafen |
| slide | slid | slid | sliding | gleiten, rutschen |
| smell | smelt, smelled | smelt, smelled | smelling | riechen |
| speak | spoke | spoken | speaking | sprechen |
| spell | spelled, spelt | spelled, spelt | spelling | buchstabieren |
| spend | spent | spent | spending | verbringen, ausgeben |
| spit | spat | spat | spitting | spucken |
| split | split | split | splitting | zerreißen, zerteilen |
| spoil | spoilt, spoiled | spoilt, spoiled | spoiling | verderben, ruinieren |
| spread | spread | spread | spreading | ausstrecken |
| spring | sprang | sprung | springing | springen |
| stand | stood | stood | standing | stehen |
| steal | stole | stolen | stealing | stehlen |
| sting | stung | stung | stinging | stechen |
| strike | struck | struck | striking | schlagen, treffen |
| swear | swore | sworn | swearing | schwören |
| sweat | sweated, sweat | sweated, sweat | sweating | schwitzen |
| sweep | swept | swept | sweeping | kehren, fegen |
| swim | swam | swum | swimming | schwimmen |
| swing | swung | swung | swinging | schwingen |
| take | took | taken | taking | nehmen |
| teach | taught | taught | teaching | lehren |
| tear | tore | torn | tearing | zerreißen |
| tell | told | told | telling | sagen, erzählen |
| think | thought | thought | thinking | denken |
| throw | threw | thrown | throwing | werfen |
| understand | understood | understood | understanding | verstehen |
| upset | upset | upset | upsetting | umkippen, -werfen |
| wake | woke, waked | woken, waked | waking | aufwachen, wecken |
| wear | wore | worn | wearing | (Kleidung) tragen |
| weave | wove | woven | weaving | weben |
| weep | wept | wept | weeping | weinen |
| win | won | won | winning | gewinnen |
| write | wrote | written | writing | schreiben |

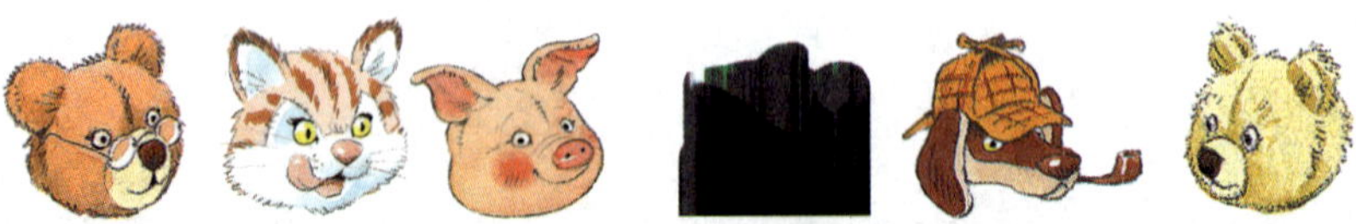